KB081613

금지의 작은 역사

금지의 작은 역사

세상이
나에게
주입한
20가지
불온한
것들의
목록

김성환 오영진 이소영 천정환 허민 지음

천년의상상

블랙리스트 이후, 촛불 이후…

이 책은 인문학협동조합이 기획하여 신문에 연재한 〈금지를 금지하라〉 시리즈의 글을 고치고 묶은 것입니다. 연재가 시작된 날은 2017년 5월 21일, 박근혜 정권이 촛불항쟁으로 무너지고 문재인 정권이 출범한 직후였습니다. 그때 필자들은 연재를 준비하면서 '촛불'을 촉발하고 유신 시대의 유산이었지만 결국 박근혜 정권을 무너지게 한 '블랙리스트'를 떠올릴 수밖에 없었습니다. 물론 한편으론 촛불을 잇는 새로운 다짐과 기대의 뜨거운 마음이었던 것도 기억합니다.

그러니까 이 책에 묶은 글들은 우선, 한국에서 금지 또는 금기시되는 여러 가지 사상·풍속·사생활 영역의 것들의 역사와 그를 둘러싼 규범과 문화정치를 살피고자 한 것입니다. 그것들은 물론 '현재'에도 살아 있는 것이어서 문제적이고, 이를 통해 우리는 한국의 자유와 다양성의 규모를 가늠해볼 수 있습니다. 물론 이는 곧 우리가 누리는 '자유 민주주의'의 양과 질에 대한 점검이며 동시에 '평등'의 수준에 대한 평가도 됩니다. 억압이란 모두에게 똑같이 가해지는 것이 아니고, 금기는 항상 특정한 젠더나 계급을 배제하는 힘이기 때문입니다.

한국에서 법적으로 금지돼 있거나 지배적인 상식의 수준에서 금기시되어 있는 어떤 일·사상·물질은 다른 나라들에서는 통용되기도 합니다. 아직도 이 나라에서는 급진적인 정치사상과 노동조합은 물론, 페미니즘, 청소년의 성과 동성애, 피어싱·문신·대마초 같은 신체의 자유와 자기결정권에 관한 것은 무척 부자연스럽고 '어려운' 것으로 간주됩니다. 이러한 생각이나 행동을 하는 사람들은 '튀는' 사람으로 '찍히기' 십상입니다.

그러니까 '블랙리스트'는 단지 박근혜·김기춘의 수첩에만이 아니라, 여전히 이 사회 곳곳에 있고 우리 마음에도 있는 거겠지요. 우리가 그것을 함께 극복할 때만 촛불과 새 시대의 의미는 진정한 것이 되겠지요.

그런 계기를 촛불이 만들었습니다. 2년이 지난 지금, 혹자는 여전히 '촛불혁명'이라 과장해서 부르지만, '혁명'에 값할 사회경제 상황이나 삶의 변화가 있었는지 잘 모르겠습니다. 중고교생들, 청년들, 중소기업 노동자들, 영세 자영업자들의 삶에 무슨 변화가 있습니까? 문재인 정부는 대체 뭘 하고 있나요? 미투(Me Too) 운동과 남북관계의 변화 덕분에 이 사회의 '자유'와 '민주'의 총량은 조금 늘어난 듯하지만, 이 책에 나온 스무 개의 금지의 목록은 아직도 '갈 길'이 멀다는 것을 말해줍니다.

이제 새로운 시대에 걸맞게 부당한 금지를 완전히 금지하고, 낡은 금지를 영원히 박물관 안에 가두고 '차별 금지'를 법으로도 보장받고 싶습니다. 사랑의 자유·평등을 누리고 권위주의와 유교적 가부장제의 잔재를 멀리멀리 쫓아내야 하겠지요. 괴짜와 튀는 '이상한' 사람들도 '그러려니' 하고 넘어가주면 좋겠습니다. 또한 금지와 편견을 뚫고 앞으로 나아가서 저마다 행복해져야겠습니다. 그래서 자유·평등의 사회적·제도적 총량뿐 아니라 개인적 분량도 저마다 늘려나갔으면 좋겠습니다. '행복해지는 걸 두려워 말자'라고 했던가요. 책이 묶이도록 애써준 인문학협동조합과 '천년의 상상' 측에 감사드립니다.

김성환·오영진·이소영·천정환·허민

차례

'권위주의'로
추상화된 폭력,
갑의 횡포를 희석하다

한국에서 '권위주의'라는 말이 본격적으로 쓰이게 된 것은 1987
년 6월항쟁 직후, 무려 25년간 온 나라를 짓누르던 군부독재의 힘
이 꺾이고 바야흐로 '민주화'가 시작될 때였다. 국가폭력과 권위주
의가 판을 치던 시절의 한국인들은 권위주의라는 말 자체를 몰랐
다. 해방 후 창간된 『경향신문』(1946)을 기준으로 할 때 '권위주의'
가 사용된 기사 수는 1980년대까지 하나도 없다가 1985년엔 13건,
1986년에 21건이었으나 1987년엔 65건으로 몇 배가 되고, 1988년
엔 230건으로 비교할 수 없이 급증했다.

'권위주의'란 무엇인가

1988년에 출범한 노태우 정부하에서 '권위주의 청산'은 시대정
신처럼 되었다. 청와대나 여당 같은 권력 핵심부에서뿐 아니라 관료
사회, 대학 등에서도 '권위주의의 청산'이 모토였다. '보통사람'이라
는 아이러니컬한 구호를 내세워 대통령 선거에서 당선된 노태우 본
인이 앞장서기도 했다. 그는 1987년 12월 23일 서울 삼성동 코엑스
에서 당선 축하연을 열며 소주·빈대떡 같은 음식을 차리게 하고,
헤드테이블에 택시·버스 기사, 이·미용사 같은 진짜 보통 사람들과
함께 앉기도 했다. '권위주의의 불식'에 걸맞게 한다는 취지였다.

또 대통령이 취임 후 첫 국무회의에서부터 "모든 공직자들은 의
식과 발상을 획기적으로 전환하여 권위주의를 탈피하고 항상 국민
에게 친절하고 성실한 공복이 되도록 힘써야할 것"이라고 말하자,[1]

각 시도의 젊은 공무원들 사이엔 '관료 권위주의' 청산을 위해 상사의 일방적 지시와 인격 모독적인 언행을 배격하자는 바람이 일기도 했다. 서울시도 권위주의 청산 바람에 발맞춰, 시청 현관에 걸려 있던 전두환의 사진을 새 대통령의 사진으로 교체하는 대신, 환호하는 어린이들 사진으로 바꿨다.[2]

대통령 뒤에 붙던 '각하'라는 말을 없앤 것도 사실 노태우였는데, 그는 "지금은 권위주의가 민주질서로 이행되"고 "정치사회가 질적으로 바뀌는 체제 전환기"라 규정하며, 안보를 핑계로 정치에 이용하는 일을 절대 안 하겠다는 다짐도 했다.[3] 물론 이 훌륭한 다짐이 잘 지켜지지는 않았다. 민주화 바람에 분명 사회 분위기가 달라지긴 했으나, 제6공화국에서 권위주의·공안통치 세력은 건재했기 때문이다. 그들은 오히려 반격을 시도하여 1989년에는 공안정국이 조성되고 국가보안법 사건으로 정치인, 대학생, 출판인이 잡혀가는 사건은 여전했다.

그럼에도 이 시기에 '권위주의'는 독재와 민주주의를 벗어난 행태와 관행을 통칭하는 부정적인 의미의 용어로 자리를 굳게 잡았다. 서울대 한상진 교수의 『한국사회와 관료적 권위주의』를 비롯하여 1987~1988년 어간에 학자들은 권위주의의 해체를 주제로 책을 내놓거나 잇달아 심포지엄을 개최하기도 했다.

'권위주의의 청산=민주화'라 이해하는 이 '위로부터의' 분위기는 물론 미완의 혁명(6월항쟁, 노동자대투쟁)이 야기한 사회적·문화적 효과임에 분명했다. 특히 이는 절차적 민주화나 생활세계의 민주화와 깊이 연관된 것이었다. 그러나 한계도 있었다.

원래 '권위주의(authoritarianism)'는 스페인 출신의 정치학자 호안 린츠(Juan Linz)가 프랑코 정권 같은 체제를 설명하기 위해 제창한 개념어였다 한다. 형식적으로는 민주적인 의회제도를 운영하지만, 실제로는 카리스마적 독재자나 일부 집단이 독재로써 의회나 국민을 무시하고 권력을 행사하는 정치체제나 국가를 뜻한다.

얼핏 박정희·전두환 정권에 잘 들어맞는 듯하고 이미 상식적인 용어로 정착한 이 번역어는 그러나 지나치게 중립적이거나 '객관적'인 뉘앙스를 갖고 있는 것 아닌가? 권위주의만으로는 민간인을 대량 학살한 내전과 정치적 반대자에게 가한 살해·납치·고문 등의 국가범죄, 그리고 대통령 1인의 제왕적이고 자의적인 통치가 잘 표현되지 못한다. 즉 한국식 독재나 분단 상황을 담기에 권위주의는 너무 추상적이거나 점잖은 것이다. 알다시피 이승만·박정희·전두환 정권은 대단히 하드보일드한 폭력적 통치성을 갖고 있었다.

또한 권위주의라는 용어는 독재나 국가폭력의 부정적 뉘앙스를 누그러뜨리고 문제의 본원적 구조를 지적하기보다는 주로 행태와 의식을 환기한다. 그래서 '권위주의 극복'은 분단의 극복과 시민·민중이 진정한 주인이 되는 사회를 만들어야 하는 근본 과제를 비껴나갈지 모른다. 만약 대통령을 각하라고 부르는 것도 권위주의고, 상사가 부하 직원의 의견을 잘 듣지 않는 것도 권위주의고, 정치적으로 비판적인 사람들을 '빨갱이'로 몬다든가 4·3이나 5·18 같은 일도 다 권위주의의 소산이라 한다면, '권위주의'란 너무 폭이 넓고 나이브하지 않은가 말이다.

이런 문제를 이른바 '민주화 이후의 민주주의'의 과업이 수행되어야 했던 민주 정부 시기에 비추어 생각해봐도 좋겠다. 이를테면 노무현 대통령의 대표적인 업적이 권위주의의 불식이라는 평가가 적지 않다. 실제로 그는 소탈하고 서민적인 풍모로 권위주의를 약화시키는 데 기여했다. 그러나 그 시절 한국 사회의 가장 중요한 과제가 그 같은 대통령 개인의 스타일에 근거한 권위주의의 불식이었을까? 부족했던 건 오히려 실질적 민주화를 더 깊고 넓게 추진할 아래로부터의 강한 힘이나, 심각해지는 사회 양극화의 흐름에 맞서는 '권위 있는' 방략이 아니었던가?

갑질과 권위주의

이처럼 넓게 사용되고 있는 권위주의는 단지 정치체제를 설명하는 용어만은 아니다. "어떤 일을 권위에 맹목적으로 의지하여 해결하려고 하는 행동양식이나 사상" 또는 "자신보다 상위의 권위에는 강압적으로 따르는 반면, 하위의 것에 대해서는 오만, 거만하게 행동하려는 심리적 태도"[4]이기도 하기 때문이다.

그런데 정치 영역 바깥에서 권위주의의 뜻은 2014년부터 우리 사회에서 일반화·일상화된 신조어와 그에 관련된 사회 개혁의 문제를 곧바로 연상하게 한다. 바로 '갑질'이다. 권위주의와 갑질은 교집합이 많다. 갑질의 근절도 권위주의의 극복처럼 중요하다. 하지만 '갑질 반대' 자체만으로는 개혁과 민주주의의 본연을 놓칠 수도 있다.

2016~2017년 촛불항쟁은 '나라다운 나라', '좋은 나라'를 위한

시민의 개혁 요구를 분출하게 했다. 그 본령은 양극화의 극복(경제민주화)과 정의의 회복(적폐 청산)에 있었다. 매주 청와대까지 가는 길로 행진했던 연인원 2000만 시민 정치의 대오는 다 흩어졌지만, 시민들 각자 삶의 영역에서 생활세계·사회세계를 재-민주화하자는 이 과제는 여전히 느리게 진행되고 있다. 학교·마을·직장·가족에서 '차별 없는 민주주의'와 자치를 회복해야 한다. 이를 위해 새로운 권력의 우상을 타파하는 일이 필요하며, 갑질에 대한 고발도 산발적으로 몇몇 '나쁜 개인'을 응징하는 데 그치는 수준을 넘어야 한다.

2015년 이래 대한항공, 몽고간장, 아시아나, 한화, 대웅제약, 교촌치킨, 호식이두마리치킨, 한국미래기술 등등의 기업 CEO나 후계자들의 갑질이 여론의 도마에 오르고 그중 몇은 형사 처벌을 받기도 했다. 분명 이전보다 그들 '갑'은 조심하고 있겠지만 갑질이 '근절'된 것은 결코 아닐 것이다. 문제는 그들의 거친 성품이나 행동거지가 아니라 그 권력 자체이며, 아무리 여론과 노동자들이 떠들어도 끄떡없는 구조에 있기 때문이다. '회장님'들은 재벌 중심 자본주의 사회에서 일종의 왕 아닌가? 2018년 8월 대한항공·아시아나 노동자들은 '항공재벌 갑질 근절' 연합 촛불집회를 열고 사측의 보복성 인사, 노조 활동 탄압을 규탄하고 총수 일가 퇴진을 요구했다. 그러나 대한항공·아시아나 경영주는 여전히 물러나지 않았다. 노동자들과 여론이 좀 떠들거나 몇 가지 범법 행위를 했다 해서 물러나야 할 '법적' 이유가 없기 때문이다.

언론을 통해 담론화된 것을 기준으로 할 때, 현재 한국 사회에서 갑질에 대한 의미화와 고발에 다음과 같은 네 가지 차원이 있는 듯하다. 여기에는 한국 사회의 구조적 불평등과 개혁 과제의 본연을 건드리는 것도 있지만, 갑과 을의 관계를 잘못 파악하거나 문제를 그저 어떤 개인의 차원에 한정하여 본질에 미치지 못하는 경우도 없지 않다.

1) 대기업과 중소기업 사이 또는 기업과 개별 사업자 사이의 불공정한 거래나 일방적인 위계를 갑질 문제로 의미화하고 제기한 경우들이다. 문재인 정부의 출범 이래 김상조 위원장의 공정거래위원회(공정위)에 세인의 눈길이 쏠리고 있다. 프랜차이즈 업체와 가맹점 사이의 문제나, 대기업의 하도급 불공정 행위나 하도급 거래 위반 행위의 근절이 '경제민주화'의 중요한 과제라 보기 때문이다. 김상조 위원장은 2017년 9월 28일 강연 등을 통해 30년이나 묵은 낡은 공정거래법을 전면 개정하고 싶다면서도 그 어려움을 토로하고, 공정위의 노력이란 경제민주화라는 먼 길에서 우선 유통 부문에서 할 수 있는 일을 하는 정도라 솔직하게 말한 바 있다.[5] 그 말이 옳게 보인다. 이 정도 개혁에 대해서도 '갑'의 저항도 심하고, 생산·분배가 아닌 유통 부문의 개혁만으로 얼마나 실효성 있는 양극화 해소가 달성될지 의문이다.

2) 기업과 개인, 또는 노와 사 사이에서 벌어지는 갑질의 문제다. 예컨대 2018년 11월 현재 약 15만여 명의 회원을 가진 '갑질 빠개기' 사이트(www.gapbba.com)에서 갑질은 '임금체불, 해고, 열정페이, 사기' 등이며 그 고발의 주체는 '대학생, 소상공인, 취준생, 직장인'으로 되어 있다. 기업에 고용된 개인이 당하는 가장 큰 불이익과 억울한 일이 임금체불과 해고일 텐데, 노조나 공권력의 도움이 아니고서

_____ **대기업·프랜차이즈 본사의 갑질에 노동자·가맹점주들이 시위를 하거나 피해 사례를 고발하고 있다.**

이런 일을 개인이 감당하기란 어렵다. 이른바 '촛불혁명'과 문재인 정부 출범 이후 직장인들 개인에 대한 기업의 갑질이 얼마나 개선 또는 근절되고 있는지? 고용의 기회를 얻지 못하는 청년들이나 끝없이 감정노동을 강요당하는 서비스산업(및 자영업) 종사자가 엄청나게 많다는 사실은 기업 갑질이 없어지지 않으리라는 것을 쉽게 알 수 있게 한다. 갑질 빠개기 사이트의 회원 수는 2017년 10월에서 2018년 11월 사이에 딱 두 배로 늘어났다. 그러나 이제 억울한 '을'의 사연이나 고발이 많이 올라오진 않는다. 이런 게시판에서의 하소연이 지닌 한계를 사람들이 느끼게 되었기 때문일 것이다.

직장에서의 갑질에 대한 적절한 대응은 노동조합 조직밖에 없다. 하지만 노동자들 대부분이 영세한 사업장에 고용되어 있는 한국의 상황에서 노조 조직률 향상은 한계가 있다. 노조에 대한 혐오와 악선동도 여전히 심하고 문재인 정부의 요직에 있는 자들이 이를 선동하기도 한다. 문재인 정부의 경제민주화 정책은 지지부진하고 여전히 대부분의 개인들은 외로운 노동자나 영세 상공업자로서 대기업을 상대해야 한다.

3) 일부 공공기관·권력기관의 기관장이나 공무원들의 잘못된 행태를 갑질이라 통칭하기도 한다. 즉 갑질은 직권 남용, 성추행, 인격 모독 등의 행태를 다 지칭한다. 그러나 오늘날 군부독재와 권위주의 시대 수준의 갑질과 관료주의가 한국 공무원 문화에 그대로 남아 있다고 보기는 어렵다. 물론 권한이 있는 곳에 언제나 권력 남용의 가능성이 있기 때문에 시민권·인권 보호를 위해 갑질에 대한 제도적 경계가 언제나 필요할 것이다. 공무원·관료 조직 전반에 필요한 것은 과잉 의전과 서열·기수 문화의 폐절이기도 하다. 특히 검찰·경찰·국정원·국방부 같은 사법·정보기관의 문제는 별도다. 그들이야말로 다른 공무원 조직과 비교할 수 없는 진짜 권위주의와 갑질을 생산하고 전체 사회에 퍼뜨려왔다. 양승태 사법부와 법원 적폐 문제를 통해 누가 과연 법 위에 있는지를 실감할 수 있었다. 실로 뿌리를 도려내는 수준의 개혁과 인적 청산이 필요하겠지만 공무원 조직의 기득권은 강고하다.

4) 엘리트층이나 부유층의 나쁜 개인들이 권리를 남용하거나 못된 성질로 피고용자나 힘없고 선량한 시민에 대해 행세하는 괴롭힘을 갑질로 규정한다. 땅콩 회항 사건, 백화점 모녀 갑질, 육군대장의 공관병에 대한 갑질 등이 이에 해당한다. 그들의 독한 행실과 피해자들이 당한 고통은 대중에게 큰 분노를 일으켜 그들은 혹독한 여

론의 심판을 받기도 했다. 하지만 '법'은 이와 딴 문제다. 땅콩 회항 사건의 재벌은 항소심에서 징역 10월에 집행유예 2년을 선고받고 풀려났고, 아내와 함께 공관병을 노예처럼 부려 해직된 박찬주 대장은 '공관병 갑질' 의혹에 대해 1심에서 무혐의 처분을 받았다. 법리적으로는 직권 남용에 해당 안 된다는 것이 군 검찰단의 판단인데, 결국 두 가지가 문제다. 가진 자와 높은 분들의 '돈지랄'과 권한 남용 등을 제재하기에 갑질이란 법리적으로는 모호하거나, 법(官)이 땅콩 회항녀나 박찬주 같은 이들의 편이거나.

신권위주의를 지향했던 이명박·박근혜 정권

이명박·박근혜 정권하에서는 엷어져가던 정치적 권위주의가 부활 또는 갱신되고 있었다. 두 정권의 행태는 같은 면과 차이를 갖고 있었다. 이명박은 겉으로 실용주의와 경제 제일주의를 표방했으나, 기실 여론조작과 사기술을 통해 권위주의가 부활하게 했다. 국정원·기무사 등이 정치에 개입하여 음습하고 불투명한 권력을 휘두르는 것이야말로 군사독재와 권위주의 시절에 만들어진 한국식 권위주의의 핵심 아닌가? 이에 비하면 박근혜 정권은 레트로 마니아였다 할까. 주로 김기춘·황교안 같은 공안 공작가(工作家)나 국가보안법 교도들을 고용하여 아버지로부터 배운 1970년대 스타일의 통치술로써 복고풍 권위주의를 공공연히 되살리는 데 힘을 다했다. 박근혜는 스스로도 여왕(또는 공주)으로 착각했다.

그런데 두 정권은 종북몰이와 안보를 정치에 이용했다는 점 외에도 권위주의의 부활에 결정적 공통점이 있었다. 재벌 중심의 경제구조를 더 공고히 하여, 재벌이 동네 골목의 상권뿐 아니라 시민들의 소비와 경제적 삶의 모든 국면을 지배하게 했다. 이는 경제권력을 통해 전에 없던 불평등과 위계의 문화가 온 사회에 드리우도록 한 것이라 할 수 있다.

신자유주의가 새로 만든 권위(주의)의 우상은 자본권력이다. 이는 능력주의와 성과주의 같은 부가적 이데올로기에 의해 강력히 뒷받침된다. "돈 있는 것도 능력"이며 "억울하면 네 부모를 탓하라"는 정유라의 엄정한(?) 가르침은 사실 세상물정을 꿰뚫은 것 아닌가? 일베의 철없는 아이들이 재벌 회장의 이름 앞에다 '갓(god)' 따위의 접두사를 붙이는 일이라든지, 이른바 '서연고서성한중경외시…' 같은 언어나 학생들의 '과잠 문화' 따위는 얼마나 신판 권위의식이나 차별주의가 심각한지를 보여준다. 이미 상위 10퍼센트와 그 밖의 계층 사람들 사이에서도 넘을 수 없는 '다른 삶'의 격벽이 생겨 공고해지고 있다. 물론 그것은 물려받은 재산이나 소득이 결정한다. 이제 우리 아들딸과 후손들에게 가르쳐야 할 것은 성과주의나 능력주의가 아니라, 지상에 현존하는 모든 부와 유복(裕福)에 전쟁·투기·특혜·노략질·사기 같은 험악하고 반인간적인 기원이나 과정이 필연적으로 끼어 있다는 사실과, 부와 '가진 능력'을 성찰하고 나누려는 정신이어야 한다.

기타 일상생활과 비공적 영역에서의 한국식 권위주의를 모두 열거할 수는 없지만, 가부장제와 이에 근거한 차별적 이데올로기, 또

'권위주의'나 '갑질'의 타파를 위한 가장 확실한 길은 '을'과 '병'들이 연대함으로써 그것들을 생성해내는 근원적 구조를 바꾸는 것이다. 사진은 2009년 이명박 정부의 권위주의를 비판하는 대학교수들의 기자회견 장면이다.

'장유유서', '부부유별' 같은 철 지난 전근대적 규범이 변형된 채로 한국 사회에서 여전히 먹히고 있다는 점을 짚어야겠다. 나이와 기수, 학번 따위에 따라 사람을 줄 세우는 연령·연공주의도 여전하다. '빠른 ○○년생' 어쩌고 따지는 일도 대한민국이 아니라면 도저히 이해할 수도 이해할 필요도 없는 문화다.

　'갑'이 있는 자리 자체를 구조 개혁하거나 민주화하지 않고, '갑' 비슷한 개인을 혼내거나 '질'만 욕하면 되는 것처럼 착각하는 것은 어쩌면 잠재적인 갑과 '슈퍼갑'들이 가장 바라는 것일지도 모른다. '을'과 '병'들의 자치와 단결이 갑질과 권위주의의 생성 구조를 타파하고 수평적이고 민주적인 사회를 만드는 가장 확실한 길이다. 물론 이는 적폐 청산과 경제민주화를 이루는 길과도 다르지 않다.

맹목적 '반북'과
환상적 '종북'을 넘어

"경축 - 조선인민민주주의공화국이 합당한 주권에 의거하여, 또한 적법한 국제 절차에 따라 로케트(군이 ICBM이라고 하진 않겠다)의 발사에 성공하였음을 민족의 일원으로서 경축한다. 핵의 보유는 제국주의의 침략에 대항하는 약소국의 가장 효율적이며 거의 유일한 방법임을 인지할 때, 우리 배달족이 4300년 만에 외세에 대항하는 자주적 태세를 갖추었음을 또한 기뻐하며, 대한민국의 핵 주권에 따른 핵보유와 장거리 미사일의 보유를 염원한다."

　　고(故) 가수 신해철이 2009년 4월 8일 북한이 광명성 2호의 발사에 성공했을 때 자신의 홈페이지에 올린 글이다. 핵의 보유가 "제국주의의 침략에 대항하는 약소국의 가장 효율적이며 거의 유일한 방법"이라든가 "우리 배달족"의 핵주권 운운하는 대목이 어떤가?

　　'북한+한반도 비핵화'는 이제 분명 돌이킬 수 없는 '현실'로 되었다. 하지만 비핵화는 일면 위선적이다. 핵보유를 인정받는 나라는 미국·영국·러시아·중국·프랑스 유엔(UN) 안전보장이사회 상임이사국 5개국과 인도·파키스탄 2개국밖에 없다. 상임이사국 5개국은 핵보유를 통해 세계에 대한 자신의 패권을 인정받은 한편 '핵확산'을 막는 임무를 독점하고 있다. 핵의 무분별한 확산을 막는 것은 핵전쟁의 위험으로부터 세계를 보호한다는 선한 취지가 있지만, 핵의 보유나 공격 능력 자체를 패권국가만 갖고 그들이 가진 핵에 대한 개발과 사용을 규제하는 실질적 노력이 없는 것은 불합리하다. 북한은 전쟁 공포와 체제 위협 불안을 타개하고 대(對)미국 협상력을 갖기 위해 핵보유라는 '벼랑 끝 전술'을 택했다. 북의 핵보유가 현실로 되자 남한에서도 미국으로부터 전술핵을 다시 도입해야 한다거나 독자적인 핵개발에 나서야 한다는 여론이 물결쳤다. 2017년 8월 29일 107주년 '경술국치일'에 자기네 머리 위로 날아온 북한 탄도미사일 때문에 일본이 충격에 떠는 것을 보면서 고소하다거나 통쾌하게 생각하는 이들이 적지 않았다. 소위 '보수' 쪽에서 전술핵을 유치하자거나 핵무장을 하자는 철없는 목소리도 터져 나왔다.

강대국 사이에 끼어 주권을 말살당하고 참화를 당해온 한반도 주민이라면 이 같은 정도의 태도나 상상력은 가능한 것인가? 핵과 미사일은 '약소민족의 자주권'을 높이는 것이 사실일까? 이런 물음에 긍정으로 답하기 위해서는 필요한 전제가 너무 많다. 먼저 북의 핵과 미사일이 남의 동족에게 겨눠진 것이 아니어야 하고, 또 '자주권의 확보'라는 것이 김정은 정권의 안녕이어서도 한반도 주민의 목숨을 볼모로 하거나 도리어 위험으로 귀착되는 것도 아니어야 한다. 무엇보다 핵을 보유하는 과정의 위험과 대가를 감수해야 한다.

북핵 위기와 전쟁 가능성

남북관계가 파탄 지경에 이른 이후 점점 커져온 북핵 위기는 2017년 여름에서 가을 사이에 최고조에 달했다. 미국 트럼프 대통령이 북한을 향해 전 세계가 보지 못한 '화염과 분노'에 직면하게 될 것이라고 발언하고, 이에 맞서 8월 9일 북한이 "괌 주변에 대한 포위사격을 단행하려는 작전방안을 검토 중"이라는 성명을 냈다. 이후 이어진 북한의 8월 29일 미사일 실험과 9월 3일의 6차 핵실험은 '제2의 한국전쟁'에 대한 공포를 전 세계적으로 확산시켰다.

물론 애초에 위기는 '현실'이라기보다는 김정은과 트럼프 사이의 '말 폭탄 블러핑'에 가까웠다. 역사적으로도 그렇다. 과거를 거슬러, 클린턴이 실제로 북한 폭격을 검토했다는 1994년에도, 북한군이 미군 정예 정보함 푸에블로호를 수십 명의 선원과 함께 나포했던 1968년이나 판문점에서 미군 장교를 도끼로 살해했던 1976년에도 전쟁은 일어나지 않았다. 예방전쟁이든 보복전쟁이든 전쟁이 곧 남북한 모두에게 궤멸에 가까운 타격과 수백만의 죽음을 의미하기에 실현될 가능성이 현저히 낮다는 것은 삼척동자도 다 안다.

그렇기에 우리가 근자에 경험한 전쟁 위기란 동북아 4강과 남북 사이에 만들어진 힘의 균형과 관계의 구조가 임계점에 달해 바뀔 수밖에 없던 상황의 소산이라 생각해볼 수 있다. 이명박 정권 이래 주변 강대국과 한미일 동맹이 북한을 관리하는 데 실패하여 북한이 '사실상' 핵보유국임을 인정한 상태에서 문제를 다시 풀어야 했고, 여기에 미중 간의 패권 경쟁으로 인한 긴장이 고조되어 한반도는 점점 '신냉전'의 장기판처럼 돼갔던 것이다. 남북의 코리아 놈들 따위 수백만이 죽든 말든, 전쟁으로 문제의 타개를 원하는 미국의 일부와 글로벌 군산-정치 복합 세력은 북한의 핵개발을 중지시킬 방법이 '군사적 옵션'밖에 없다는 쪽으로 몰아가려 했을지 모른다. 거기에 일부 남한의 세력도 동조했었다.[1] '군사 옵션'은 2017년 12월 대규모 한미 공군 합동 폭격 훈련과 미군 전략폭격기의 한국 전

——————————— 백두칭송위원회 회원들이 서울 광화문광장에서 김정은 국무위원장 서울 방문 환영 연설 대회를 하는 모습.

개로 구체화됐다.[2] 이에 따라 전쟁에 대한 공포가 대한민국 사회에
도 확산되었다. 긴급 상황 시 구호용품과 생존배낭, 라디오 같은 물
품이 전례 없이 많이 팔려나가기도 했다. 아파트 단지 게시판에는
전쟁 발발 시 행동요령이 붙기도 했다.

　그러나 거의 한계 지점까지 갔던 '북핵 위기'에 관련된 모든 일과
전쟁 공포와 북한에 대한 증오를 내용으로 한 냉전의 집단적 정동
은 불과 몇 개월 만에 뒤바뀌었다. 반전의 계기는 평창올림픽이었는
데, 올림픽 개막날까지만 해도 아이스하키 단일팀 논란 때문에 북
한에 대한 혐오 감정이 터질 듯 높았고 문재인 정부의 지지율은 급
격히 떨어지고 있었다.

　평창올림픽의 반전이 일어난 후 4·27 판문점선언과 6·12 북미

정상회담은 위기감의 해소를 넘어 평화·통일에 대한 기대를 남한에 확산시켰다. 이제 북한의 경제 개혁·개방은 기정사실처럼 되었고, 언제 그랬느냐는 듯 통일의 장밋빛 미래를 점치는 사람들도 수두룩해졌다. 2018년 11월 8일, 서울 광화문에서는 김정은의 서울 방문을 열렬히 환영한다는 '백두칭송위원회'라는 단체의 결성식도 열렸다.

두 괴뢰 사이의 역사

우파 민족주의자가 쓴 것 같은 글 때문에 신해철은 오히려 보수 단체들에게 국가보안법 위반 혐의로 고발을 당해 고초를 겪었다. '술 먹고 썼다'는 이 글은 검찰에서 무혐의 처분을 받았다. 신해철은 다시 "무혐의 유감(ㅋ)"이란 제목의 글(2010.2.1)을 올려 "가수가 홈페이지에 쓴 글을 극우 단체가 고발한 것, 검찰과 경찰이 무혐의를 발표한 게 화제가 되는 일이 모두 해프닝"이며 "현 정권에서 시작된 대국민 겁주기 및 길들이기라는 민주주의의 명백한 퇴보 현상이 이 해프닝의 진원지"라 소회를 밝혔다. 주견이 뚜렷했던 것으로 전해지는 가수 신해철은, 적어도 북한의 핵·미사일 개발이 국내 정치에 끼치는 영향에 관한 사태의 '한 본질'을 꿰뚫고 있었다. 북의 도발(?)과 높아지는 '전쟁 위험'(?)은 그것으로 밥 벌어 먹고사는 안보 장사꾼들을 흥하게 하고, 대한민국이 개창된 이래 민주주의 전체를 후퇴시키는 평계가 돼왔던 것이다.

　지금이야 김정은과 문재인 대통령 사이에 신뢰가 쌓였다지만, 2016년 여름과 가을 사이에 북한은 연신 문재인 정부를 향해 '남조선 괴뢰(꼭두각시)' 운운하는 성명을 내놓았다. 종속적 한미동맹을 가리키는 '남조선 괴뢰'와 이제 남한에선 군에서도 잘 쓰지 않는 '북괴'라는 욕설은 서글픈 것이다. 남북한이 서로 주권국가로서의 근본 요건인 자주성과 독립성의 결여를 '지적질' 하는 것이기 때문이다.

　'괴뢰'라는 욕은 오래된 역사와 맥락을 갖고 있다. 1948년 대한민국과 북조선은 각각 미국과 소련의 힘과 개입이 아니었으면 태어나지 못했을 것이다. 두 나라는 분단을 바라지 않는 수많은 민족주의자와 중도파·중간파를 배제·침묵하게 만듦으로써, 또 심지어 대량 살상하고 나서야 성급히 탄생할 수 있었다. 오늘날의 많은 대한민국 정치인들에게 존경받는 대한민국 임시정부의 수반 김구는 5·10총선에 불참하여 대한민국 '건국'을 보이콧했다. 대신 한국 민족주의의 상징인 김구가 한 일은 북의 김일성과 대화하는 길에 나선 것이었다. 그리고 얼마 지나지 않아 그는 이승만 세력으로 보이는 자들에게 총살을 당했다.

　미제 또는 소련제 무기와 수십만이 넘는 외국군의 지원으로 두 '괴뢰'가 서로 수백만을 죽이는 전쟁을 치렀지만 전쟁은 극복하기 어려운 원한과 트라우마만 남겼다. 이후 두 국가는 각자 사회주의와 자유민주주의로써 태생의 한계를 씻고 '정당성'을 확보하려 해왔다. 그럼에도 외세에 의존하며 민족이 서로를 적대하는 이 부자연스럽고 비합리적인 상태는 지속되고 있다. 그리고 적대는 많은 금기와 금지를 낳았고, 이 때문에 남북은 다 민주주의와 사회주의의 본연에는 미달하는 유치한 정신성을 가진 체제를 유지해왔다.

'김일성 만세'와 '김정일 개새끼'

2018년 10월 문재인 대통령이 평양공동선언과 군사분야 합의서를 비준하자 작은(?) 논란이 일었다. 국회 비준을 받지 않았다는 야당의 비판에 대해 청와대 대변인이 "북한은 헌법과 우리 법률 체계에서 국가가 아니다. 따라서 북한과 맺은 합의, 약속은 조약이 아니다"는 식으로 반박했다. 상당히 무책임한 발언이 아닐 수 없다. 북한은 대한민국 헌법에 의하면 국가가 아니지만 그럼에도 불구하고 실질적으로는 엄연한 국가임에 틀림없는데, 청와대 스스로 이 딜레마의 한쪽 면만으로 쉽게 발언한 것이다.

남북이 차라리 완전히 서로 다른 두 개의 국가이면 좋겠다고 바라는 사람들도 적지 않지만, 이 문제는 결코 단순하지 않다. 헌법상으로도, 정치·사회·문화·안보 어떤 차원에서도, 땅과 핏줄과 언어를 공유한 민족은 남이고 싶어도 남이기 쉽지 않다. 관광이든 상업이든 '국경'을 단 한 번이라도 넘어본 사람이면 누구나 느끼지만 분단은 매우 부자연스러운 것이다. 그래서 김정은은 대한민국 뉴스에 주연으로 계속 출연할 수밖에 없고, 외국에 나가는 '코리안'은 '사우스냐, 노스냐'라는 왠지 얼굴이 붉어지는 질문을 받을 수밖에 없다.

전시작전권 같은 주권과 '자주'가 필요한가? 그렇다면 북과 대화하고 평화 체제를 만들어야 한다. 강대국 의존과 남북 갈등은 서로

양(陽)의 함수관계에 놓인다. 민족이 반목하고 갈등할수록 외세의 간섭력은 커진다. 해방 이후의 현대사 전반부가, 이명박·박근혜 정권 9년이 바로 그런 과정이었다. 남북 대화와 6자회담으로 북을 개방·개혁에 나서게 하고 핵개발을 중단시켜 평화 체제를 구축하려던 근 10년여의 노력은, 미국과 남한의 보수 세력 때문에 물거품이 되어 사라졌다. 이후 남북 간의 긴장이 높아지자, 전시작전권 환수는 자연스레(?) 연기되고 북은 아무런 제어를 받지 않고 핵무장의 마이웨이로 갔다. 남은 아무런 실효적인 수단 없이 개성공단 폐쇄와 같은 자해적인 방편이나 미국과 중국의 힘에만 의존하게 되었다.

남의 정치도 언제나 북의 존재와 남북관계에 의해 (거의 항상 좋지 않게) 영향을 받아왔다. '종북'이라는 말은 그 같은 상태를 표징한다. 이는 평등과 민주주의를 증오하는 지배 세력의 핑계로나 권력정치의 술수를 위해 악용되어왔다. 근본적으로 1948년 대한민국 정부의 탄생과 함께, '북과 내통하는' '빨갱이'를 죽이거나 잡아 가두기 위해 구축된 국가보안법 체제는 남한의 자유민주주의를 언제나 불구의 것으로 머물게 했다.

시인 김수영은 이런 현실에 대한 답답한 마음을 담아 〈김일성만세〉라는 시를 쓴 적이 있다.

　　'김일성만세'/한국의 언론자유의 출발은 이것을/인정하는 데 있는데//이것만 인정하면 되는데//이것을 인정하지 않는 것이 한국/언론의 자유라고 (중략) 이것을 인정하지 않는 것이 한국/정치의 자유라고 장면이란/관리가 우겨대니

서울 광화문에서 열린 한 집회에 등장한 대형 태극기와 성조기.

그러나 이 시는 김수영이 살아 있을 때 발표되지 못했을 뿐 아니라, 세상을 떠나고 난 뒤에도 한참 뒤에야 공개됐다. 반공법이나 국가보안법 제7조 고무찬양죄에 저촉될 것이기 때문이다. 김수영은 그런 금기(김일성 만세)조차 허용되는 것이 자유민주 사회 '언론의 자유'의 '출발'이라 했지만, 당대의 지성인 조지훈이나 국무총리 장면 같은 이도 그 반대(즉 반공)가 한국식 '자유민주'의 귀결점이라 생각했다는 것이다.

소위 보수의 논객이라는 모 변호사는 2012년 한 TV 공개토론 자리에서, 상대방에게 '종북'이 아니라는 증거로 '김정일 개새끼'라는 말을 해보라 했다. 헌법상의 기본권(제19조 등)을 부정하는 수준의 의식과 태도는, 세상에 종북 아니면 반북 둘밖에 없다는 식의 비현실적이며 히스테리컬한, 남한 극우 특유의 정신적 질환에 가깝다. 그래서 이 '혐오병'은 한국 사회의 다른 타자를 몰아세우고 공격하는 '김○○ 개새끼 해봐', '노○○ 개새끼 해봐' 같은 말로 쉽게 응용되기도 했다.

다른 한편 일각의 근본적 민족주의나 북에 대한 지나친 '피해자화'(?)가 환상을 만들어온 것도 사실이다. 제국주의의 침략에 대한 문제의식이 북한의 모순과 오류 모두를 용납하게 한 과잉으로 치달은 경우도 있었다. '진보'나 '좌파'가 어떻게 현대 세계 어디에도 없는 3대 세습 절대 권력과 황당무계한 우상화를 지지하거나 참혹한 인권유린을 용납할 수 있는가?

딜레마들과 다른 상상력

지난 70년간 통일과 북한에 대한 거의 모든 것은 남에 사는 사람들에게 민주사회와는 어울리지 않는 금기와 딜레마를 안겨줬다. 김대중·노무현 정부 10년을 제외하고 한국 정부는 통일과 분단 극복에 대한 민간의 논의를 억제·금지·독점해왔다.

북의 체제가 실로 민주주의와는 거리가 멀고, 민족 공멸을 초래할지 모르는 벼랑 끝 전술을 통해 체제를 유지해온 것은 사실이다. '북한 인민의 선택을 존중한다'는 말로는 충분하지 않고, 또 북의 체제가 민주화·개방화되어야 남의 민주주의도 증진된다. 그러나 이 문제에도 단기·즉효 처방이 없다. 분단과 북한이라는 위험과 딜레마를 설득·협상·인내로 천천히 변화시키는 것 이외의 방법도 없다.

와중에 우리가 변화해야 할 필요는 없는가? 김구가 존경받는 것은 자신의 이념이나 지위·체면 따위를 버려두고 비난과 위험을 무릅쓰고 민족의 평화와 분단 극복을 위해 협상의 길로 나섰다는 사실 때문일 것이다. 우리에게는 '협상과 평화의 현실주의'를 상상하고 실천한 선대가 없지 않다. 햇볕 정책이나 중립화 통일론도 금기와 이념을 초월하는 빛나는 실용노선이자 현실주의의 소산이었다. '종북'과 '반북'의 성마르고 빈곤한 상상을 넘고 막전막후 가리지 않는 고차원의 평화 전략만이 이리나 사자 같은 주변 강대국의 간섭과 위기를 이겨낼 것이다. '한미(일) 동맹'은 유일천고의 진리가 아니다. 한반도 전체 주민의 평화 복리와 민주주의가 진리의 기준이다.

세 차례의 남북 정상회담과 한 차례의 북미 정상회담은 한반도 평화의 새로운 국면을 열었지만, 2018년 11월 중순 현재 '비핵화'나 '체제 보장'은 물론 한반도 평화 체제의 구축은 아직 먼 미래의 일이다. 북한과 미국이라는 두 변수가 함께 변하는 게 얼마나 어려운지 우리는 절감하고 있는 중이다. 와중에 적어도 담론장에서 탈분단, 통일의 희망에 관한 '민족'의 상상력은 만개한 듯 보인다. 통일의 개념과 과정에 대한 것은 물론, 민족 공동 번영에 대한 장밋빛 전망과 주한미군 철수, 한반도의 영세 중립국가화 같은 담론까지 운위되고 있다. 이 같은 희망에 찬 말들은 70년 넘게 이어져온 휴전 상태와 극우, 반공, 냉전의 지배를 벗어나서 새로운 나라에서 살고 싶다는 시민·민중의 열망이 반영된 것이라 하지 않을 수 없다.

왜 정신병을
이토록 두려워할까

나의 할머니는 만년에 처음 맛본 게장에 탐닉하셨는데, 여든이 넘은 나이에 새로운 입맛을 들였다는 사실은 꽤 뜻밖이었다. 그런 모습이 스스로도 겸연쩍었는지 할머니는 밥상에 오른 게장을 살뜰히 드신 후에 이런 말을 내뱉으시곤 했다.

"이러는 것도 다 병이라지?"

강박증이니, 편집증이니 하는 진단을 몸소 겪을 기회는 없었을 테지만, 정신병에 관한 항간의 이야기들이야 익숙하게 들었을 만큼의 세월을 사셨던 할머니다. 그러니 정신병이란 말이 입에서 자연스레 나올 법도 했다. 1960년대를 지나서 좀 먹고살 만해지자, 현대인은 모두 정신병을 앓고 있다는 식의 매스컴의 호들갑도 아마 각인이 되었을 수도 있겠다. 이미 1930년대에 정신병이란 말이 대중의 입에도 붙어 있었다는 사실을 고려하면, 정신병 담화는 연원이 꽤 긴 편이다.

할머니와 동년배였을 식민지 시기 '소설가 구보 씨'는 나름 서양 학문도 배웠겠다, 세련된 위트도 겸비했던 모던보이로, 구보 씨의 입에서도 예의 정신병 담화가 농으로 자연스럽게 흘러나왔다. 구보 씨는 어느 하루 식민지 수도 경성의 군상들을 둘러보고는, 술집 가서 술 많이 먹는 것도, 여급이 손님 두고 말 많은 것도 전부 정신병이란다. 어머니의 핀잔을 듣고 소설을 쓰겠노라고 경성을 거닌 소설가의 자책감에 비춰보면 병 아닌 게 어디 있겠는가. 술 먹고 노는 행동이, 혹은 1930년대 경성 한복판의 삶이 그저 정신병이라는 자괴감을 낳았던 것은 아닌가.

내면 고백하기와 외부의 시선

구보 씨도 할머니도 자신의 솔직한 욕구 앞에서 왜 쉽사리 정신병이라 진단 내렸을까. 만년에 게장을 탐한 식욕의 부끄러움이었을까. 아니면 이러지도 저러지도 못하는 지식인의 생존 자체에 대한 초라함의 감각일까. 모르긴 몰라도 내면의 욕구를 드러내는 것에 대한 두려움과 그에 대한 자기 검열적 판단이 이런 진단에 근거가 되었을 것이다.

그러니까 여기에는 두 가지 문제의식이 있는데, 하나는 내면 고백하기의 어려움이며, 또 하나는 이 내면을 엄격하게 통제하고 있는 외부의 시선이다. 내면이 자괴적이며 주저하는 외양으로 드러난다면, 외부의 시선은 매우 억압적이어서 술이든 게장이든 그것을 탐하는 솔직한 욕구를 부정하게 만드는 힘이 있다. 즉 외부의 시선은 올바름의 규준을 제시하고 그것을 강요하기 때문이다. 자신의 정당한 개별성을 말할 경우 비정상, 혹은 정신병이라는 낙인이 찍히기 쉽다는 두려움이 여기에 있다.

그리고 문제의 핵심은 그렇게 찍힌 비정상의 낙인이 바로 '정신병'이라는 점이다. (내면을 말하기가 그렇게 어려운 것이다.) 술과 게장을 탐하는 것을 감기나 위장병 같은 증상으로 여겼다면, 그렇게 자기 검열에 걸려들었을 리 없다. 그러나 내면의 문제, 솔직한 욕구의 문제를 다루는 일이기에, 이를 말하면 정신병으로 낙인찍힐지 모른다는 두려움이 고백에 앞선 것이다. 이런 두려움은 정작 자신의 생각이 병에 도달하기도 전에 주체를 정신병으로부터 멀리 격리시킨다.

다시 말해 정신병일지도 모른다는 자기 진단은 실은 정신병에 대한 짙은 두려움에 관한 고백이기도 한 셈이다.

우리는 일상에서 미쳤다는 말을 흔히 쓴다. 좋거나 싫거나 할 때 감탄사로써 "미쳤어~!" 하고 외치기도 하고, 검지로 관자놀이 근처를 한 바퀴 돌리고 "돌았다"라고 흔히 말한다. 이런 미침이란 당연히 의학과는 무관하다. 미쳤다는 말의 친숙함과 딴판으로 정신병이라는 단어는 어떤 기제를 동원하여 우리 삶의 작은 부분까지 통제하는 힘을 발휘한다. 너무도 두려운 것이라, 우리에게는 정신병에 대해 진지하게 고민하지도 못하고, 그것에 대해 솔직하게 말할 수도 없게 만드는 은폐의 금제가 자리하고 있다. 우리는 왜 정신병을 이토록 두려워하는 것일까. 무엇이 정신병을 이토록 두려움의 대상으로 만든 것일까.

질병과 신화 사이 어딘가에 있는 병

'미쳤다'는 말과 달리 '정신병', '정신병자'라는 말은 매우 모욕적으로 쓰인다. 어지간하면 쓰지 않는 게 낫고, 불가피한 경우 "건강에 문제가 있다", "스트레스가 심하다" 정도로 에둘러 말하는 것이 우리 사회의 상례다. 아무리 좋게 말해도 정신병에 대한 편견은 여전하기 때문이다. 정신분열증을 조현병이라는 상냥한 말로 바꿔 부른다고 해도 달라지는 건 별로 없다.

정신의학에서는 정신병이란 감기 같은 것, 즉 누구나 겪을 수 있

으며 치료 가능한 질병이라고 말한다. 우리가 극악하게 보는 조현병
도 대부분 일상생활이 가능하며, 정확한 진단과 치료를 통해 조현
병 환자를 우리 삶에 복귀시켜야 한다고 전문가 그룹에서는 강조한
다.[1] 정신병이란 여느 질병의 고통과 특별히 다르지 않다는 것이 실
제 병을 겪고 있는 이들의 증언이다.

그러나 정신병은 특별한 기제 속에 놓여 있다. 아니 어떤 기제
를 통해 이해되는 특별함을 가지고 있다. 감기 그 자체가 비난받거
나 감기 때문에 환자에게 윤리적 책임을 묻는 일은 없지만 유독 정
신병은 언급조차 안 될 만큼 꺼리는 것이 현실이다. 수전 손택은 질
병이 사회적으로 해석되는 일종의 은유라고 말했다. 예컨대 암이나
에이즈 등은 의학적 병증을 넘어서 윤리적 문제로 여겨진다는 것이
다.[2] 정신병의 은유의 의미는 암이나 에이즈보다 훨씬 심각하다. 정
신병은 어떤 윤리적 결격을 넘어 사이코패스, 연쇄 살인 등 극단적
인 범죄의 동의어가 되어 철저하게 배제되었기 때문이다.

수전 손택의 은유 개념을 따르면 정신병이라는 인식은 특정 사
회와 문화의 산물로서 지극히 가변적인 개념일 뿐이다. 이는 일상
적 의미뿐만 아니라 의학적 담론에도 해당된다. 즉 정신병에 대한
의학적 판단 역시 시대가 만든 하나의 패러다임이라는 것이다. 정
신병의 진단과 치료는 시대에 따라 변화해왔으며, 지금 우리가 믿는
정신의학은 시대의 여러 구조들이 중층적으로 겹쳐진 결과이다. 미
셸 푸코를 위시한 계보학적 문화사 연구는 시대마다 각기 다른 정
신병의 풍경을 세밀하게 보여준 바 있다. 푸코의 연구에 따르면 지
금 우리가 말하는 정신병 환자는 르네상스 때까지 특별히 문제시

되지 않았지만, 17세기 이른바 '대감금 시대'에 들어서 비정상으로 몰려 이내 병원이라는 이름의 감호소에 감금되기 시작했다고 한다. 텅 빈 수용소가 정신병 환자를 만들어냈다고 할 만큼 정신의학의 패러다임은 시대에 따라 가변적이었다.

그 변화는 20세기 들어 더 극적이었다. 짧은 주기로 유행이 생길 만큼 정신병에 대한 의학적 진단은 사회 변화로부터 적지 않은 영향을 받는다. 그 대표적인 사례로 1980년대 말 미국에서 유행처럼 급증한 다중인격장애라는 증상을 들 수 있겠다. 영화 〈아이덴티티〉, 드라마 〈킬미힐미〉처럼 한 사람 속에 더 많은 인격들을 경쟁하듯 욱여넣은 이야기들도 그 여파일 터인데, 의학적으로는 유행이 길지 않았다. 이유는 역시 의학과는 무관한 데 있었다. 다중인격장애가 급증하자 보험회사에서 치료비 지급을 중단했으며, 그 결과 정신병 진단 통계에서 눈에 띄게 줄어든 것이다. 대신 수줍음의 다른 이름인 사회공포증 같은 새로운 증상들이 그 자리를 차지했다.[3] 정신병이라는 진단이 절대적일 수 없는 이유이다.

물론 모든 정신병이 허구이거나 의학의 '발명품'이라고 매도해서는 안 될 것이다. 그러나 새로운 병증이 수시로 생겨나는 요즘, 정신적 고통을 모두 정신병이라 부르기도 어렵다. 앨런 프랜시스는 정신병을 '지속적인 불편을 가져오는 엄연한 현실'로 받아들이라고 제안한다. 그러니까 정신병은 질병과 신화의 중간쯤에 놓인 셈인데, 그는 무엇보다 정신병 진단의 인플레이션을 경계해야 한다고 강조한다. 그의 주장이 시사하는 바는 크다. 정신병의 증상이 존재한다면 당사자의 고통을 먼저 주목해야 한다는 뜻이며, 정신병을 섣불리 판단하거나 문화적으로 해석하는 일은 고통의 실체를 더 교묘히 은폐할 수도 있다는 경고이다. 특히 정신병을 문화 현상으로 해석하는 일은 신중해야 한다. 정신분열에 가까이 근접한 이들이 인류 발전에 기여했다거나 사회가 받아들여야 할 '세금과 같은 존재'[4]라는 해석은 문화인류학적 해석으로는 타당할지 모르지만 정신병의 현실과는 무관하다. 정신병이 현대사회가 만들어낸 악이라고 단정하는 것도 마찬가지다. 어느 경우라도 정신병을 있는 그대로 인식하는 데 방해가 될 뿐이다.

조현병, 범죄의 기원

사실 정신병의 이미지는 문화적인 차원에서 비롯된 것은 아니다. 정신병에 대한 금기와 두려움은 해석의 작위성보다 더 끔찍한 현실과 연결될 때 만들어진다. 즉 정신병은 곧 범죄라는 인식 말이다. 평범하고 당연한 내면이 정신병일지도 모른다는 두려움은 이를 억압하는 사회와 접속할 때 증폭되는데, 그 접속 지점 중 하나가 살인 난동 같은 범죄의 이미지이다. 이는 할머니의 게장병 같은 발화와는 차원이 다른 위험함을 안고 있기에 언급조차 되기를 꺼린다.

가족 중 누가 비정상의 정신을 안고 있다면, 그의 존재는 철저하게 숨겨질 것이다. 단편 영화 〈초록별을 지켜라〉의 주인공처럼 무지와 무관심, 오해로 인해 다락에 유폐된 채 외계를 꿈꾸는 것 말고 이들에게 세상은 허락되지 않는다. 영화에서는 뇌성마비임에도 그러할진대, 조현병 같은 증세는 오죽하겠는가. 정신분열증을 조현병이라는 상냥한 이름으로 바꾼다고 해결될 문제가 아니다. 조현병이든, 히스테리든, 불안증이든, 일단 병증 혹은 비정상으로 낙인찍히고 나면 그 내면은 악으로 규정된다.

2016년 커다란 논란을 일으켰던 강남역 살인사건을 보자. 이 사건을 다루면서 가해자의 조현병 병력이 살인의 중요한 이유로 지목되었다. 사건 초기 보도에서 조현병을 제외한 다른 맥락은 드러나지 않았고, 이내 '조현병은 살인범죄'라는 등식이 성립되기에 충분했다. 이보다 더 끔찍했던 2017년 인천 여아 살인사건에서도 그러했는데, 가해자의 행동을 설명하는 데에는 정신병리학적 진단이 뒤따랐다. 즉 가해자는 아스퍼거 증후군일 가능성이 크며 그 때문에 그런 잔혹한 살인을 저지를 수 있다는 추론이 관련 보도의 첫머리를 장식했다. 정신의 병, 정신의 비정상이 범죄의 기원이라는 말이다.

두 사건에 대한 법리적 판단은 이 자리의 논의 주제는 아니다. 사건 자체만 보면, 정말 정신병으로 인해 살인을 저질렀을 가능성이 높으며, 정신병 병력이 법리적 판단에 영향을 미치는 기제가 존재하는 것으로 안다. 그러나 중요한 점은 법리적 판단과는 별개로 정신병을 통속적으로 들추고 말함으로써 정신병과 범죄를 곧장 연결시키는 오해가 더욱 견고해진다는 사실이다. 2017년 선고가 내려진 낙성대 살인미수사건도 그렇다. 법조인과 소설가를 꿈꾸던 이가 좌절 끝에 정신병을 얻어 행려병자로 지내다 피해망상에 사로잡혀 '묻지마 범죄'를 저질렀다는 이야기가 완성되면 정신병은 범죄의 원인이 되고 정신병 환자는 괴물이 된다.

낯선 정신병과 친숙한 이야기

정신병이 범죄를 낳고 괴물을 만들었다는 식의 이야기는 정신병 환자의 격리를 정당화하는 편리한 방편에 지나지 않는다. 모든 정신병 환자가 범죄를 저지르는 것도 아니며, 반인륜적 범죄자들이 죄다 정신병 환자도 아니다. 멀쩡한 정신에 저지른 살인은 얼마나 많은가. 그럼에도 정신병에서 범죄의 원인을 찾는다면 이는 정신병에 대해 아무 말도 하지 않겠다는 것과 다를 바 없다.

정신병을 둘러싼 임의적인 해석을 걷어내지 못한다면 정신병은 계속 은폐되고 격리될 수밖에 없다. 오래지 않은 과거엔 동네마다 '광인', 혹은 '좀 이상한 사람'으로 불린 이들이 있어, 동네의 허드렛일을 하면서 우리들과 일상을 공유했던 기억을 가지고 있다. 그들에게도 삶의 가치가 엄연히 존재했지만 그에 관심을 기울인 사람은 많지 않았다. 나 또한 그랬는데, '저들은 어디서 잘까?' 정도의 연민만 있었던 것 같다.

문학도 마찬가지였다. 사이코패스나 다중인격이 할리우드 영화에서 단골 소재로 등장한 것을 제외하면, 『뻐꾸기 둥지 위로 날아간 새』, 『시계태엽 오렌지』 등 몇몇 작품만이 정신병에 주목했을 뿐이다. 한국문학에서도 정신병은 그다지 인기 있는 주제는 아니었다. 정신병동의 실상을 상세하게 묘사한 정유정의 『내 심장을 쏴라』가

_____ 스탠리 큐브릭 감독의 영화 〈시계태엽 오렌지〉는 보기 드물게 정신병 치료에 주목한 영화다. 악랄한 범죄를 저지르다 체포된 주인공이 범죄자들을 효과적으로 교화하기 위해 개발한 치료요법의 실험 대상이 되어 고통을 받는다는 내용이다.

거의 유일하다시피 한 작품이고 정신적 불완전성이라는 큰 범주에서 보면 편도체 이상이라는 장애를 소재로 삼은 손원평의 『아몬드』를 최근작으로 꼽을 만하다. 두 작품 모두 정상과 비정상을 가르는 판단에 대해 회의를 던지고 남들과 다르다는 이유로 괴물로 낙인찍는 일이 과연 정당한지 묻는다.

  그렇지만 이 작품들이 정신병을 가르는 폭력적 인식에 변화를 이끌어낼지는 확언하기 어렵다. 『내 심장을 쏴라』를 읽다보면 주인공이 탈출에 성공하기를 가슴 졸이며 응원하지만, 그 심정이 정신병을 향한 사회적 공포에 대항하지는 못한다. 환청에 분명한 원인이 있다고 믿는다면 그들은 완치될 때까지 '환자'일 수밖에 없다. 『아몬드』는 뇌 기능에 장애를 가진 소년에게 '귀여운 괴물'이라는 말로써 애틋함을 표하고 있지만, 소년이 우연히 태어난 '괴물'이라는 의미화에는 변함이 없다. 비정상을 바로잡아 사회로 복귀시켜야 한다는 정상성의 논리는 소설의 근저에서 여전히 작동한다.

『아몬드』가 뇌 기능 장애의 이야기로 시작하여 한 소년의 성장의 서사로 갈무리된 것은 그 영향처럼 보인다. 소년이 장애를 극복하고 '조금 다른 방식'으로나마 자랄 수 있다는 믿음[5]은 미성숙에서 성숙으로, 비정상에서 정상으로 향하는 교양적 성장일 수는 있지만, 비정상과 함께 살기의 방식은 아닌 것이다. 이 믿음에 감상적인 심성이 겹쳐지더라도 정신의학의 놀라운 과단성은 변하지 않을 것이다. 이외수의 『꿈꾸는 식물』에서 포악한 아버지로 인해 어머니를 여의고 광인이 되어버린 둘째 아들의 모습은 깊은 동정과 공감을 자아내지만, 거기서 정신병에 대한 반성적인 성찰을 찾는 것은 무리이다.

국가와 민족을 위해 정신병을 격리하다

국가권력은 정신병을 반사회적 현상으로 매도하고, 심지어 우생학적 처치의 대상으로 삼기도 했다. 1960년대 이후 국가의 체제가 강화되면서 정신병을 비롯한 온갖 '비정상'은 법률로써 격리되고 관리되었는데, 1973년에 시행된 모자보건법이 대표적인 사례이다. 이법은 정상성을 상정하고 비정상적인 존재를 우리 사회에서 영구히

1956년 신문에 실린 정신병 치료제 광고.

격리시키려는 기획을 가지고 있었다. 여기서 비정상에 속하는 것은 정신분열증이나 조울증 같은 정신병은 물론, 간질처럼 정신세계와는 전혀 무관한 질병까지 포함되었다.

이런 증상들을 한데 묶은 것도 그렇거니와 더욱 끔찍한 것은 대통령령이 정한 정신질환에 해당하는 환자는 장관의 명령에 따라 강제 불임시술을 할 수 있도록 한 규정이다. 실제로 강제 불임시술 명령은 1975년 보호시설의 여성 9명에게 처음 내려졌다. 시민사회의 반대에 "우수한 민족을 보존하기 위해 강제 불임은 당연한 조치"[6]라거나 "본인에게도 다행"[7]이라고 대응한 고위관리의 발언은 서구의 '대감금 시대'나 나치의 우생학을 연상케 한다.

유신 정권 시대에는 범죄 소탕과 더불어 불순분자, 정신분열 환자에 의한 난동을 미연에 방지하여 사회질서와 안녕을 지키겠다는 관계 장관의 업무보고는 철마다 등장한다. "정신분열증 범죄의 특징이 살인, 방화와 함께 반복적 절도, 매춘[8]"이라니, 권력이 요구하는 올바름이 아니라면 모두 정신병자요 범죄자란 말이다. '대감금 시대' 수용소에 감금된 이들 대부분이 극빈자나 행색이 이상한 자, 혹은 게으른 자들이었다는 기록을 떠올리면 우리의 국가 정책이 얼마나 폭력적이었는지 짐작하고도 남는다.

이런 사정들을 생각할 때면 떠오르는 이름이 있다. 찬드라 구마리 구룽. 음식값을 치르지 못해 경찰에 넘겨진 뒤 행색이 초라하고 말이 어눌하다는 이유로 정신분열증으로 진단받고 1993년부터 6년 4개월 동안 정신병원에 감금되었다가 간신히 고향으로 돌아간 이주 노동자의 이름이다. 찬드라의 삶을 모질게 파괴한 폭력은 여럿인데, 정신병의 격리를 정당화한 정신의학과 이를 법과 제도의 틀로써 강제한 국가권력을 맨 먼저 꼽아야 한다. 그리고 정신병에 낙인찍기를 동조했거나 반성하지 않았던 우리들의 일반화된 사고 또한 빼놓으면 안 된다. 돈을 내지 못했으니 당연한 처사였다고 생각한 것일까. 정신병원에 끌려가기까지 누구 하나 찬드라의 말에 귀 기울이지 않았으며 이의를 제기하지 않았다. 그리고 아무도 반성하지 않았다.

최근의 변화는 그나마 다행스럽다. 2017년 5월 30일 '정신건강 증진 및 정신질환자 복지서비스 지원에 관한 법률'의 개정에 따라 정신병원 강제 입원의 기준이 강화되었다. 그 덕에 많은 사람들이 감금에서 풀려났다. 우려도 적지 않은 줄 안다. 위험한 정신병자들을 내보내면 사회가 불안해진다는 것이다. 그러나 거듭 말하지만 그런 우려는 합리적이지 않다. 게다가 퇴원 이후에도 '관찰'과 '보호'는 그대로이니 감금의 형태가 느슨해졌을 뿐, 정신병에 대한 공포와 격리의 메커니즘이 사라진 것은 아니다. 우리는 그들을 두려워하기 이전에 그들과 어떻게 공존할지를 모색해야 한다.

광기와 더불어 살기

막연한 정신병의 공포에서 벗어나기 위해서 우선 정신병에 대해 더 많이 더 정확히 말할 수 있어야 한다. 앨런 프랜시스는 정신병 진단의 인플레이션을 피하기 위해서는 스스로 검토하고 더 많이 이야기하라고 권한다. 의사와 주위 사람들에게 정신적 고통에 대해 이야기함으로써 병증을 명확히 이해할 수 있기 때문이다. 『내 심장을 쏴라』, 『아몬드』에서 의미 있는 공통점을 발견할 수 있는데, 이는 주인공의 생활공간이 낡은 서가라는 설정이다. 주인공이 책에 파묻혀 있는 상황은 고립과 소외를 의미하는 것이지만, 한편으로 그들에게도 말하고자 하는 욕망이 얼마나 중요한지를 상징적으로 보여준다. 정신병동에서, 혹은 아무도 돌보지 않는 고립된 환경 속에서 그들이 세상과 소통할 수 있는 유일한 방법은 책이다. 그들은 책을 통해 간접적으로나마 자신의 내면을 드러낼 수 있었고, 책을 통해 타자 혹은 독자에게 내면의 정당성을 이해해줄 것을 요구한 것이다. 정신적 비정상은 스스로 말하며 타인과 관계 맺기로 나아갈 때, 병증을 넘어서 세상과 공존할 수 있다.

개인적인 경험을 말하자면, 내가 만나본 '광인'들은 자신의 주장을 인정받으려 한 것은 아니었던 것 같다. 오히려 밑도 끝도 없는 자신의 말을 들어줄 수 있는 인내심 있는 말 상대가 필요했던 것은 아니었을까. 광인으로 몰린 이들의 정신적 고통은 명백했다. 대개 사연도 많고 증상도 다양했으며, 광기가 겨냥하는 분노의 대상도 각각 달랐다. 시공을 넘나드는 그들의 혼란스러운 언어는 당연히 받아들이기 어려웠다. 그러나 그들은 폭력적이지 않았고, 대화의 태도 또한 상식적이었다.

지금도 기억나는 사례 하나가 있는데, 우주 만물의 섭리를 꿰뚫고 있다는 장광설로 한때 유명세를 치르던 이를 찾아간 적이 있었다. 그의 눈빛도 말도 휘황하기 그지없어 두려움을 떨치기는 어려웠다. 나름의 인내심으로 몇 시간에 걸쳐 그의 말을 들었고, 이제 충분하다고 생각하고서 일어서려는데 그가 뜻밖의 말을 건넸다. 시간이 괜찮으면 저녁이라도 함께 하고 가라는 것이었는데, 그 순간 그의 말은 더 이상 광기의 언어가 아니었다. 동시에 처음 가졌던 두려움도 희미해졌음을 발견했다. 사실 일어서기 한 시간 전쯤에 그는 자신의 친모와 계모의 애달픈 사연이나 나의 장래에 관한 뻔한 덕담을 말하고 있었다.

정신병의 고통은 언제 어디에나 있다. 그 고통은 낯설어 보이기에 두렵다. 그러나 그것을 비정상으로 규정하고 우리 삶에서 분리한다면 또 다른 고통이 우리를 덮칠지 모른다. 그들의 고통을 외면하고 침묵할 때 정신병은 범죄의 멍에를 쓴다. 정신병은 실체이지만 괴물의 이미지는 분명 권력이 만든 공포의 산물이다. 그 공포에 희생되지 않으려면 침묵을 멈추고 비정상과 정신병에 대해 계속 이야기해야 한다. 광기와 더불어 살 때 우리도 자유로워질 것이다.

'건전사회'와 그 적들,
밝고 환한 사회를 위한
'잉여인간 청소'

"일정한 주거 없이 관광업소, 접객업소, 역, 버스정류소 등 많은 사람들이 모이거나 통행하는 곳과 주택가를 배회하거나 좌정하여 구걸 또는 물품을 강매함으로써 통행인을 괴롭히는 걸인, 껌팔이, 앵벌이."

우리 법이 '부랑인'이라 정의했던 대상이다. 이와 더불어 "사회에 나쁜 영향을 주는 노변행상, 빈지게꾼, 성인 껌팔이 등"은 '준부랑인'으로 이름 붙여졌다.

1975년 12월 시행된 내무부훈령 제410호는 이들을 "신고, 단속, 수용, 보호하고 귀향조치 및 사후관리"하여 "도시생활의 명랑화를 기하고 범법자 등 불순분자의 활동을 봉쇄하는 데 만전을 기하"(제1장 제1절)도록 규정해두고 있었다.

특히 86아시안게임과 88올림픽을 대비한 거리정화프로그램[1]과 생활올림픽추진단[2] 활동 홍보에서 확인할 수 있듯이, 부랑인의 시설 격리는 양 대회를 밝고 환한 분위기 속에서 치르기 위한 환경미화의 일환으로 이야기되었다.

이러한 맥락에서 설립되어 '성장'한 전국 36개의 부랑인 보호시설 가운데 하나가 형제복지원이었다.[3] 1965년 7월 부산시로부터 아동복지시설 인가를 받아 국가 지원으로 보육원을 운영하던 설립자는 내무부훈령 제410호가 발령되던 해, 부산시와 '부랑인 일시보호 위탁계약'[4]을 맺고 건물을 증축하였다. 1982년부터 대규모의 정부 지원금이 지급되면서[5] 형제복지원은 적게는 1700여 명에서 많게는 3900여 명의 부랑인을 수용하여 매해 18~20억 원대 국고 지원을 받는 국내 최대 수용 인원의 사회복지시설로 자리매김하였다.[6]

1987년 1월 부산 사상구 형제복지원 수감자들이 운동장에 모여 있다. 형제복
지원은 국내 최대 규모의 부랑인 수용시설로 1987년 직원의 구타로 원생 1명
이 숨지고 35명이 탈출하면서 인권유린 사태가 알려지기 시작했다. 1975년
설립돼 1987년 폐쇄될 때까지 형제복지원에서 모두 550여 명이 사망한 것으
로 밝혀졌다. 부산시는 최근 형제복지원 사건 진상 규명에 착수했고, 검찰은 대
법원에 비상상고를 신청했다. 31년 동안 가려졌던 폭력의 진상은 곧 드러날 가
능성이 커졌다.

    형제복지원을 소재로 한 TV 드라마가 1982년에 현지 취재를 바
탕으로 제작·방영되기도 했던 걸 미루어보면[7] 시설에 대한 사회
적 인지도가 없지 않았을 것인데도, 1987년 이전까지는 관련 보도
기록은—원장의 훈장 표창에 관한 단신[8] 외에—찾아보기 어렵다.
형제복지원의 실태가 세간에 알려지게 된 것은 1987년 1월 울산지
청의 한 검사가 우연히 울주 야산에서 수용자들이 강제 노역을 하
던 작업장을 목격하고 수사에 착수하면서부터였다.

수사 과정에서 원장의 개인 초지 조성 사업에 원생 180여 명이 강제 취역되었던 사실과 강도 높은 노동과 폭행이 자행되는 과정에서 구타당해 숨진 원생을 병사로 위장한 채 불법 매장한 사실 등도 밝혀지게 되었다.[9] 내무반, 소대장, 중대장 등 군대식 조직편성과 상습적인 구타·기합, 12년 동안 513명에 달했던 사망자들의 사망 경위, 사체 처리 과정에 대한 의혹,[10] 경찰·공무원의 공모[11] 등이 터져 나왔다.

연고 있는 이, 민간인, 정상인 vs 부랑인?

> 이○○(32)씨는 '연고가 있고 부랑인이 아닌데도 귀가조치 되지 않고 있었다'고 말하며…
> —『중앙일보』1987년 2월 1일

> 이중으로 된 철제문이 있는 정문 위에 '자립으로 국민에게 보답하자'는 글이 커다랗게 씌어져있다. 이곳은 설립취지와는 달리 연고가 있는 사람과 능력이 있는 사람까지 임의적으로 강제수용을 자행했다.
> —『조선일보』1987년 2월 2일

> 이곳은 복지원이 아니라 민간인을 포로처럼 수용하면서 정부지원금을 착취하는 사설교도소입니다. 거리를 방황하는 진짜 보호받아야 할 사람은 몇 명만 데려다 놓았을 뿐 나머지 사람들은…

—『동아일보』 1987년 2월 2일

수용자의 70% 이상이 정상인으로 수용부적격자였다.

—『경향신문』 1987년 2월 3일

인용한 기사들은 형제복지원 사건과 관련된 각 언론사의 보도
이다. 이 기사들은 서두에서 매한가지로 '부랑인 아닌 사람들도 수
용되었다'는 점을 언급하고 있다. '연고가 있는 이', '능력 있는 사
람', '민간인', '정상인' 등으로 호명되는 이들이 그곳에 섞여 들어
있었다는 사실이 당시 큰 사회적 충격이었던 것으로 보인다. 이는
형제복지원 관련 기사가 신문 정치면과 사회면을 채우고 TV 뉴스
프로그램 첫 꼭지로 연일 보도되는 동안 반복적으로 나타났던 서
술이었다.

이렇듯 부랑인을 격리하여 시설에 수용하는 자체가 아니라 억
울하게 수용되는 것이 핵심 문제라 한다면, 억울하지 않은 수용자
의 표지(標識)는 무엇인가? '연고 있는 이', '민간인', '정상인' 등으
로 호명되는 이들과 반대편에 놓인 부랑인은 무엇을 표상하는가?
정상/비정상의 잣대로 (억울하게 갇힌) '비부랑인'과 (적절한 보호를 받지
못한) '부랑인'으로 분리하는 사유는 역사적으로 어떻게 형성되었
을까?

식민지인의 열등성을 전시할 대상, 식민지 시기

사실 부랑인 단속은 현대사회에 새롭게 등장한 정책은 아니다. 역사적으로 부랑(vagrancy)은 끊임없이 국가권력의 주의를 잡아끄는 사회적 변칙성의 상징이었으며,[12] "방랑", "노숙", "걸식", "무뢰배적인", "일할 능력이 있음에도 일하지 않는", "빈곤" 등과 연계되어 시기별로 상이한 형사법적 제재·단속과 구빈법적 보호·관리의 대상이 되어왔다.[13] 한국의 경우 이에 대한 국가적인 관리가 시작된 것은 식민지 시기였다.

1912년 3월 25일 발포된 경찰범처벌규칙 제1조에서는 "일정한 주거 또는 생업 없이 사방을 배회하는 자"(2호)를 구류(拘留) 또는 과료(科料)에 처한다고 명시하고 있다. 식민지 시기 부랑인 단속은 이 규정에 입각하여 이루어졌는데, 동 규칙에서 "구걸을 하거나 하게 한 자"(7호)를 부랑인과는 별개로 규정하고 있다는 사실은 당시 식민당국의 부랑인 개념 범주 안에 '노숙', '걸식', '빈곤' 등의 표지들이 포함되어 있지 않음을 시사한다.

실제 위 조항에 의거하여 검거된 자에 대해 1912년 9월 동대문경찰서는 "주소도 분명치 않고 일정한 직업 없이 각 방면으로 배회하면서 편편히 놀고 먹으며 빈들빈들 돌아다니는 것이 관내 풍기를 문란케 한다"는 근거로 구류처분을 하였는데, 여기서 주목할 만한 주요 표지는 "놀고 먹"으며 "빈들빈들 돌아다님"으로 인한 풍기문란이었다.[14]

경찰 주도하에 전국적으로 시행되었던 제1회 부랑자대청결(1914

년 10월)과 제2회 부랑자대검거(1915년 6월) 당시 주된 단속 장소는 걸인들이 주로 상주할 법한 길거리나 역전이 아닌 기생집이나 연극장 주변, 요리점과 여관 등의 유흥가였으며, 단속 대상은 부호층 청년 자제, 양반유생, 무뢰배 등 구지배계층의 직업 없는 자들과 그들 주변에서 기생하던 자들을 포괄하고 있었다.[15] 관련 언론보도에서 부랑자로 호명되는 부류 또한 대개 '일정한 직업 없이 학문도 등한히 하고 사업에 대한 의지도 없는' 상류층 자제였다.[16]

이처럼 경찰범처벌규칙에 의거한 부랑인 단속에서의 부랑인 표지는 식민지 초기의 일상적 용어례와 다를 뿐만 아니라 부랑배라는 우범집단에 대한 치안 목적과도 거리를 둔 낯선 것이었다. 아울러 불인걸식의 처치에 대한 포고(1869), 걸인취체에 대한 심득서(1872), 경찰범처벌령(1908)에 의거하여 극빈층 걸인들을 수용하고 정주시키는 것이 주된 취지였던[17] 일본의 부랑인 단속과도 상이한 성격을 갖고 있었다.

왜 그러하였을까? 가장 큰 이유는 명문 양반 자제들에게 "날마다 기생집과 요리집에서 부랑을 교육"[18]하는 '부랑조선인'의 표지를 부착하여 식민지 구지배계층의 무능함과 나태함을 선전하기 위한 것으로 보인다. 아울러 이들의 도덕적 타락과 불성실함을 강조하여 부각시킴으로써 차후 이 계층의 젊은 세대가 민족저항운동의 물적·심적 주동세력이 될 잠재적 가능성을 제거하는 효과도 기대하였을 것이다.

식민지 초기의 이러한 부랑인 표지는 1920년대 후반부터 식민지 조선의 이농 현상이 본격화되면서 차츰 변화하는데, 구직을 위해 도시로 흘러들어 온 자들이 하천이나 제방, 역전에서 생활하는 "토막민"으로 전락하는 양상을 보이면서[19] 노숙과 걸식이 실질적인 사회문제로 대두되었기 때문이다. 이 시점에 이르면 무뢰배와 한량의 이름표를 부착함으로써 탈권위화해야 할 만큼의 권위를 이미 구지배층이 갖고 있지 않았을 것이기에, 식민지인의 나태함을 구태여 볼거리로 만들어 전시할 목적 또한 옅어지게 되었을 것이다.

부랑인 실태를 행정당국의 사회사업 관련 부서에서 조사하고 통계 처리하는 과정에서 극빈층에 대한 사회복지 목적과 위생을 둘러싼 사회방위 목적이 추가되었다. 특히 전시동원 체제로 가는 과정에서 노동이 가능한 부랑자를 노동력으로 전환하는 기획이 대두되었다.[20] '노동윤리를 배워야 할 부유한 한량'에서 '건전한 노동자로 거듭나야 할 극빈곤층 부랑인'으로 재규정된 것이다. 이러한 취지 아래 식민지 말기 전국 각지에서 6개의 부랑자 수용시설이 기획되었으며, 일부는 실제 건립되었다.[21]

외신으로부터 감추어 가려둘 부끄러운 존재, 해방·전후 시기

해방 직후 만주와 일본 등지에서 귀환하는 동포들의 유입과 분단에 따른 월남 인구 등으로 인해 약 260만 명의 인구증가가 발생하면서 거리 기숙과 걸식의 문제는 해방된 사회의 고민거리로 다시금 부각되었다. 특히 서울역이나 청량리역 주변에서 걸식하거나 노상앵벌이를 하는 무리들이 재건될 사회에 여전히 드리운 어두움으로 그려지는 것을 당시의 문학작품 안에서도 종종 찾아볼 수 있다.[22] 아래의 1946년 보도자료는 이러한 시선을 잘 보여준다.

> 서울소년심판소에서는 건국도상에 있어서 급격히 늘어가는 소년범죄를 미연에 막으려는 동시에 이들을 보호하고저 해방이래 각 관계당국과 유지들이 대책을 강구하여 오던 중 입육일오전 일곱시삼십분부터 칠대의 「트럭」부대가 안개가 자옥한 장안거리에 출동하야 골목 골목에서 거리의 소년들을 발견하는대로 「트럭」우으로 인도하였는데 이들 부랑아는 처음엔 공포심에 떨며 안가겠다고 몸부림을 치다가 인도하는 사람들의 친절한 설유로서 극기야 「트럭」에 실려서 소년심판소로 모여들었다. 동일오후 일시까지 집합된 아이들은 삼(백)사(십)이명이었는데 이중에는 고아가 삼백명 불쿠자가 오명이며 범죄할 염려가 있는 소년이 삼십칠명이었다.[23]

발견되는 대로 트럭 위로 '인도'된 이 소년들에 대하여 소년심판소 집결 이후 어떠한 후속 보호조치가 취하여졌는지는 기사에서 밝히지 않고 있다. 정부 수립 이후 처음 설립된 '부랑아시설수용 관련 규정'이 1950년 '후생시설설치기준'이었던 점을 미루어볼 때, 1946년 당시 이들의 검거는 법적 근거 규정 없이 임의로 이루어졌던 것으로 짐작된다. 이 단속은 관계당국과 유지들이 공동으로 행하였다는 데서 사회사업의 성격을 갖고 있지만, 집합 장소가 소년심판소인 점과 이들을 '고아-불구자-우범소년'의 범주로 구분하였다는 점에서 사회방위 목적도 혼종되어 있음을 알 수 있다.

'부랑아', '전쟁고아', '슈샤인보이' 등의 검색어로 찾아본 1950년대 신문 기사에서는 이러한 피라미드식 조직에서 발생하는 폭력과 착취, 강제납치 등의 아동 인권 문제에 대한 언급도 존재하였으나[24] 주된 관심은 시민들이 감내해야 하는 불편함과 창피함에 맞추어져 있었다. 슈샤인보이가 멀쩡한 객실 한 칸을 독차지하다시피 하여 정작 일반손님은 개찰구를 통하여 밀려 나와 퀴퀴한 냄새가 비위를 뒤집어놓는 널빤지의자에 앉아야 하는 현실[25]이나 부녀자의 옷자락을 잡고 곤란하게 돈을 요구하는 꼬마 거지로 인한 난감함[26]을 토로하는 목소리들이 그러하다.

특히 일부 슈샤인보이들이 "펨푸(호객꾼)"로서 기지촌 여성과 미군을 연결시켜주는 일을 하거나 소매치기를 겸하는 현실[27]은 국제 망신으로 문제화되었다. "수복된 일선지구에 그런 슈샤인·보이라든가 소년행상뿐만 아니라 미군을 상대로 소위 양공주들을 소개하는 소년배들이 늘게 되었다. 이 얼마나 창피한 일인가"[28]와 같은 개탄이 그러한 목소리이다.

주권국가가 부재했던 식민지 시기와는 다른 맥락에서 대외적으로 국가 체면을 손상시킨다는 점이 단속의 주된 논거로 부상한 것이다.[29] 그렇기에 이 시기 부랑인은 '끌어내어 전시할' 대상이 아닌 '감추어 가려둘' 대상이었다.

실제 이승만 정권의 전쟁고아 정책은 혼혈고아[30]들을 그들의 '아버지의 땅'으로 국제입양 보내는 정책과 부랑고아들을 수용소에 격리하는 정책, 이렇게 두 가지에 정향되어 있었다. 1953년 미국에서 통과된 긴급구호법(Public Law 203)이 혼혈고아의 국제입양을 추진할 제도적 토대가 되었다면, 부랑고아들의 수용소 격리에 대한 제도적 근거는 1952년 보사부훈령으로 제정된 후생시설운영요강이었다. "명랑한 서울거리를 만들기 위해 거리에 흩어진 부랑아 고아 등을 일소하여 준비되어 있는 수용소에 강제수용을 시키는"[31] 등의 정책은 행정당국에 의해 한 해에도 수차례씩 발표되었다.[32]

여기서 "준비되어 있는 수용소"란 부랑아 보호기관과 영육아원으로서, 1955년의 경우 전국 43개 부랑아 보호기관에 총 2051명이, 그리고 전국 419개 영육아원에 총 272명의 부랑아가 입소되었다. 또한 불량소년이나 우범소년을 교육하는 사회 보호시설인 감화원에도 1959년부터 부랑아가 입소하기 시작하였다.[33]

그러나 실질적으로 무엇이 어떻게 '준비되어 있'었는지는 불명확한데, 연례행사처럼 발표되던 사회부의 부랑아 단속 계획에도 불구하고 '특정시기 부랑아 강력단속 및 수용 → 수용 초과로 인한 문제 발생 → 굶주림과 열악한 시설을 견디지 못한 부랑아들의 탈출 → 시내에 부랑아 범람'의 패턴이 주기적으로 반복되었던 것이 확인되기 때문이다.[34] 이는 단지 복지예산의 부족[35]에서 비롯된 문제만이 아니라, 일정한 교육을 통하여 부랑아를 특정한 방식으로 교화하겠다는 규율 방침이 서 있지 않았다는 데서도 기인한다.[36] 이 시기의 부랑인 단속은 수용시설에 부랑아들을 '감추어 가려둠'으로써 이들을 비가시화하는 데 방점이 찍혀 있었다.

'재건되고' '청소될' 이중적인 몸, 발전주의 시기

반면 5·16쿠데타 세력이 사회악 일소를 내걸고 시행한 사회정화
사업에서 부랑인은 더 이상 '감추어 가려둘' 대상만은 아니었다. 사
회의 치부 혹은 빈곤을 표상하던 존재들은 산업화를 위한 일꾼 만
들기에 동원되었다.

1961년 6월 12일 공포된 '재건국민운동에 관한 법률'에 따르면
재건국민운동은 "전국민이 청신한 기풍을 배양하고 신생활체제를
견지하며 반공이념을 확고히 하"여 "국민혁명을 목표로 하는 인간
개조운동"이었고, 또한 "전국민의 자발적인 참여와 창의적인 참획
을 전제로 한 범국민운동"이었다.[37] 이는 단지 추상적 구호에 그치
지 않고 1961년 8월 11일 발족한 국토건설군 활동을 통해 구체화
되었으며, 국토개발에 필요한 노동력으로는 깡패, 실업자 등과 함께
부랑인들이 대거 동원되었다.[38]

20대 남성인구 가운데 완전실업자를 국토건설사업에 취업하게
함을 골자로 입안된 근로보도법[39]과 더불어, 재건국민운동에 관한
법률은 필요한 노동력을 확보하여 국가산업에 맞갖은 신체들로 만
들어내려는 기획을 보여준다. 이에 따라 1961년 6월 서울의 부랑자
850명이 대관령 국토개발사업에 동원되었으며,[40] 경남 창원의 황무
지개간사업에는 재건소년개척단이[41] 그리고 전남 장흥 간척지사업
에는 인지면개척단[42]이 각각 투입되었다. 이미 과포화상태인 보호
시설에 격리하기보다는 외진 곳의 황무지나 간척지 등으로 보내어
저임금 혹은 무임금으로 노동하게 함으로써 국토개발의 주체로 삼

았던 것이다.

1960년대 초에 시행된 주요 사회입법인 윤락행위등방지법(1961), 갱생보호법(1961), 아동복리법(1962), 생활보호법(1962) 및 그 시행령들은 개인 및 공공복리를 증진시키며 사회를 보호하기 위한 목적으로 성매매 여성, 전과자, 고아, 불구자 각각에 대한 시설수용 규정을 두고 있다. 이 중 아동복리법 제3조는 요보호아동을 위한 아동 복리시설에 부랑아 보호시설을 포함시키고 있으며, 생활보호법 제15조 2항은 "요보호자를 국가가 경영하는 보호시설에 의하거나 다른 보호시설에 위탁하여 보호를 행할 수 있음"을 명시하고 있다. 법이 부랑인들을 재건의 일꾼으로 호명하는 동시에 시설에 위탁될 요보호자로 규정하는 이면에는 아래의 기사에서 드러나듯 주권국가의 대외적인 체면 문제가 여전히 자리하고 있다.

"외국인의 눈도 있고한데 나라체면이 손상되는 일임에는 틀림없다 (중략) 불구자나 병약자라면 적당한 수용대책을 강구하고 노동력이 있는 사람은 정도에 따라 근로의 기회를 주어 일소하여 주기를"[43]

여러 법제들에 산발적으로 흩어져 있었던 부랑인 단속 근거 규정이 부랑인 선도시설에 대한 세부 규정으로 명시화된 것은 내무부훈령 제410호에서였다. "부랑인의 신고, 수용, 보호와 귀향 및 사후관리에 관한 업무처리 지침"이라는 명칭의 이 행정규칙은 부랑인 및 준부랑인의 정의와 부랑인 단속 업무처리 지침, 그리고 부랑인

_____ '한국판 아우슈비츠 수용소'로 불렸던 부산 형제복지원의 수용자 신상기록카드.

신고절차를 규정하고 있다. 이 행정규칙이 보건사회부가 아니라 치안국 보안과가 속해 있던 내무부의 훈령으로 제정되었다는 사실은 그것이 지닌 치안 목적을 반영한다.[44] 한편 동 규칙 제1절에서 보듯, 단순히 범법자와 불순분자의 활동을 봉쇄하는 방어적 차원만이 아니라 이들의 재활을 도와 건전하고 명랑한 사회질서를 확립하는 적극적 임무가 함께 거론되고 있기도 하다.

이처럼 내무부훈령 제410호가 제정되기 이전과 이후를 관통하는 부랑인의 표상에는 불우-개조-재건과 질병-범죄-치안의 이미지들이 공존하였다. 이들은 명랑사회와 대립되는 "무위걸식하는 불우

한 동포"[45]이면서 건전사회와 대립되는 비위생적이고 위험한 존재로 각인되어왔다. 1976년 명동정화운동 지침에서 앵벌이와 부랑인에 대한 단속이 하루 세 번 점포 앞 쓸기와 쓰레기 무단투기 금지 등과 함께 제기되었던 것이나,[46] 88서울올림픽을 앞두고 해외 관광객을 위한 도시 이미지 정화사업을 추진하던 중 부랑인 단속이 '주요지역 악취제거'와 동등한 층위에서 논의되었던 것이 이를 방증한다.[47]

발전주의 시기 부랑인들은 산업일꾼으로 개조되어야 할 동시에 사회에서 청소되어야 할 이중적인 몸으로 규정되었으며, 법의 테두리 안에서 바로 그 법의 보호 바깥에 위치 지어졌다. 형제복지원 보도에서 비부랑인 수용자들이 부랑인으로 몰린 억울한 존재로, 부랑인 수용자들은 적절한 교화와 보살핌을 받지 못한 가여운 존재로 각각 분리되어 다루어진 것은 이와 같은 맥락에서였다.

---

* 1987년 2월 7일, 500여 명이 수용된 대전 대화동 성지원에서 폭행과 강제 노역을 견디지 못한 원생 20여 명이 집단 탈출했다. 형제복지원 진상조사위원회를 꾸렸던 신민당에서 사흘 뒤 조사단을 파견했지만 국회의원과 취재기자들이 시설 관리자와 원생들에게 집단 폭행을 당하고 쫓겨났다. 같은 해 2월 27일 다시 원생 220여 명이 집단 탈출했고, 성지원 책임자는 10개월의 구속 처벌을 받았다.
** 1987년 충남 연기군의 양지원에서 원생 한 명이 폭행으로 숨지는 사건이 발생했다. 조사에 들어가자 1983년 개원 이후 1987년까지 88명이 사망했고, 6명이 폭행치사를 당했다는 사실이 밝혀졌다.

법이 부착한 부랑인 표지, 그리고 '우리'의 공모

1987년 대전 성지원 사건*과 충남 양지원 사건** 등이 연이어 담론화되자 정부는 부랑인 시설수용 정책의 근거 규정인 내무부훈령 제410호를 폐지하기로 결정하였다. 문제의 형제복지원 또한 폐쇄되고, 인권유린이 확인된 여타 부랑인 수용시설들에서도 2개월 동안 1800여 명이 귀가조치되거나 분산 수용되었다. 그리고 그해 가을과 이듬해 봄, "민폐부랑인 보호조치",[48] "대구 부랑아 급증 사회문제로"[49]라는 제목의 기사가 각각 보도되었다. 같은 해 독자란에 글을 투고한 어느 시민 또한 "복지원생들을 무더기로 석방함으로써 부산의 여러 지역이 부랑인들의 무법천지가 돼가고 있다"며, 정부가 "억울하게 복지원에 끌려간 사람은 석방하고 알콜중독·정신이상·가정파괴자 등 부랑인들을 수용할 시설을 마련하고 교화하여 재생할 수 있도록 도와"줄 것을 호소하였다.[50] 요컨대 악덕시설은 나쁘지만, 자신의 생활공간 주위에 부랑인은 없었으면 하는 것이다. 이렇듯 부랑인은 단지 법령과 이를 악용한 자들의 사유에서만 건전·명랑사회의 적으로 각주된 것이 아니었다. 형제복지원 인권유린을 연일 폭로하던 언론보도에서, 야당 사건진상 조사보고서에서, 판결문에서, 그리고 시민투고란에서, 이들은 여전히 격리되고 관리될 대상으로 기입되어 있었다.

이제 법률에서 부랑인이라는 개념은 삭제되었다. 일상에서도 거의 사용되지 않는다. 하지만 '사회는 (부랑인으로부터) 보호되어야 한다'는 인식은 그때와 지금을 가로지르며 우리 안에 각인되어 있다.

형제복지원 피해자인 한종선 씨가 2015년 5월 국회 앞에서 진상 규명을 위한 특별법 제정을 요구하며 1인 시위를 벌이고 있다(왼쪽). 형제복지원 재소자 살해사건 등을 계기로 정부가 마련한 개선책이 실린 1987년 2월 3일자 『경향신문』(오른쪽). 당시 수용자의 70퍼센트가 부랑인이 아니라는 조사단의 발표 내용도 실렸다.

몇 년 전 개봉한 영화 〈서울역〉(2016)은 노숙자를 정체불명의 바이러스를 퍼뜨리는 좀비와 같은 존재로 간주하는 사회적 두려움을 포착해낸 바 있었다.

"일반시민들에게 혐오감을 주는 부랑인 소굴"에 대한 후속조치를 요청하던 1988년 어느 시민의 목소리와 서울역에 상주하는 노숙인에 대한 혐오와 두려움을 표명하며 시설수용 대책을 요구하는 '지금 여기'의 목소리가 겹쳐짐을 자각할 때, 우리는 몇몇 악덕 사

회사업가 및 과거 국가폭력에 대해 분노하는 정의로운 시민의 위치
만이 아닌 공모자의 위치에 서 있기도 한 자신을 들여다보게 될 것
이다.

생살에 새긴
'자기 마음',
그 선망과 혐오 사이

2003년 월드컵 1주년을 위해 열린 한·일전에서, 안정환은 골 세
리머니 후 자신의 윗옷을 벗어 문신을 드러낸 적이 있다. 그의 오른
쪽 어깨에는 십자가가, 왼쪽 어깨에는 아내에 대한 사랑을 담은 '레
터링'이 새겨져 있었다. 모자이크 등으로 제어할 수 없는 생방송에
서 드러난 그의 문신은 대중들에게 불량배나 하고 다니는 문신이
라는 고정관념을 깨뜨렸고 멋지다는 반응을 이끌어냈다. 종교와 가
족을 테마로 소위 건전한 문신이 가능하다는 인식을 대중들에게
심어주었던 것이다. 이후 타투이스트들은 문신을 새기고자 하는 이
들의 방문으로 갑작스러운 문전성시를 경험했다.

한편 바로 그해 타투이스트 김건원 씨는 문신을 새겨줘 병역 4
급 판정자의 병역기피를 도왔다는 이유로 검찰에 기소되었다. 다행
히 병역기피의 혐의는 벗었지만 검찰은 끝내 그녀를 보건범죄 단속
에 관한 특별조치법 제5조로 다스려 기소했고, 결국 징역 1년, 벌금
300만 원, 집행유예 2년을 받았다. 문화평론가 이동연은 법적 문제
가 없음에도 불구하고 군이 보건의료법으로 유죄를 인정했다면 그
것은 우리 사회에서 문신은 여전히 금지되어야 한다는 억압적인 견
해를 보인 판결에 가깝다고 논평했다.[1]

같은 시기에 문신을 둘러싼 이 같은 상반된 풍경은 2018년 올해
까지 계속 이어지고 있다. 아직도 우리는 몇 가지 사물들을 TV 속
에서 볼 수 없다. 방송은 미성숙한 자들의 모방 행위를 차단한다는
미명하에 술이나 담배, 흉기 등을 모자이크 처리한다. 욕망을 덜 자
극하기 위해 감추어진 것이다. 반면 문신은 혐오감을 갖는 시청자
가 많기에 제재할 수밖에 없다는 입장을 고수한다. 한국 사회는 '신

고대에는 죄수의 몸에 문신을 새겨 구별했다. 문신이 사회적 금기로 작동하자 현대에는 오히려 범죄자들이 자기과시를 위해 문신을 새기게 됐다. 영화 〈강적〉에서 폭력조직을 청산하고 라면가게를 운영하다 누명을 쓰는 주인공의 몸에 새겨진 문신.

체발부 수지부모(身體髮膚 受之父母)'라는 유교적 인식 때문에 문신에 대한 반감이 더욱 강할 수밖에 없다.

조현설은 이 혐오감이 꽤 오래된 기원을 갖는다고 한다. 인류학적으로 보면 문신은 특정 문화가 보편 문화로 발전하면서 적대관계의 문화를 자신들과 구별하여 열등한 위치에 세우는 방식으로 금지되었다. 서구의 경우 기독교 전통이, 동양의 경우 중화주의적 전통이 문신을 한 이방인을 폄하해온 역사를 이어왔다는 것이다. 고대 중국 사료는 동방의 오랑캐인 왜(倭)와 한(韓)의 문신 관습에 대해 부정적인 진술로 가득하다.[2] 이렇게 문신문화가 '미개한 것'으로 치부되면서, 본래 문신이 가지고 있던 제의적 가치는 사라지고 범죄성만 남게 되었다. 더구나 죄수의 몸에 문신을 새겨 형벌로 사용하게 되면서 문신은 낙인 그 이상이 될 수 없었다. 흥미로운 것은 이러한 문신의 범죄성이 성립하자 오히려 범죄자들이 자기과시를 위해서 문신을 더 새기기 시작했다는 점이다. 금지의 역학을 자신의 힘으로 삼은 것이다. 오늘날 우리가 '문신한 사람=범죄자' 프레임에 익숙한 것은 이런 논리 위에서 이해할 필요가 있다.

남궁호석은 문신이 필요에 따라 국가에 의해 장려되기도 했다는 점에 주목한다. 거제도 포로수용소에서 북한군 포로 송환 문제가 한참 불거졌을 때, 포로들 사이에 반공파와 친공파의 대립이 심했는데, 반공서약서를 쓴 포로들은 온몸에 반공문신을 강제함으로써 스스로의 결정을 돌이킬 수 없도록 만들었다. 이들은 애국반공청년으로서 찬사를 받으며 남한에 남았다.[3] 뿐만 아니라 동서양 고금 대부분의 전쟁에서 문신은 사망 시 군인들의 군번줄 역할을 대신하기에 각기 역할과 계급을 나타내는 문신을 적극적으로 새겨 넣었다.

하지만 이 같은 체제부합적인 문신이 아닌, 개인적 메시지를 담은 문신의 경우 여지없이 미풍양속의 저해라는 명목으로 탄압당했다. 스위스의 한 의사는 에이즈 환자에게 식별 가능한 문신을 새겨 성관계 때 표시가 나도록 하자는 정신 나간 주장까지 한 적도 있다.[4] 문신을 새기거나 허락하는 행위는 민중에 대한 권력의 신체관리술의 일종이었다. 오늘날에도 문신에 대한 우리들의 공포심은 낙인효과에 대한 두려움으로부터 시작된다. 2004년 경찰직 지원자 가운데 12명이 문신 때문에 신체검사 과정에서 탈락했다. 2005년

타투

전두환 보안사령관은 1980년 5월 시국을 수습한다는 명분으로 국회를 해산하고 국가보위비상대책위원회(국보위)를 설립했다. 국보위는 1980년 8월 사회악 일소 특별조치 및 계엄포고령 제19호를 공포하고 삼청교육대라는 강제 구금시설을 만들었다. 몸에 문신이 있고 폭력배라는 이유로 끌려와 훈련을 받는 삼청교육대 수련생들.

에는 인권위(인권위원회)가 '문신을 이유로 경찰공무원 채용 신체검사에서 탈락시키는 것은 차별이므로 관련 규정을 개정하라'고 경찰청에 권고했지만 경찰청은 거부했다. "경찰업무의 특수성, 문신의 특성에 관한 연구결과와 문신에 대한 국민의 부정적 정서 등을 감안해 국가공권력의 신뢰를 유지하고, 국민이 안심할 수 있는 치안서비스를 제공하기 위해 문신제한이 필요하다"는 입장이었다.[5] 문신에 대한 대중의 부정적 정서가 가시지 않은 것은 사실이다. 하지만 이렇게 낙인찍어 문신한 자의 사회적 진출에 어려움을 주어 마치 처벌처럼 작동시키는 일, 이것이 문신은 곧 범죄라는 프레임을 한층 강화시키는 것은 아닐까.

고통이 없다면 문신도 없다

천운영은 그녀의 데뷔작 「바늘」에서 문신사를 주인공으로 삼았다. 주인공은 자신을 찾아오는 남성 고객들에게 재래식 바늘로만 문신을 새겨준다. 그녀는 문신을 이렇게 표현한다. "육체와 그 위에 새겨진 글귀 사이에 공존하는 어떤 것. 그것은 아름다운 상처, 혹은 고통스러운 장식이다."[6] 작가는 작품을 통해 문신을 하는 이들은 각자의 상처와 고통을 안고 문양을 얻어 간다는 것을 강조한다. 마지막 장면에서 주인공은 한 남자에게 가장 강력한 무기를 몸에 새겨준다. 그것은 다름 아닌 여성 성기의 얇은 틈새처럼 보이는 작은 바늘이었다.

흔히 몸에 그림을 그린다는 표현을 쓰지만 문신은 그렇게 쉽게 새길 수 없다. 문신을 뜻하는 '타투(tattoo)'는 타히티의 사람들의 말인 'tattaw'에서 왔다고 한다. 이 말은 폴리네시아어로 두드리거나 때리는 것을 의미하는 어근 'ta'에 그 기원을 둔다. 그러니까 문신은 그리는 것이 아니라 새기는 것이고 여기에는 그만한 고통이 감내되어야 한다는 것이다.

원시부족 사회에서 남성들은 적의 머리를 베고 오지 않으면 특정한 문신을 할 수 없는 경우가 많았다. 마찬가지로 여성도 특정한 능력이 없으면 문신을 할 수 없었다. 문신은 스스로의 능력을 높이

고, 위험을 관통했을 때만 얻을 수 있는 것으로 세상에 맞서는 갑
옷 같은 것이었다.

그래서 문신은 위험을 이겨냈다는 경험과 터프함의 가치를 앞에
두는 집단에선 허용되는 경향이 있었다. 1975년 『경향신문』의 독
자마당에는 이러한 질문이 올라온 적 있었다. "해군하사관 시험을
치르려고 합니다. 오른쪽 팔목에 반창고 반쪽만 한 크기의 문신이
있습니다. 신체검사에 저촉되는지요?" 그에 대한 답변은 이러했다.
"문신이 있으면 해군과에는 신체검사서 불합격됩니다. 그렇지만 해
병과에는 장애가 되지 않습니다."[7]

자기신념과 허세 사이의 신체적 존재 양식

1990년 대한신경의학회에서 발표한 배대균 박사의 연구 '한국인
의 문신실태'에 의하면 1979년부터 1985년까지 내원한 환자의 통계
자료에 근거, 문신을 한 여성의 92퍼센트 이상이 18세 이전에 문신
을 새겼다고 한다. 이들이 했던 문신은 점상문신으로 바늘과 실로
간단히 작은 점을 찍는 행위를 통해 동성 친구 간 우정을 확인하는
의식이었다고 한다. 남궁호석은 이를 두고 "일제강점기 시대가 만들
어낸 개인의 슬픔, 남존여비 사상으로 인한 천대, 사회와 고립된 외
로움, 출가로 인한 이별의 아픔 등 동병상련의 애환을 '점'으로 교환
하면서 위로받"은 것이라 해석하고 있다.[8] 남성들도 예외는 아니었
다. 박정희 대통령과 의형제를 맺었던 김삼수 목사는 자신과 박 대

통령 팔에 쌀알만 한 점상문신이 있다고 밝힌 적 있었다.[9] 한편 북한에서도 문신은 유행했었다. 우리의 중·고등학생에 해당하는 고등중학생들 사이에서 서로의 우정과 사랑을 다짐하는 문신 새기기가 급속도로 유행한 시기가 있었다.[10]

유독 청소년기에 문신을 새기는 경우가 많은 이유는 설명하기 어렵지 않다. 내면의 혼란과 불안이 가중된 시기이며, 자신의 정체성을 강하게 붙잡아줄 지표가 필요한 시기이기 때문이다. 문신은 자기신념과 허세 사이에 있는 신체적 존재 양식이 될 수 있다. 문신은 단순히 새로운 패션 양식으로만 기능하는 것이 아니다. 삶의 고통으로부터 벗어나기 위해 혹은 정체성 불안으로 쓰러져가는 자신을 붙잡기 위해 문신에 관심을 갖게 된 예는 많다.

이혼과 채무 독촉으로 자살충동을 느꼈지만 문신 새기기를 통해 이를 극복한 가수 이상민의 사례나 화상으로 인한 우울증으로 1년 넘도록 집 밖에 나가지 못하다 타투를 만나게 되어 타투이스트의 길로 들어선 TEO의 사례처럼 문신을 새기려는 자는 항상 위태로운 삶을 겪은 경험을 가지고 있다. 9·11 테러 직후 현장구조에 참가했다 살아남은 소방관들은 당시 숨진 동료들의 이름을 몸에 새기고 다닌다고 한다.

타투이스트와 의뢰인의 관계는 정신분석의와 환자의 관계와도 비슷하다. 이들은 자신이 처한 삶과 미래에 대한 비전을 충분히 대화로 나눈 뒤에만 문신을 시작한다. 좋은 타투이스트는 기술뿐 아니라 의뢰인의 스토리텔링을 배려해 지켜보고 대화할 줄 아는 자세까지 갖추고 있어야 한다.

누군가에게는 문신이 위협적이기만 한 허세로 보이겠지만 고통을 감수하면서 생살을 찢어 새기는 문신은 새긴 자의 강력한 존재론적 근거가 된다.

문신시술 합법화의 문제

2003년 김건원 씨의 피소 이후에도 매년 300명 가까운 타투이스트가 무면허 의료 행위라는 죄목으로 벌금과 징역, 집행유예를 받고 있는 실정이다. 대한의사협회 등의 문신 합법화에 반대하는 쪽은 안전성과 위생 등에 문제가 있을 수 있다며 반대 입장을 내고 있지만 최근 눈썹 성형문신과 예술문신을 분리해 후자만을 합법화하는 것에 긍정적 신호를 보내고 있다고 한다.[11]

김춘진 전 의원은 문신사 양성화 법안을 17대, 18대, 19대 연속으로 발의했지만 의료계의 반발로 번번이 무산되었다. 문신문화 자체에 대한 혐오가 아니라면 바늘을 사용한다고 해서 모두 의료 행위인 것은 아니라는 주장 역시 차분히 받아들이고 따져봐야 할 때다. 의학적 개입이란 제도를 만들고 철저히 관리하는 일이 되어야 한다.

전 세계에서 문화적으로 문신을 금기시하는 나라는 한국과 일본뿐이고, 그중에서도 의료법에 의해 불법으로 규정된 나라는 한국뿐이다. 보수적인 국가로 알려진 싱가포르에서는 타투 TV 쇼가 방영되고 대규모 타투 박람회가 개최되고 있다. 우리 사회도 이미 문신에 대한 대중의 이해가 높아졌다. 과거와 같은 불량함과 범죄성의 코드가 옅어지면서 문신은 하나의 보편적인 문화가 되어가고 있다.

이제 문신은 범죄도 아니고, 그렇다고 패션에만 머물지도 않는다. 문신은 자기 몸에 새기는 다짐의 기록, 불안한 현대인을 위한 부표처럼 기능하기 때문이다. 세계 곳곳의 타투이스트와 여행객의 타투 사연을 담은 책 『타투리얼리스트』에서는 타투를 다음과 같이 말한다. "타투는 니체가 말한 '너 자신이 되어라'를 아름다운 일러스트레이션으로 표현"한 것이다. 타투를 해방시킬 때 얻는 것은 사회적 혼란이 아니라 타인의 아름다운 이야기이지 않을까.

이성결혼 후 출산한 가정만 정상? '배제의 울타리' 걷어내야

〈미운 우리 새끼〉라는 TV 프로그램이 있다. '다시 쓰는 육아일기'라는 부제를 단 이 예능 프로그램은 40~50대 독신 아들의 일거수일투족을 모니터로 지켜보는 어머니들의 반응을 담고 있다. "결혼하기 전에는 다 철부지 애"라 평하는 어머니들에게 자식은 나이를 먹고 사회생활을 해도 혼인하여 부모가 되기 전에는 온전치 못한 품 안의 존재로 간주된다.

이렇듯 한 남자와 한 여자가 가약을 맺고 아이를 낳아 키워야 정상적인 생활공동체 안으로 포섭된다는 이 프로그램의 가족주의적 설정을 두고 여러 비판이 일었다. 그러한 가족상의 저변에 놓인 '홈 스위트 홈'의 로망과 한집에 모여 사는 아빠와 엄마와 아이들로 꾸려진 이른바 정상가족에 대한 강박은 '건강가정'이라는 용어로 우리 법 안에도 기입되어 있다. 2004년에 제정되어 2005년부터 시행된 '건강가정기본법'이 그것이다.

한 국가의 영토적 테두리로서의 국경만이 아닌 인적 테두리로서의 국민을 만들어내고 유지하는 것, 즉 인구의 재생산과 관리는 근대 국민국가에 있어서 언제나 중요한 화두였다. 인구 재생산의 일차 기관인 가족의 기능적 유지·강화는 사회 안정 및 국가경쟁력 강화와 연관 지어 사유되었다.[1]

한국 사회의 경우, 1990년대 후반 이래 진행되어온 가족 변화 관련 논의들은 대체로 위기론의 성격을 띠었다.[2] 노령화와 부양가족 증가, 실정 가장의 가출, 생계 위기로 인한 가족 동반 자살 등의 현상은 경제 위기와 맞물려 혼재된 채 이해되면서, 이에 대한 해결책을 이른바 '사회의 근본인 가정'을 정상화하는 데서 찾고자 하는 움

'건강가정기본법'이 제정된 2004년, 당시 김화중 보건복지부 장관(오른쪽에서 두 번째) 등이 참석한 가운데 숙명여대에서 '건강가정지원센터' 현판식이 열렸다.

직임을 확산시켰다.

특히 이혼율 증가와 출산율 감소, 비혼, 만혼, 인구 노령화 등의 사회 현상이 청소년 범죄율이나 경제 위기와 한데 논의되면서 '가정 교육 기능의 약화', '독거노인의 생활고', '가정 윤리 붕괴'의 원인으로 지목되었다.[3] 이에 가정학계와 사회복지학계 일부를 중심으로 가정의 정상화를 위한 특별법을 제정하라는 요청이 일었던 것이 2000년대 초반이었다. 건강가정기본법은 이렇듯 일련의 사회 변화를 '가정 해체의 위기 상황'이라 읽어낸 데에 기초하였다고 할 수 있다.

건강가정기본법에서 '가족'은 "혼인, 혈연, 입양으로 이루어진 사회의 기본단위"(제3조 제1항)로, 그리고 '가정'은 "가족구성원이 생계 또는 주거를 함께하는 생활공동체로서 구성원의 일상적인 부양, 양육, 보호, 교육 등이 이루어지는 생활단위"(동조 제2항)로 정의된다. "가족구성원의 욕구가 충족되고 인간다운 삶이 보장되는 가정"(동조 제3항)을 '건강가정'이라 정의하고, "건강가정을 저해하는 문제의 발생을 예방하고 해결하기 위한 여러 가지 조치와 가족의 부양, 양육, 보호, 교육 등의 가정기능을 강화하기 위한 사업"(동조 제4항)을 '건강가정사업'이라 명명하고 있다.

건강가정 vs 건강하지 않은 가정?

문제는 여기서 '건강가정'이라는 표현이 '건강하지 않은' 가정을 그 반대짝으로 한다는 점이다. 다시 말해 건강가정의 개념화는 그 테두리에 들지 않는 가족 형태에 대한 암묵적 배제를 전제하고 있다. 또한 "가족구성원과 정부는 가족해체를 예방하기 위해 노력해야 한다"(제9조) 등의 조항은 이혼을 가족해체로 규정지은 것으로 읽힌다. 한부모가정, 재혼가정, 별거가정, 자녀를 두지 않은 부부, 비혼가구, 동거가구, 공동체가족, 동성애결합 등 다양해진 가족 구성 형태를 사회의 안정과 균형을 위해 교정되어야 할 위기라고 사유하는 자체가 이들에 대한 낙인찍기가 될 수 있음에도 말이다.

또한 이 법은 "모든 국민은 혼인과 출산의 사회적 중요성을 인식해야 한다"(제8조 제1항)고 명시한다. 이는 '이성애적인 관계 → 혼인

형태의 제도적 결합 → 자녀의 출산'을 국민의 사회적 책임으로 전제하고 있다. 2018년 초 행정자치부에서 유포하여 논란이 되었던 '대한민국 출산지도'의 가임기 여성 분포도와 지역별 순위 매김이 시사하듯, 저출산 위기 담론은 여성을 '출산하는 몸'으로 이미지화하고, '출산하지 않는 몸'을 노동력 재생산의 어려움과 국가경쟁력 약화 등과 엮어 위기의 근거지로 위치 짓는다.[4]

아울러 재생산의 사회적 비용에 대한 실질적인 지원책 강구에 앞서 출산의 당위성을 강조하는 논리는 저출산 현상 저변에 놓인 사회경제적 조건들을 개별 가정의 의무와 책임 문제로 전가시킨다. "위기가족에 대한 긴급 지원책", "가족의 건강증진을 통한 건강사회 구현", "가족지원정책의 추진과 관련한 재정조달 방안" 등을 명시한 바로 그 조항(제15조 제2항)에서 "가족의 양육·부양 등의 부담완화와 가족해체예방을 통한 사회비용절감"을 언급하였다는 것이 그 예증이다. 정상가정의 회복을 내걸며 양육·부양을 가정이라는 사적 영역의 부담으로 떠넘기는 기획이라고도 하겠다.[5]

그렇다면 이러한 건강가정의 개념화는 전통적인 가족주의, 즉 관습에 의해 생성된 것인가 아니면 근대적 핵가족화의 산물인가? 정상가족 이데올로기는 어떻게 억압이나 금지의 방식(-)만이 아니라 보호와 육성의 방식(+)을 통해서도 형성되었을까? 아래에서는 건강가정 개념의 계보를 거슬러 올라가 전통과 근대성이, 그리고 규제와 욕망이 착종해온 양상들을 조금 들여다보기로 한다.

건강가정, 전통적 가족주의와 근대적 정상가족의 착종

　근대 계몽기 담론 형성에서 주요한 기능을 담당했던 『대한매일
신보』의 기사들을 검토해보면,[6] '가정=아이'와 '국가=성인, 남자'의
비유가 대립항에 놓여 있음을 반복적으로 확인할 수 있다. 여기서
가정(아이)은 어른으로 성장하기 위해 규율을 통한 훈육을 필요로
하는 미성숙한 존재이며, 국가는 그 훈육을 담당하는 어른과 같은
성숙체라는 분할은, 가족을 국가의 보호와 규제 아래 종속시키는
논리적 기제가 된다. 가족주의나 전통적 가족애는 비판되어야 할
옛 습속으로 위치 지어진다.

> 　대개 국가의 명칭은 옛적부터 있었으니 옛적의 국가는 한
> 가족의 가진 바며 지금시대의 국가는 한 민족의 가진 바라.
> ―『대한매일신보』 1909년 7월 17일
>
> 　태고시절에는 사람의 식견이 어린아이와 같으니 한 집이
> 그 향토가 되었고, (중략) 근래에는 동서양 임의로 왕래하는
> 장년 남자와 같으니 일국이 그 향토가 되었다.
> ―『대한매일신보』 1909년 9월 18일

　그런데 다른 한편, 계몽 담론에서 이처럼 국가와 부모를 균등한
것으로 개념화한 것은 익숙한 윤리규범으로 심성 안에 깊이 각인되
어 있던 '효'의 당위성을 근대 국가에 끌어오기 위해서였다.[7] 국가
가 곧 하나의 가정이라는 논리를 펼치고 배타적 민족주의를 강화

하기 위해서는 가족과 국가의 대립 구도는 다시금 해체되며 가족=국가의 논리가 작동한다.[8]

> 대저 사회를 만든 자는 가정이라. 그런고로 부패한 사회를 개량코저 할진대 가정의 부패를 개량하는 데 종사할지니, 무릇 사람이 처음 날 때에는 모두 청정하고 티도 없는 정신이라 (중략) 흰 비단을 이에 놓고 붉은 색으로 물들이면 이것이 붉어지고 검은 색으로 물들이면 이것이 검어짐과 같은지라.
>
> ─『대한매일신보』1908년 7월 5일
>
> ……삼천리강토는 곧 그 집 산업이오, 사천년 역사는 곧 그 집 족보며, 역대 제왕은 곧 그 집 종통이오, 지경에 둘러있는 산호는 곧 그 집 울타리라.
>
> ─『대한매일신보』1908년 7월 31일

여기서 가족은 국민을 생성하는 기관으로 재발견되고 계몽의 영토로 편입되었다. 전통적 가족을 비판함으로써 국가의 당위성을 강화하고자 하면서 동시에 국가의 당위성을 전통적 가족상에서 찾고자 한 것이다.[9] 국가의 탄생을 위해 사적인 영역에서의 전통적 가족주의는 소멸되어야 합당했으나, '나라집'으로서의 국가의 당위성을 강화하기 위해서는 바로 그 가족주의의 원리를 끌어와야 했기 때문이다.[10] 이러한 양면성은 가정보호 담론의 계보에서 반복적으로 목도된다. 전통적인 가족주의는 이처럼 근대 담론에 의해 재배치되고 새로운 의미를 갖게 된다.[11] 필요에 따라 가족은 호명되기도 하

였고 동시에 배제되기도 하였다.[12]

식민지 사회에서도 가정은 제국주의 진영과 그것으로부터 민족적 가치들을 보호하려는 진영 양자 모두에게서 중요한 지점으로, 근대와 전통의 논리가 필요에 따라 결합·갈등하는 논쟁적 공간으로 나타난다.[13] 한국 사회에서 근대 가족 개념은 일제강점기의 식민지적 근대화를 거치면서 그 이념형적 성격을 본격적으로 구축해 온 것으로 볼 수 있다. 1920~1930년대 일간지와 여성·아동 관련 잡지류에 나타난 가족 담론을 통해 볼 때, 전통 가족주의에 대한 문명론적인 비판이 제기되고[14] 소가족주의가 사회의 문명화에 적합한 대안으로 제시되었다.

소가족론의 등장과 더불어 가정은 '친애'의 집단으로 재규정되었다. 가정의 단위는 '원래 부부로 되어야 할 것'이나 조선의 구(舊)도덕이 '부모를 본위로 하여 자녀를 얽매어 놓는' 문제가 있다고 지적되곤 하였다.

'스위트 홈'의 근대 가정상의 보급[15]과 함께, 시부모에 대한 '효'의 실천이었던 가사의 의미는 남편에 대한 내조와 자녀양육이라는 주부로서의 역할로 무게중심이 이동하게 되었다.[16] 역사학자 홍양희의 '현모양처론' 연구는 식민지 동원 체제에서 어떻게 전통가정에서의 여성상이 '종족'만이 아닌 '근대 국민'을 재생산하는 사회적 의무를 부여받은 소가정의 현모양처 여성상으로 변용되었는지를 보여준 바 있다.[17]

한편 법제적 측면에서 친족 중심·문중 중심의 전통적 가족 개념은 일제의 가족국가주의적 전략[18]에 맞게 법률적으로 '호주' 개념을 필수요소로 한 '가(家)' 제도로 재편되었다.[19] 이는 조선의 전통과 관습을 따른다는 명분 아래 '무엇이 조선의 전통인가'에 대한 지식을 구성한 주체들의 시각이 투사된 대응물이기도 했다.[20]

이 글에서 주목한 것은 그 지식의 사실 여부가 아니라 그것이 갖는 '진실효과'이다. 법은 시행 지역 내의 모두에게 일관되게 적용되고 모두의 복종을 요구하는 강제성을 특징으로 갖는다. 그렇기에 일부 계층에만 강한 수행력을 지녔던 조선의 유교적 도덕 원리는, 전 지역과 전 계층에 동등하게 실행되는 법의 형태를 빌림으로써 보편화될 수 있었다. 이때 전통적 유교 원리의 그 '낯익음'은, 그것이 조선의 전통과 정말 일치하였는지의 여부를 떠나서 전통의 옷을 입고 가부장적 젠더질서와 일제의 국권 강화가 갖는 법적 강제를 완충시키는 역할을 하였던 것이다.[21]

핵가족이라는 용어가 명시적으로 등장한 것은 산업화가 막 시작된 1960년대 중·후반이었다.[22] 그에 앞서 1962년 가족법 개정에서 "가족은 결혼하면 당연히 분가된다. 호주는 직계존속 아닌 성년 남자로서 독립의 생계를 할 수 있는 가족을 분가시킬 수 있다."(민법 제789조)라고 명시함으로써, 한국의 성문화된 가족제도는 호주 가족을 기본으로 결혼한 차남 이하의 남자가 분가하는 형태를 '근대' 가족 형태로 이상화하게 되었다.

이 무렵의 신문 기사들과 여성잡지, 대중소설 역시, 열녀, 대가족 제도, 제례, 혈연, 남아선호 등의 봉건사회의 잔재를 갈등의 온상으로 비판하고 있다.[23] 이는 특히 가족계획사업이라는 인구정책의 시행 과정에서 가족 근대화의 장애 요인으로 지적되었다. 하지만 1970년대에 들면서는 노인 문제와 가족제도 붕괴가 가족 담론의 주제로 더 강하게 부상하는 경향을 보인다. 이는 '가정에 부재한 주부'와 연결 지어지면서[24] 전통을 왜곡하는 서구적 소가족화의 문제점으로 부각된다. "노인과 함께 사는 것이 어린이들의 심성에 유익하며 아이들을 돌보아주는 기능이 있음"[25]을 강조하거나, "주부의 가정부재가 초래한 사랑의 결핍이 비행청소년의 원인"[26]이라 지목한 것이 그 예이다. 이렇듯 건강가정상은 전통과 근대의 두 축을 이미 항상 내장하였다고 할 수 있다.

법적·문화적으로 만들어진 정상가족 이데올로기

아울러 건강가정 이미지의 배후에 놓인 정상가족 이데올로기는 역사적으로 항상 위로부터의 억압 형태로만 작동해온 것은 아니었다. 가령 식민 시기 가족 담론에는 '법제와 국가정책을 통한 인구 통제'와 '인쇄매체와 캠페인을 통한 가정문화 개선'이라는 두 경로가 함께 나타났다.

법·제도적 차원에서 호적을 기본단위로 호주권을 부여하는 가부장적 가(家) 제도가 강제되는 동시에, 문화적 차원에서는 자애로운 부모, 다정한 부부, 그리고 그들의 자녀로 이루어진 정상가족이 선진적 가족상으로서 이상화되었던 것이다.

여기서 흥미로운 지점은 아동과 근대 주부상의 소비이다. 아동기의 사회적 형성은 아동의 고유한 문화적 세계를 인정하고 확산

_____ 사회 다원화와 더불어 가정 구성의 형태도 다양해지고 있다. 2015년 6월 서울 광장에서 열린 '제16회 퀴어문화축제'에서 참가자들이 가정의 다양한 형태에 대한 인식을 촉구하고 있다.

시키는 동화·만화 등 문화매체 및 아동복이나 장난감 등 아동 상품의 특화를 동반하였다. 이는 아동이 '즐거움'을 누릴 권리를 새롭게 창설하면서, 어린이에 대한 의료적·제도적 의무와 개입을 강조했다.[27] 규칙적 수유와 시간표에 따른 아이 관리,[28] 아동 '스스로 마음이 복종하도록' 훈육시킬 것에 대한 지도, 학교 조직생활에 대한 훈련을 가정이 보조해줄 것의 당부 등이 그러하다.

이처럼 아동의 훈육과 신체의 규율화는 금지의 담론만이 아닌, '선진적' 자녀교육과 정상적인 가정생활의 이상을 '생성하는' 담론의 모습을 띠었다. 특히 근대적 제도교육은 "학교를 옛 과거제도를 대신하는 새 과거준비로, 그리고 졸업은 곧 과거급제로 이해하는"[29] 교육관과 '근대교육의 형식적 평등성'에 대한 민중의 욕망이 맞닿으면서 더욱 활성화되었다.[30]

또한 아동기와 아동교육의 강조는 그 바탕이 되는 가족의 상으로서 봉급생활자인 남편과 전업주부인 아내로 구성된 가정을 상정하였다.[31] 특히 유치원 교육의 도입과 과학적 육아의 강조는 모성을 부와 조부모를 대체하는 자녀교육의 책임자로서 부상시켰다.[32] 또한 가사노동에서도 동선의 계산, 시간 효율에 대한 고려, 음식 영양가 분석, 부엌개조론 등 전문지식을 갖출 것이 요청되었다.[33]

고등여학교 규정들은 고등교육을 '여자에게 마땅히 요구되는'이라고 적으면서, 가정생활을 완전하게 하여 국가사회에 봉사하는 여성의 양성이라는 교육 방침을 명시적으로 규정하고 있었다.[34] 이러한 '신가정 만들기'는 한편으로 전통적 가부장제에서부터 탈피하고 이에 흠집을 내려는 여성주의적 전략과, 다른 한편으로 근대적 육아지식을 갖춘 교육받은 주부의 상대적 우월감[35]과 접목하는 지점에서 행해졌다.

가족에 개입하는 법 정책이 대중적 문화소비와 접목하는 양상은 1960~1980년대에 실시된 가족계획사업에서도 나타났다. 국가가 가족계획을 정책으로 채택하여 추진하기 이전에도 가족계획운동이 민간 차원에서 존재해왔던 것은 사실이다.[36] 그러나 국가 주도의 공공 가족계획사업으로 전환하면서, 모자보건법의 제정, 관제연구소 설립, 표어 공모에서 콘돔 보급과 피임교육에 이르기까지 전면적이고 공익적인 것이 되었다. 이는 가족 형태를 공익적 목적에 따라 통제 가능한 것으로 간주하는 도구적이고 기능적인 가족 관념을 형성시켰다.[37] 또한 정상적이고 바람직한 가족 형태와 그렇지 못한 형태를 구별하는 '정상가족'의 관념을 공고히 하고, 정상가족 형태에 경제적인 우월성을 부여하였다. 출산이나 보건과 결부된 자료들을 기록하고 관리하는 행정기술을 통해, 사적인 내밀성은 국가적인 공공성으로 편입되고, '정상가정'이라는 무의식적이면서 동시에 규범적인 척도에 따라 '정상생활'의 틀이 만들어지고 유포되었다.[38]

그런데 동시에 당시 가족계획과 산아 통제는 여성의 건강과 복지에 밀접하게 결부된 담론 지형을 형성하였다. "적게 낳아 엄마 건강, 잘 키워서 아기 건강", "늘어나는 인구만큼 줄어드는 복지후생", "가족계획 실천으로 복지사회 앞당기자", "딸·아들 구별 말고 둘만 낳아 잘 기르자", "잘 기른 딸 하나 열 아들 안 부럽다" 등의 표어에서 보듯, 가족계획사업은 모자건강과 가족복지후생, 남아선호 사상 타파, 기혼여성의 직장생활 권장 등의 지점에서 당시 여성주의의 이해관계와 일정 부분 접합하여 담론화되었다.[39] 국가 차원에서도 여성단체의 협조를 활용할 필요가 있었는데, 인구 통제 정책에 남아선호 사상 등 전통적 가족관계가 걸림돌이 된다는 점에서 그러했을 것이다.

더욱 주목할 점은, 사회학자 조은주의 지적처럼 이러한 기획이 성에 대한 억압보다 성의 적극적 담론화를 통해 수행되었다는 사실이다.[40] 가족계획사업에서는 성생활을 의료화하고 가족건강을 보건화하는 조치들을 통해 의료보건적 시선이 필연적으로 가족 깊숙이, 그리고 개개인의 내밀한 성생활과 은밀한 신체로 침투한다.[41]

그런데 이런 규제적 개입은 성에 대한 쾌락적인 담론을 오히려 적극적으로 유포하고 장려하는 전략을 취하였다. 관변지인 『가정의 벗』과 대한가족계획협회가 출간한 각종 성교육 서적을 포함한 이 시기의 문화매체들[42]에서는 성행위의 테크닉에 대한 기술부터 성교육, 문답(Q&A) 형식을 빌린 성 상담에 이르기까지, 매우 구체적으로 다루고 있었다. 이는 '재생산과 분리된 쾌락적 성'이 일부일처의 이성애적 혼인관계와 사랑이 결합된 담론 위치 안에서 적극적으로 생성되었음을 시사한다. 즉 성을 재생산과 분리시켜 사랑의 관념과 결합하게 하고, 이것을 혼인관계 혹은 혼인을 전제한 남녀의 연인관계에 결부시킨 것이었다.[43]

가족계획사업은 부부의 건강하고 행복한 성생활의 조건을 확보해야 할 필요성을 역설하면서, 가족구조를 부부관계 중심으로 재구조화하였다. 성에 관한 담론은 금기시되거나 억제되기보다는 가족계획사업에서 이상적인 육아, 가사, 가족상, 남녀평등 등에 대한 담론들과 나란히 배열되어 적극적으로 도구화되었다. 여기에는 법 담론이 일상, 교육, 사회운동, 보건의료 담론의 지식-권력들과 행위자들의 욕망을 유도하는 차원과 더불어, 지식-권력들의 배치와 행위자들의 이해가 도리어 법 담론에 편승하는 차원도 존재한다.

권력이 미치는 범위의 확장과 세밀화는 구금, 폭력, 고문과 같은 통제의 잔혹성 차원에서만이 아니라, 일상의 욕망에 대한 침투를 통해서도 이루어짐[44]을 다시금 확인해볼 수 있다.

'건강가정'이라는 테두리와 그 바깥

명시적인 금지나 억압이 아니라 보호와 육성을 통해 특정한 삶의 양식을 지정하는 것은 현대사회의 인구 관리 통치술의 특징들

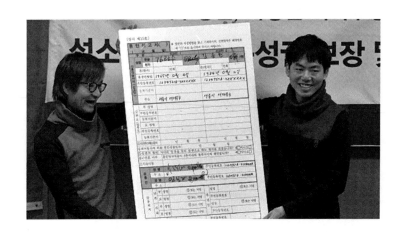

_____ 동성 결혼식을 올린 김조광수 감독(왼쪽)과 김승환 레인보우팩토리 대표가 2013년 12월 혼인신고서를 제출하기에 앞서 '성소수자 가족구성권 보장 및 혼인신고 수리 촉구를 위한 기자회견'에 참석해 혼인신고서 양식에 증인 서명과 신고인 서명을 한 뒤 들어보이고 있다.

가운데 하나일 것이다. '건강가정기본법'의 일차적인 목적 또한 특정 가족 형태에 대한 금지나 억압이 아니라 보호 및 육성에 있다. 그러나 건강가정에 대한 지원책들이 '건강하지 않은 가정' 또는 '가정 아님'들에 빗금을 그음으로써 이들을 가족해체 현상의 문제 장소로 규정짓는 것이 아닐지, 그럴 때 법적 보호의 수사(rhetoric)가 '어디까지를 보호되어야 할 건강가정의 테두리 안으로 포섭할 것이며 어디서부터 배제할 것인가'를 정당화하는 배후가 되지는 않을지 고민해볼 필요가 있다.

함께 살면서 끼니를 같이하는 사람을 '식구'라고 정의한다면, 그 식구가 반드시 '혼인, 혈연, 입양으로 이루어진 사회의 기본단위'여야만 하는 것일까. 혈연가족만이 아닌 생활공동체로, 평생의 반려

자만이 아닌 지속적인 동거자로 함께 살아간다는 것의 의미가 확장
될 수 있다면, 꼭 '한집에 모여 사는 아빠와 엄마와 아이들'이 아니
더라도 지친 마음과 따뜻한 음식을 나누는 삶의 동반자들이 이질
적이고 비영속적인 식구일 수는 없을지 상상해봄 직하다.

동성애

반대하십니까?

"동성애 반대하십니까?"

무려 대선 토론에서 던져졌던 질문이다. 마치 사상 검증을 하듯 동성애에 대한 입장이 추궁됐다. 답은 쉬이 나오지 못하고, 누군가는 이 질문이 자신을 향하지 않은 것에 안도했다. 질문일 수 없는 질문과 애매한 답이 오갈 때, 동성애자들의 심정은 어떠했을까? 자신의 성 정체성이 찬반의 대상이 되고, 자기의 존재가 이해관계에 따라 부정되거나 긍정된다면? 아마 단순한 비참을 넘어 생존의 위협을 감지했을 것이다. 촛불혁명으로 앞당겨진 '장미대선'이 누군가에겐 남은 생애가 걸린 '운명의 시험대'가 되고 만 것이다. '민주주의의 꽃'이 '흉기'로 변모한 순간이었다. 동성애자들은 대통령이 아니라 자신의 삶에 투표했다.

물론 동성애자에 대한 차별의 역사는 유구하다. 하지만 그런 만큼 그 부당함에 대한 사회의 인식 수준이 마냥 낮다고 진단하기 어려운 것도 사실이다. 적어도 보통의 상식을 가진 사람이라면, '성적 취향'과 '성 정체성'이 전혀 다른 개념이라는 것 정도는 이제 안다. 동성애자의 인권을 보장해야 한다는 당위에 대해 부정하거나, 혹은 그러한 태도를 공론장에서 발화하기는 쉽지 않은 것이다. 따라서 동성애자의 인권 문제가 논쟁으로 비화할 때는 당위적인 차원에서가 아니라, 법과 제도 마련을 둘러싼 '이해관계'에서 비롯되는 경우가 '더' 많다. 이런 갈등은 역사적으로 상이한 방식과 수준에서 진행되어왔다.

배제되고 부정된 '불온한' 사랑

동성애에 관한 논쟁은 동성애자의 실제 안위(安危)와는 무관한 이유에서 발생한다. 한국의 근현대사를 통틀어 대개 그래왔다. 동성애자들은 '국가의 부강'이나 '민족의 개조'와 같은 대의를 위해 희생되거나, '연애관', '위생', '성규범(성도덕)'과 같은 풍속·생활 개량의 차원에서 척결 대상이 되기도 했다. 가부장제 사회를 유지하기 위해 부정되어야 했음은 물론이고, 때로는 정치적인 계산에 의해 배제되기도 했다.

근대 초기는 연애가 민족 개조를 위한 방법으로 부상했다. 조혼이나 정혼 풍속이 만연하던 때에, '자유연애'가 계몽의 과제로 제기된 것이다. 자유연애는 내면의 형성과 개인의 자유를 보장하는 근대 사회의 성립을 확인하는 지표로 여겨졌다. 더욱이 연애관계에 입각한 '자유결혼'은 국가의 문명이나 부강을 기대할 수 있는 제도적인 토대로 간주되기도 했다. 1920~1930년대의 자유연애가 '해방의 기표'이자 '대중의 유행'으로 자리 잡을 수 있었던 데에는 사회적으로 장려된 측면이 적지 않게 작용하고 있었다.

하지만 이때에도 동성애는 금지되었다. 연애가 민족 개조를 위한 문화적인 실천이 된 순간부터 정상성의 규범이 작동했다. 연애의 감정적 기반인 사랑은 일탈과 과잉의 위험을 항상 잠재하고 있는 내밀한 열정이었다. 그에 대한 통제와 규율은 당연하게 받아들여졌으며, 문명화의 필요도 제기되었다. 이때 동성애는 '불온한 사랑'을 대표하는 것으로 표상된다. 동성애는 우선 '비정상적인 감정'이자 '미성숙한 (성)정체성의 표지'로 규정됐다. '이성과의 경험이 없는 순진한 여자나 남자'가 흔히 동성애에 빠진다는 논리였는데, 이러한 '일시 감정'이 '정신적인 방면'에서 '생리적인 방향'으로 진행되면, '사회적인 해악'이 발생한다[1]는 논설이 주를 이뤘다. 다음은 동성애에 대한 초기의 인식을 대표하고, 또 조장하는 글의 일부이다.

> 무차별 성욕기의 동성연애: 성욕학자는 성욕의 발달을 3기로 난호와슴니다. 제1기라고 하는 것은 가장 초기의 아동시대이니 즉 이 시대를 중성기라고 해서 심리적 성욕 작용이 이러나지 안이하는 시기라고 하엿고 그다음 제2기는 무차별기라고 하여 성욕의 방향이 충분한 차별적이 안이고 여러 가지 방면으로 동요가 되어서 눈압헤 잇는 외부의 목적물로 인연하여 그 방면을 잘 변경하는 시기라고 합니다. 이러한 시기에 동성연애가 만이 이러난다고 학자들이 말을 합니다. 그다음 제3기로는 소위 차별기라고 해서 보통의 상태로 성욕 방면이 이성을 바라게 되는 것이니 이러한 상태는 성욕이 쇠퇴해서 전연 소멸할 그 때까지 계속한다고 합니다. …(중략)… 그러함으로 이 성욕 무차별 시기에 잘못하면 장래에 다시 곳치지 못할 만치 마음에 상처를 남게 되는 것이니 성욕 생활상으로는 가장 중요한 시기라고 학자들이 말을 합니다.[2]

위의 글은 동성애에 대한 차별적 담론이 어떠한 맥락들 속에서 발화되고 있는지를 함축하여 보여준다. 첫째, 동성애는 '과도기적

단계'로 규정되고 있다. 인간의 생리적인 성욕을 3단계로 나누어 살
피고 있는 이 언설에서 동성애는 아동과 성인의 중간 시기에 일시
적으로 나타나는 '정서적인 동요'쯤으로 설명되고 있는 것이다. 동
성애가 만연하는 성욕 발달 제2기는 '무차별기'로 호명되고 있는데,
성욕의 방향이 '외부의 목적물'에 무차별적으로 반응하는 위험 상
태를 의미하는 것으로 보인다. 그런 만큼 성욕 생활상 가장 중요한
시기이기도 한데, 장래를 위해서는 동성애를 철저히 경계해야 한다
는 논조를 띠고 있다. 반면 이성을 바라게 되는 제3기를 '보통의 상
태'로 호명하며, 동성애를 '비정상의 표지'로 의미화하고 있다는 것
을 쉽게 관찰할 수 있다.

둘째, 동성애 차별이 유사 과학의 언어로 담론화되고 있다는 것
도 중요하다. 이 글의 저자는 '성욕학'이라는 정체불명의 학문에 의
거하여 논의를 전개하고 있다. '중성기-무차별기-차별기'라는 성욕
발달 단계를 구분하여 설명하고 있는데, 이는 사실 청소년기를 아
동과 성인의 단순한 중간 단계로 살피고 있는 상식에 기반을 둔 것
으로 보인다. 이럴 경우 동성애는 사춘기 아이들의 불장난 정도로
폄하되고, 미성숙한 육체와 정신의 표현이 된다. 동성애에 대한 유
사 과학의 논리는 서구의 합리성과 과학주의가 문명화의 필요에 의
해 자의적으로 전유되는 식민지 계몽 언설의 실상을 보여주기도 한
다. 이것이 위험한 이유는 동성애자들이 (가짜) 학문의 권위에 입각
하여 사회적인 해악으로 공인될 수 있다는 것을 보여주기 때문이
다. 나아가 과학을 빙자한 동성애 차별이, 종국에는 동성애 자체를
병리화하고, 치료의 대상으로 인식케 하는 강고한 초석이 되기도

했다.

셋째, 동성애 차별이 여성 혐오와 다양한 방식으로 결합하기 시작했다는 것을 살필 수 있다. 인용한 글의 제목은 「여학생과 동성애 문제」이다. 이런 논의 속에서 동성애는 주로 여성에게 발견된다고 전제되어 있는데, 그 원인은 대체로 여성의 성적 무지에서 기인한 것으로 설명된다. '성적으로 하등의 지식이 없을 뿐만 아니라, 하등의 목적도 없이 성의 본능적 암시로 친구들과 동성의 연애를 하는 자들은 여자들에게만 볼 수 있다'[3]는 논지였다. 반면, 점차 급증하던 '배운 여성'들에 대한 경계가 작동하기도 했다. 그녀들은 '보통 여자'보다 '성질이 횡포'하고, 남편에 만족을 못하며 '그릇된 성욕'이 싹터, 동성애에 빠진다는 내용이었다.[4] 동성애를 여성의 일탈로 여기려는 남성 지식인의 '의지' 속에는 '남성 부재'에 대한 공포 조장과 정상가족 이데올로기, 모성 담론의 퇴행성 등이 잠재되어 있다고 할 수 있다. 아울러 1920년대에 유행하던 '자유연애' 담론의 '자유'는 '남성-이성애자'에게만 해당하는 것이었고, '여성-동성애자'의 사랑은 허용되지 않았다는 사실을 보여주기도 한다.

이처럼 동성애는 (1)'과도기적 감정'으로 규정됐으며, 이를 이론적으로 뒷받침하기 위해 (2)'유사 과학'이 동원되기도 했다. 나아가 한국 사회에 만연한 (3)'여성 혐오'의 정서를 바탕으로 사회적인 규정력을 확보해나갔다. 이 세 가지 프레임은 지금까지도 동성애 혐오의 주요 논거가 되고 있기에 중요하다.

검열과 제재의 심화

　해방을 거쳐 한국전쟁 이후에는 동성애에 대한 편견이 확산되었다. 전시에는 미풍양속에 대한 단속이 강화되기 마련이다. 이때의 동성애는 주로 '변태 성욕'으로 묘사되었고, 때로는 동성애의 양산 자체를 공산주의자들의 음모로 여기기도 했다. 동성애를 유포하여 군의 기강을 저하시키는 계략이 있다는 것이다. 군의 풍기 단속이 동성애 혐오로, 동성애 혐오가 반공주의로 연결되는 놀라운 비약이 가능한 시절이었다.

　동성애에 대한 사회적인 통제가 국가(와 그에 준하는 민간기관)에 의한 강제적인 검열과 제재로 이어진 것은 박정희 정권에서였다. 우선 출판물에서 다뤄지는 동성애를 금기시했다. 동성애 재현 문제가 단순히 도덕이나 풍속의 영역에서 다뤄지지 않고, 법의 영역으로 이전된 것이다. 1965년에는 뒷골목에 뒹굴어 다니던 '외설 책'이 서울 시경에 의해 압수되는 일이 벌어졌다. 음담패설에 형법을 적용한 최초의 사례였다. 이때 동성애는 '사디즘', '마조히즘'과 함께 변태적 행위로 직접 지시되었다. 같은 해 출판협회에서는 외설 출판업자와 출판물 색출을 다짐하며, '출판 윤리'를 선언했는데, 동성애 역시 단죄의 대상이 되었다.[5]

　흔히 박정희 정권의 출판물 단속에 관한 조치는 필화사건을 중심으로 고찰되는 경향이 있다. 하지만 이 시기는 동성애 문제를 다뤘다는 이유만으로 제재가 행해지던 때이기도 했다. 가령 잡지 『부부』에는 '동성애욕자의 고백수기'라는 표제의 내용이 '잡지윤리강

외설 출판물을 경계하고 출판윤리위를 만들어야 한다는 『경향신문』의 1965년 5월 15일자 기사.

령 위반'을 이유로 경고조치가 내려지기도 했고, 한국신문윤리위원회에서는 동성애를 근친상간과 함께 부도덕한 패륜으로 지목하여 단속을 하기도 했다.

한편 동성애에 대한 검열은 영화 방면에서도 예외가 아니었다. 1969년 김수용 감독의 영화 〈주차장〉에서는 남성들의 동성애가 조심스럽게 다뤄진 바 있으며, 이형표 감독의 영화 〈비전〉은 여성 동성애를 다룬 것으로 알려졌다. 하지만 문화공보부(문공부)에 의해 작품의 주요 장면이 그야말로 난도질을 당했다. 참고로 1960~1970년대의 영화계는 TV를 비롯한 레저의 공세 속에서 상업주의의 경로로 급속히 들어선 것으로 알려져 있는데, 흥행을 위한 최선의 방법이 바로 '정사 장면 삽입'이었다. 당연히 영화의 외설성 여부가 사회적인 논란이 되었고, 검열도 심화됐는데, 동성애는 언제나 단속의 첫 번째 표적이 되곤 했다. 당시 영화 관람객들은 이러한 영화 검열의 실태를 한탄하며, 모든 영화에 '문공부 편집'이라는 자막을 넣어 달라는 조롱 섞인 요청을 했다고 한다.[6]

동성애 문제가 주요 언론에서 다뤄지는 방식의 변화를 정리하면, 한국의 근대 형성기, 즉 식민지기 주류 매체에서는 동성애자에 대한 (차별적인) 기사를 쉽게 접할 수 있다. 하지만 1960년대 이후에는 동성애자에 대한 직접적인 언설보다는 동성애를 다룬 재현물에 대한 단속과 검열에 내용이 집중된 측면이 있다. 여기에는 동성애에 대한 사회적인 금지가 (과거보다) 동성애자들이 자신을 드러내기 어렵게 한 측면도 작동했을 것이다.

하지만 1960년대 후반부터 1980년대는 서구 세계에서 동성애 비범죄화 및 동성결혼 합법화에 대한 논의가 활발히 진행되던 시기이기도 했다. 그런 만큼 동성애자들의 저항과 운동이 거세게 불던 때이기도 하다. 그렇기에 당시 한국의 주류 매체에서는 서구 세계의 동성동거 및 동성결혼 관련 이슈가 간헐적으로 소개되기도 했다. "오스트리아 동성애합법화 승인", "덴마크 동성동거 인정", "서독 연방회의 동성애 자유화 법제 논의", "미주의 동성애자 데모"와 같은 부류의 기사가 끊임없이 게재되곤 했던 것이다. 분명 한국과는 전혀 다른 사정에 관한 이야기들이었다. 동성애에 관한 언설이 사실상 금지된 상태에서 해외토픽 정도로 짤막하게 동성애 문제가 소개되는 수준이었다. 동성애 관련 담론이 '별별세상'의 작은 화제로 취급된 것이지만, 당대의 동성애자들에게 이런 기사가 어떤 영향을 줄 수 있었는지에 대해서도 짚어둘 필요가 있어 보인다. 그럼에도 정부에서는 엄존했던 동성애에 대한 세계적 동향에 대해 '경제 발전'과 '체제 안정'에 위협이 된다고 판단했고, 그에 대한 조치로써 동성애 재현물 단속에 집중한 것이다.

동성애자를 성병의 원흉으로 여기고, 동성애를 직장생활의 능률 저하, 퇴폐문화 확산, 정신불안, 성범죄의 원인으로 지목하는 담론도 물론 계속 유포되었다. 동성애는 사회적인 갈등과 위기의 순간마다 질서유지를 위한 희생양이 되었고, 동성애자들은 동성애 담론에서조차 소외되어갔다.

혐오할 권리?

그렇다면 최근의 경향은 어떠한가? 말한 대로, 현재 한국 사회에서 상식 있는 사람이라면 동성혼의 자유가 이성혼의 자유를 해하지 않으며, 동성애가 별다른 사회적인 해악을 야기하지 않는다는 것을 분명히 알고 있다. 하지만 동성애를 혐오하는 사회풍조는 꽤 강고하다. 다만 동성애를 반대하는 이들은 과거처럼 동성애 자체를 금지하기보다는 이들의 정체성이 사회의 제 영역에 미칠 효과에 대한 부정적인 인식에 기초하여, 제재 논의를 펼치고 있다.

군대 내 동성애 문제가 대표적이다. 2017년 초 국방부에서 동성애자 색출 파문이 있었고, A대위가 유죄 판결을 받았다. 죄목은

'군인, 준군인에 대해 항문성교나 그 밖의 추행을 한 사람은 2년 이하의 징역에 처한다'라는 군형법 제92조 6항의 추행죄였다. 해당 조항의 폐지안이 발의되고, 군형법 체계의 여러 한계가 지적되었음에도 군대 내 동성애에 있어서는 사회적인 편견이 여전하다. 동성애자의 인권을 보장해야 한다는 사람들도 군대라는 집단의 특수성 때문에 그곳에서의 동성애만큼은 반대한다는 것이다.

과연 동성애자로 인해 군의 성범죄율이 높아지고, 군 기강 확립이 어려워질까? 그렇지 않다. 헌병으로 영창에서 근무한 필자의 경험에 비춰봐도 실제 군대에서 발생하는 거의 대부분의 성범죄는 이성애자들에게서 비롯된다. 가장 보수적인 집단인 군대에서 동성애자가 자신의 성 정체성이 공개될 위험을 감수하면서 동료에게 성추행을 한다는 것은 있을 수 없는 일이기 때문이다. 실제 한 조사에 따르면, 군대 내 남성 성폭력 가해자는 동성애자로 생각되는 경향이 있지만, 사실은 전혀 다르게 파악되었다. 군대 내 성폭력은 권력, 협박, 지배의 동기에서 비롯되고, 어리고 계급이 낮은, 취약한 위치에 있는 남성이 피해 대상자가 된다는 것이다.[7] 그럼에도 군대 내 동성애 반대론자들은 동성 간 성추행을 동성애 문제로 왜곡하고 있다.

그런 의미에서 '종북 게이', '동성애 독재'라는 혐오 표현의 발생 배경과 그 이데올로기적 효과들을 짚어볼 필요가 있다. 주로 보수 성향의 온라인 커뮤니티에서 확산된 표현들이다. 우선 '종북 게이'는 '빨갱이 혐오'와 '소수자 혐오'가 결합된 말임을 짐작할 수 있다. 하지만 이는 '빨갱이'의 (체제) 위협과 성소수자의 (상상된) 해악을 단순히 동일시하고 있는 것은 아니다. 오히려 진보 운동권이 당위로 내세웠던 '정치적 올바름(Political Correctness)'에 대한 반동의 정서를 종합하고 있는 것처럼 보인다. 혐오 세력에겐 시민사회의 기초를 형성하고 있는 합의된 가치 자체를 거부하겠다는 일관된 태도가 있는 것이다. 이는 누군가를 혐오하지 않으면 자신의 현재를 받아들일 수 없는 가엾은 '정신승리'의 과격한 표현이라 할 수 있겠다.

'동성애 독재'도 마찬가지이다. 그들은 사회적 기본권과 소수자 인권 보호라는 당위를 '강제된 것'으로 재인식(?) 하고 있다. 즉 동성애자들이 성 정체성의 '다름'을 주장하듯, 자신들 역시 가치판단의 기준이 다를 수 있다는 것을 인정하라는 것이다. 일종의 '혐오할 권리' 혹은 '(혐오) 표현의 자유'를 주장하는 격인데, 이를 민주적인 공동체의 보편적 구성 원리를 부정하는 제스처로 받아들이면 안 된다. 반대로 그렇게 자명하게 주어진 가치에도 불구하고 해소되지 않는 사회적 갈등을 직시하며, 자신을 그에 따른 피해자로 여기는 '전도된 상상'에 기반하고 있다는 점을 봐야 한다. 그리하여 혐오 세력은 동성애자의 인권 문제를 평등이 아니라 특혜의 관점에서 접근하고, 그 부당성을 소리 높여 주장하는 것이다. 동성애에 대한 신종의 혐오 표현은 자신의 현재를 납득할 수 없는 일부 청년들의 피해의식과 패배주의가 빚어낸 슬픈 자학에 다름 아니다.

'차별 금지'를 금지하는 시대와 퀴어 축제

포괄적 차별금지법은 합리적 이유 없이 성별, 장애, 병력, 나이,

성적 지향성, 출신 국가, 출신 민족, 인종, 피부색, 언어 등을 이유로 고용, 교육기관의 교육 및 직업훈련 등에서 차별을 받지 않도록 하는 법안을 말한다. 일견 당연해 보이는 차별 금지의 법제화가 현재까지도 제정되지 않고 있는 이유는 명백하다. 한국의 (대)기업은 학력과 병력 차별 금지가 경영의 자유를 방해한다며 반대하고, 기독교 단체는 성소수자 차별 금지가 동성애를 옹호·조장하는 것이기에 반대한다고 한다. 대기업과 기독교 단체, 그리고 이들의 눈치를 보는 보수 정당은 차별 금지를 금지하며, 일종의 보수블록을 형성하고 있다. 최근에는 보수 기독교 단체의 주도하에 차별금지법 논의가 동성애 찬반 논의로 귀일되는 경향이 더 강해진 것 같다.

하지만 한국 사회에 만연한 차별 정서는 일부 기독교 세력들의 탓으로는 충분히 설명될 수 없다. 차별금지법 제정의 곤경 속에는 한국 민주주의의 후퇴와 그 특유의 보수성, 정치적 결단의 부재가 자리한다. 또한 차별을 통해 지지되는 자본의 논리가 국가의 통치성과 결탁하고, 개인 윤리로 된 이윤 논리라 할 수 있는 자기계발의 신화가 일종의 종교적인 교리처럼 되어 아래로부터 지탱되고 있기 때문일 것이다. 이토록 강고한 한국 사회의 보수블록과 그 가치관이 동성애 문제로 초점화되고 있다는 사실은 상당히 문제적이다.

그런 의미에서 퀴어 퍼레이드를 둘러싼 사회적인 갈등을 되짚어 볼 필요가 있다. 성소수자들의 행사 규모가 커지고, 서울 이외의 지역에서도 개최되기 시작하자, 동성애 반대론자들의 집단적, 폭력적 행위도 더 격화되기 시작했다. 2018년 9월 제1회 인천 퀴어문화 축제는 성소수자 혐오 세력의 방해와 경찰의 방조로 아수라장이 되

2015년 7월 서울광장에서 열린 퀴어문화 축제에 참가한 성소수자와 이들을 지지하는 시민들이 거리행진을 하는 모습. 이들은 동성애자 등 성소수자에 대한 차별 금지를 주장했다.

었다. 같은 해 10월 제2회 부산 퀴어문화 축제 때는 반대편에서 '레알러브시민축제'라는 동성애 혐오자들의 반대 집회가 열렸다. 자신의 성 정체성을 '말할 수 있는 권리'는 단순히 표현 수위의 문제가 아니라, 말하려는 자의 사회적 위상과 지위를 반영한다는 것에 주목해야 한다.

동성애의 자유를 보장한다는 것은 억압된 그들의 성을 해방한다는 의미를 넘어, 동성애자들의 사회적 권리에 대한 인정을 함의한다. 동성애자를 비롯한 성소수자들의 축제에 대한 시민사회의 냉소와 무관심, 보수 세력의 방해와 가짜뉴스의 전파 속에는 성에 대한 봉건적 규범과 정상가족 이데올로기, 이성애 중심주의, 결여된 인권의식 등을 포함한 한국 사회의 가장 부정적인 구성 원리가 집약되어 있다. 혹자의 말대로 퀴어 퍼레이드가 어린아이에게 해가 되는 외설적인 면이 강조되어 있다면, 그것은 참가자들의 옷차림과 화장에서가 아니라, 바로 그들을 바라보는 상식적인 시선에 내재된 외설성이 문제인 것이다.

'다수의 환상'을 부수는 '소수자의 앎'

'촛불혁명'은 정권 교체를 이루었지만, 동성애자를 비롯한 성소수자들의 삶이 얼마나 달라졌는지 솔직히 잘 모르겠다. 차별금지법의 입법을 비롯한 성소수자에 대한 한국 사회의 인식 전환이 여전히 요원해 보이기 때문이다. 성소수자들은 사회가 그들에게 강제한 '소수자성'을 경유하지 않고는 도무지 자신을 대표하거나 재현할 방법이 없다. 공론장에서 발화되는 그들의 언어는 개별자의 그것이 아니라 '소수자 일반'의 목소리로 환원되어버린다. 오로지 소수자로서만 말할 권리가 확보되는 자들의 비참을 더 이상 외면할 수 없다.

동성애와 성소수자에 대한 혐오는 자신도 언제든 소수가 될 수 있다는 사실을 보지 못하는 '다수의 환상'에 의거한다. '차별 금지'를 금지하는 시대에 '다수의 환상'을 반성케 하는 새로운 사유와 지식의 지평을 '소수자의 앎'이라고 해보자. '소수자의 앎'은 동성애자를 비롯한 성소수자에 대한 앎을 포함하면서도, 그를 초과한다. 이는 기본적으로 자신을 평범하다고 인식하는 우리 모두가 특정한 국면에서는 소수자가 될 수 있다는 가능성을 열어두는 것이다. 그리고 이때의 가능성이란 단지 소외된 자로서의 자기 인식을 의미하는 것이 아니라, 기성의 가치관에 포섭되지 않는 자기 주체화의 계기를 마련한다는 것을 의미한다. '소수자의 앎'은 한국 사회의 가장 부정적인 구성 원리를 과장 없이 드러내고 있다. 그렇기에 오래도록 금지되었던, 그 침묵의 소리가 세상을 조금이라도 낫게 할 거라고 다시 한 번 기대해본다.

법으로 구속한
관혼상제,
'과시욕망'까지
가두진 못했다

남: 청첩장은 무슨 청첩장이야? 그 고지서 같은 것. 그런
　　건 보내지 않는 게 좋아요. 결혼식은 되도록 간소하게
　　하기로 말했잖아. 친지들에게만 알리고.

여: 전 반대예요. 일생에 한 번밖에 없는 결혼식을 시시하
　　게 넘길 수 없잖아요.

남: 지난번 우리 약혼 때처럼 친지들만 모아놓고 간단하게
　　치르니 얼마나 좋았어? 허례허식을 떠나서 실질적인
　　서약으로 약혼서에다가 건강진단서와 호적등본을 첨
　　부해서 서류만 교환한 것처럼 말이야.

(중략)

남: 알겠지? 준칙에 의한 결혼식을.

여: 그럼 마음대로 하세요. 전 간섭을 안 할 테니까.

남: 역시 여자다운 데가 있군. 내말대로 해요. 응? 그럼 멋
　　있는 선물을 줄게.

　　1969년 국립영화제작소에서 제작한 공보영화 〈오붓한 잔치〉의
한 장면이다. 혼인을 일주일 앞둔 예비부부가 예식 절차를 상의한
다. 남자는 간소한 예식을 지향하는 반면 여자는 화려하고 로맨틱
한 웨딩을 꿈꾸지만, 말미에 이르러 '여자답게' 남자의 의견에 따르
기로 한다. 역할 설정도 서사구조도 다분히 구시대적으로 보이는
이 홍보영상은 "새시대적 예식"을 전파하려는 용도로 만들어졌다.[1]

　　"청첩장 없이 신랑신부가 간소한 복장으로 부모가 내민 건강진
단서와 호적등본을 나누고 혼인신고서에 날인"[2]하는 것으로 마무

리하는 예식이 그것이다. 문화캠페인 차원을 넘어, 이는 "건전한 의례절차의 기준을 마련함으로써 국민생활의 합리화를 기하며 미풍량속과 순화를 도모함을 목적"(제1조)으로 한 '가정의례준칙'에 법의 언어로 세세히 규정되어 있었다.

가정의례준칙의 시행 과정: 권장에서 강제화로

'가정의례준칙에 관한 법률'과 '가정의례준칙에 관한 시행령'은 1968년 12월 30일 국회 본회의를 통과하여 1969년 1월부터 시행되었다. 동법에 의거한 세부 준칙은 가정의례준칙심의회와 국무회의 의결을 거쳐 같은 해 3월에 반포되었다. 총칙, 혼례, 상례, 제례의 총 4개 장과 71개 조로 구성된 가정의례준칙의 주요 내용은 아래와 같다.

– 제례의 경우 4대 조상까지 받들던 제사를 2대에 그친다. 증조부의 제사는 추석에, 나머지 선조들은 1월 1일 연시제를 지내도록 한다. 현고학생부군신위 등 영정 대신 생전의 사진을 모시고, 사진이 없을 때는 '아버님신위', '할아버님신위' 등 한글을 써 붙인다.

– 상례의 경우 초혼과 사자밥을 폐지하고 곡을 삼가며, 상가에서의 접대는 일체 못하도록 한다. 상여를 개량하는 한편 노제와 장지에서의 하관전정상 등은 생략한다. 반우제와 궤연을 폐지하고 삼우제는 성묘로 대신한다. 3년상을 없애며

백일에 탈상한다.

　　— 혼례의 경우 청첩장을 폐지하여 가까운 친지에게는 구
두로 결혼일시를 알리고 먼 곳의 친척에게는 편지로 통지한
다. 답례품을 규제하고 폐백을 없애며 화환을 금지한다.

"스스로 실천·생활화함으로써 옛 의례를 따르는 고루와 낭비가
빨리 고쳐지기를 바란다"는 대통령 담화가 시사하듯, "강요 아닌 설
득"을 통한 변화를 강조하였던 준칙 제정 초기에는 벌칙 규정을 따
로 두지 않았다.[3] 당국은 준칙의 제정 취지로서 첫째, 복잡하고 허
례허식으로 치우친 의례 대신 알기 쉽고 간편하면서도 정중하게 실
천할 수 있는 기준을 설정할 것. 둘째, 지역이나 씨족 혹은 종교에
따라 각양각색이던 의례를—특정 종파의 기본 교리에 어긋나지 않
는 이상—통일된 기준에 따르도록 범국민적인 생활규범을 마련할
것. 셋째, 합리성과 능률 위주의 현대사회에서 엄숙하고 경건해야
할 가정의례가 지나치게 가벼워지지 않을 만한 최저선을 제시할 것
등을 들었다.[4] 요컨대 의례의 간소화와 규격화가 주된 규율 목적이
었다고 하겠다.

　준칙의 공포와 더불어 보건사회부는 30명으로 구성된 자문기관
인 가정의례준칙실천위원회를 설립하고, 전국 시도구군 단위로 각
1개소씩 총 192개소의 소위원회를 설치하였다.[5] 또한 보건사회부
산하 가족계획지도원, 결핵지도원, 부녀상담원 등 지방행정 요원과
농사개량구락부, 생활개선구락부 등 학습단체가 이를 계몽·보급하
도록 하였다.[6] 한편 각 시·도별로는 준수 실적 조사 및 관련자 포상

이 주기적으로 행하여졌다.[7] 가정의례준칙이 공포된 지 3년째 되던 1972년에는 전국 공무원교육에 가정의례준칙을 삽입하고 각 시·도의 실적을 평가하여 우수 시·도를 포상하였다.[8]

그해 관련자 포상 경위를 들여다보면, '학교나 농민회관, 신부자택 등에서 12쌍의 결혼식 주례를 서서 준칙 실천에 모범을 보였다'거나 '친구의 약혼식 6건을 만류하여 중지시키고 결혼식 3건을 간소히 치르도록 하였다', 혹은 '뒷동산에서 신혼부부 한 쌍을 결합시키고 마을 공동회관 합동결혼식을 추진했다'는 식으로, 간소한 의례를 치르도록 주변인을 설득한 내용이 대부분이었다.[9] 포상 대상자들이 읍사무소 사무계장, 시청 보건사회과 직원, 도청 부녀아동과장 등으로 구성되어 있음을 미루어볼 때, 이들 가운데 상당 건수는 실적 조사를 위해 만들어진 것으로도 추정된다.

준칙 시행 초기에 관련 보도의 주를 이루었던 것은 미담 소개였다. 공장 강당에 동료들이 모인 가운데 신랑은 예비군 훈련복 차림으로, 신부는 흰 인조 치마저고리 차림으로 간소하게 식을 올리고 절약한 혼인비용을 서해안 간첩작전본부에 헌납한 사례 등이 그것이다. 이들은 "식이 끝나자 곧장 공장으로 돌아가 하던 일을 계속하며 '싸우며 건설'하는 모범을 보여"[10]주었다고 기사는 적고 있다. 가정의례준칙이 반포된 지 일주일이 채 지나지 않은 시점에 행해진 결혼식이라는 점에서 준칙을 미리 염두에 두고 기획되었다고 보기는 어려움에도 불구하고, 이는 "가정의례준칙 실천 제1호"[11]로 회자되었다.

그로부터 한 달 후에는 "국내 최초 '트랩' 결혼식"이라는 제목의 기사도 보도되었는데, 공항 여객기 트랩에서 혼인을 한 부부가 절약된 경비로 서울-부산 비행기표를 구매했다는 내용이었다.[12] 이외에도 훈련을 마친 직후 훈련장인 초등학교 교정에서 혼인한 예비군의 사례나[13] 고속버스터미널에서 혼례를 치른 후 고속버스 편을 이용하여 신혼여행길에 오른 부부의 사례,[14] 본인이 공사한 지하철 대합실에서 결혼식을 올린 지하철 건설 요원의 사례[15] 등, 일종의 스몰웨딩이나 이색 결혼식이라 볼 만한 사안들에도 "가정의례준칙에 따른"이라는 수사가 부착된 채 '건전한' 혼례로 소개되었다.

아울러 언론매체에 예식장 광고가 게재될 때면 "가정의례준칙에 호응한 결혼식! ○○예식장", "가정의례준칙에 의한—식장비 3000원", "창립15주년기념 가정의례준칙에 호응 식장비 특별봉사"[16]와

가정의례준칙이 강제화되면서 결혼예식장 신문광고에도 '가정의례준칙에 호응한 결혼식을!' 등의 문구가 의무적으로 들어갔다.

같은 문구가 의례적으로 기입되고, 유명인사의 장례 기사에는 "가정의례준칙에 의거해 간소하게 치러졌으며", "영결식, 상복, 술, 곡을 배제한 가운데 가정의례준칙에 따라" 등의 수식어가 포함되었던 것 또한 확인된다. 준칙에 광고문구 작성지침이나 보도지침이 명시된 것은 아니었으나, 이 역시 규제의 파생효과였다 하겠다.

관공기관과 언론매체 양편 모두에서 이처럼 준칙의 보급·홍보가 이루어졌음에도, '강제성을 띄지 않기 때문에 실행에 한계가 있다'는 지적은 주기적으로 제기되었다.[17] 준칙 도입 3년차에는 공무원과 국영기업체 직원을 대상으로 시범적으로 준칙 이행을 강제화하는 방안이 논의되기도 했다.[18] 그러다 1973년 1월, "자발적 참여만 종용 말고 강제화하라"는 대통령 지시에 이어[19] 법률 개정 작업이 이루어졌다. 준칙 권장사항 가운데 상당수가 강제 실천사항으로 변경되고, 위반 시 1년 이상의 징역 또는 50만 원 이하의 벌금을 부과하도록 하였다.[20]

개정 법률에 의거하여 보건사회부는 '가정의례에 관한 법률 시행령'과 가정의례준칙 개정안을 마련하고, '가정의례에 관한 법률 시행규칙'을 신설하였다. 개정된 준칙에는 회갑례 항목이 추가되었고, 혼례에서 약혼식을 금지하고 함잡이를 보내지 않도록 하였다. 청첩장 인쇄와 배부, 피로연과 답례품 제공은 '자제 요청'을 넘어 금지되었다. 상례에서는 관공서나 직장 이름으로 내는 부고를 금하였으며, 상여 사용을 불허하고 영구차를 쓰도록 하였다. 한편 신설된 시행규칙을 통해 기존에 자유업이던 예식장을 기준에 부합한 시설을 갖추어(제2조) 허가를 받아 영업하도록 정하였고(제3조), 임대료 및 수수료를 책정함에 있어 관청으로부터 사전에 승인을 얻게 했다(제 8조). 이에 청첩장과 답례품이 전면 금지되기 전으로 결혼식을 앞당기려는 사람들로 인해 법률이 발효되기 전 주의 주말 동안 서울 시내 예식장 모든 홀에서 30분 간격으로 속성 결혼식이 연잇는 해프닝도 발생하였다.[21]

호화로운 혼례로 옮아간 비판의 과녁

여기서 흥미로운 지점은 규제의 관심 대상이 상·제례의 근대화로부터 혼례의 간소화로 점차 옮아가던 양상이다. 준칙 시행 초반의 질의사항 보고 문건이나 정부 지침 서신 등을 살펴보면 지역사회 상례 관련 사안이 주를 이루고 있었다.[22] "상례 시 음식접대를 못하게 되었는데 매장이나 운구하는 자에게까지 그러한가", "상례에 있어 건을 사용함이 가능한가" 등의 질의사항이나,[23] 상기를 지역 정서에 맞추어 1년까지 허용해줄 것인지의 문제에 관해 중앙심의위원회에서 "재론 없이 100일을 준행할 것"을 지시한 사례 등이 그러했다.[24] 가정의례에 관한 법률이 발효된 이후 최초의 입건 사안은 부친상에 굴건제복을 착용한 상례였고, 이듬해 법률 위반으로 약식명령이 내려진 사안들의 경위 또한 상객 주식접대, 상여틀 제작, 만장 사용 등이었다.

그에 비해 호화 결혼식 단속은 강제화 정책에도 불구하고 끊이지 않는 논란거리였다. 인쇄된 청첩장을 금하자 "귀하에게만 살짜

쿵 알립니다", "모시는 글" 류의 변칙 청첩장이 횡행하고,[25] 하객에게 답례품을 주지 않는 대신 비공식적인 피로연은 한층 호화로워졌으며, 친족끼리 주고받는 예단이 해가 갈수록 도리어 늘어간다는 식이었다. 1978년 저축추진중앙회에서는 "건강진단서 떼는 데서 살림장만까지 146만9천원"을 표준 결혼비용으로 권장하며 그해 조사된 평균 결혼비용이 무려 378만 5천 원임을 개탄하였다.[26] 이렇듯 애초 개정 법률이 규정하였던 금지 조항이 아니라 그 규정이 적용되지 않는 새로운 과시 소비풍조가 사회문제로 대두되었다.

1980년대 들어서면서 규제 대상은 전적으로 혼례로 옮아가게 된다. 신군부정권은 민심 수습의 일환으로 호화 결혼식과 과잉 혼수 등 사치·낭비풍조를 추방하기 위한 강력단속반을 편성하고 범국민적 정화운동을 벌이도록 하였다. 혼수나 축의금, 호텔 결혼 등 비금지 사항에 대한 신흥 폐습과 실효성 없는 단속을 방치할 경우 퇴폐적 국민의식을 심화시키고 계층 간의 위화감을 조성하며 서민생활의 불편을 유발하고, 상부상조의 미풍양속을 저해할 뿐 아니라 정부 불신의 요인이 될 가능성이 크다는 점이 누차 강조되었다. 비판의 과녁은 이제 '구습'이 아니라 오히려 '전통혼례의 미덕이 사라진' 호화판 결혼 추세 쪽으로 맞추어지게 된 것이다. 개정 법안에서는 이른바 상부상조의 미풍양속을 복구하기 위해 그간 금지했던 상가 음식접대나 부고장을 허용하였으나, 결혼식 하객 답례품 제공 금지는 유지하였고 축의금에도 제재를 부가하도록 하였다. 무엇보다 큰 변화는 호텔 예식장 전면 금지였다. "가정의례에 관한 법률" 제7조는 "숙박업법에 의한 호텔영업의 영업장소 또는 그 부대시설에서 의례식장 영업을 하고자 하는 경우" 허가를 할 수 없도록 규정하였다.

호화 결혼식 단속, 규제자와 피규제자의 욕망들

사실 관혼상제의 면면을 획정지어 강제적으로 규제하려는 기획이 국민의 일상에 저항 없이 침투해 들어가지는 않았으리란 것은 예측 가능한 일이다. 관습은 법률보다 오랜 기원과 바탕을 갖고 있으며 그중에도 가정의례는 가족 단위로 행하여지는 관습이기 때문에 법으로 구속하기 어렵다는 논지의 사설과 인터뷰는 준칙 도입 초기부터 신문지상에 자주 실렸다. 하지만 구습타파와 근검절약의 두 기획 가운데 한쪽은 비교적 성공적이었던 반면 다른 쪽은 실패하였던 이유는 무엇일까? 다시 말해 전통 관혼상제에서 근대적인 가정의례로 옮아가는 데 있어서는 가정의례준칙이 소기의 성과를 거둔 데 반해 혼인의 간소화와 낭비 억제에 난항을 겪은 것은 왜일까? 이를 설명하기 위해 규제당국과 피규제자들의 이해가 접목하거나 혹은 비켜가며 모종의 화학작용을 일으키는 지점들에 주목하고자 한다.

발전주의 시기 가족계획사업에 관한 일련의 사회사 연구들은 일상을 규제·관리하고자 하였던 법 정책이 어떻게 대중의 문화적 욕망과 접목하는지를 보여준 바 있다.[27] 인구 성장을 억제함으로써 빈곤을 타파하고 경제적 근대화를 이룬다는 모토 아래 성과 가족을 통제 가능한 것으로 간주하였던 가족계획은 재생산 문제에 적극적으로 개입한 국책사업이었지만, 동시에 "적게 낳아 엄마 건강, 잘 키워서 아기 건강", "늘어나는 인구만큼 줄어드는 복지후생", "딸·아들 구별 말고 둘만 낳아 잘 기르자" 등의 표어에서 보듯 모자건강과 가족복지후생, 남아선호 사상 타파 등에서 '이상적인 가족상'이나 '더 나은 삶'에 대한 당대 여성들의 이해와도 밀착되어 있었다.[28] 이 정책이 일정한 성과를 거두었던 것은 '어떤 가정을 꾸릴 것인가', '어떠한 사랑이 아름다운가', '어떤 부모/자녀가 될 것인가'에 대한 피규제자들의 욕망과 접목했기 때문이라 할 수 있다. 가족계획이 단지 통제나 제한이었다기보다는 피규제자의 행위 방향을 설정하며 욕망을 촉진하는 적극적 개입이었듯,[29] 같은 시기의 건전한 가정의례 정착 계획 또한 그러했을 것으로 보인다.

가정의례준칙의 교육·홍보는 주로 지역 단위 복지여성국에서 행하여졌고, 가족계획지도원, 결핵지도원, 부녀상담원 등이 주축이 되었다. 그리고 많은 경우 식생활개선 무료 요리강습회나 가계부 작성법 등 인기 주부강좌와 한데 묶여 진행되었다. 일례로 "어린이 교육에 대한 식견을 높이고 가정교육 합리화를 꾀하"려는 취지로 여성저축생활중앙회에서 기획하였던 어머니교실은 '학교교육과 가정교육의 연결', '자녀지도를 위한 아동심리연구', '70년대의 바람직한 여성상', '요리실습', '여가활용과 취미생활', '가정의례준칙의 실천과 보급' 등 여섯 꼭지로 구성되었다.[30] 여성저축중앙회에서도 가정의례준칙 준수를 주부 저축 담론과 연결 지어 지속적인 홍보강좌를 준비하였는데, '경제현실과 주부의 자세', '소비자보호에 대하여', '가정의례준칙에 대하여'의 순으로 진행되었다.[31]

주부들이 '과소비 근절, 가정의례준칙 준수' 등의 문구를 적은 팻말을 들고 가정의례준칙 선서를 하는 모습.

이러한 홍보 프로그램 안에서 근대화된 가정의례는 세련되고 단란한 현대 가정상에 부합하는 의례라는 포장을 입었다. 더 나아가 주된 홍보 대상인 미혼 여성과 젊은 주부층에게 있어 대폭 간소화된 상·제례는 여성에게 편중되어온 가사노동과 이른바 '며느리증후군'의 부담을 덜어줄 매력적인 기제였을 수 있다. 허례허식을 없애고 제례를 대폭 간소화하는 캠페인이 추석이나 신정 명절을 앞두고 집중적으로 이루어졌다는 점에서 더욱 그러하다.[32] '가정의례에 관한 법률'에 벌칙 규정이 추가된 바로 이듬해에 "추석명절을 간소하게, 물가고(物價高) 이기는 주부의 지혜"라는 이름으로 시리즈물이 연재되었고,[33] 일각에서는 '가정의례준칙을 준수한 제례'에 "새시대 주

건강가정

부의 명절나기", "간소화된 제사로 오붓한 가족모임을!" 등의 수사를 부착하여 홍보하기도 하였다. 1970년대를 결산하는 한 기획 기사에서는 여성의 가사 내용을 바꾸는 데 가장 큰 몫을 한 것이 가정의례준칙으로, '제사음식을 남지 않게 적정량을 만들고 초저녁제례가 늘어 주부들의 과로가 적어졌다'고 평하고 있다.[34] 요컨대 당국의 규제 목적이 이 지점에서는 피규제자들의 욕망에 상당 부분 부응하였을 것으로 보인다.

이에 반해, 혼례의 검소화 기획은 중산층의 성장과 신흥 부유층의 확대라는 제반조건 아래에서 '화려한 웨딩'에 대한 욕망의 증대에 호응하기가 쉽지 않았을 터이다. 발전주의 체제는 불평등을 전근대적 문제로 봉합하고 근대화 노선을 전면에 내세우고자 하였지만, 산업화에 따른 새로운 사회적 적대와 불평등의 문제는 처리할 수 없는 논리였다.[35] 1960년대 후반 이후 사치풍조를 몰아내고 소비를 억제할 것을 정부가 범국민적 절약운동을 통해 강조하였던 사실은 당시 소비 규모의 확대로 인한 광범위한 소비 현상이 발생하고 있었음을 반증한다.[36] "차는 벤츠로, 가구는 티크제로, 술은 조니 워커로, 운동은 골프로"[37] 식의 차별화된 소비 양상과 궤를 같이하는 호화 결혼식 추세는 '예식의 간소화'라는 국가법적 기획과 접점을 갖기 어려웠을 수 있다.

그런데 여기서 한 가지 더 주목할 점은, 국가법적 규제가 호화 결혼식 단속에 있어서는 효과적으로 작동하지 않았음에도 불구하고 호화 결혼식을 사치·낭비·퇴폐풍조로 규정하여 제재하기를 요청하는 피규제자들의 욕망 또한 동전의 양면처럼 수반되었다는 점이

다. 혼수로 인한 과잉 지출을 막기 위해 보건사회부에서 제정하고
자 했던 상한선 83만원의 표준혼수[38]가 도리어 서민층에게 '최소한
그 모형만큼은 장만해야 하지 않겠느냐'는 심리적 부담을 안겨준
다는 이유로 최종 법안에서 누락되었던 사실은 당시 소비패턴의 불
균등과 그로 인한 상대적 박탈감의 복잡한 결을 노정하는 한 예이
다.[39] 아래의 르포 기사와 독자투고에서 보듯, 이는 '호화판 예식은
사회정의에 반한다', '부도덕하다', '처벌되어야 마땅하다'라 규정짓고
자 하는 대중의 정의 감정으로 표출되었다.

> 남의 결혼식 참석이 호텔출입의 기회인 서민까지 공연히
> 들뜨게 만든다. 옷차림이 남루해 보이지 않을까 신경이 쓰여
> 이 기회에 한 벌 만들자는 생각도 나고, 최소한 택시는 타고
> 가야 된다는 허영심도 인다. (…) "결혼식을 간다고 그 부산을
> 떤 자신이 어찌나 민망하던지…" 속이 상해 혼났다는 한 주
> 부의 이야기에 공감하는 사람이 많을 것 같다.
> — 『동아일보』 1977년 3월 8일

> 여고동창생의 결혼식 후 패물에 관해 이런저런 이야기를
> 하는데 메스꺼움에 얼른 집으로 돌아왔다. 결혼패물이 구리
> 반지면 어떻고 금반지면 어떠냐. (…) 다시 한 번 분수에 맞는
> 명랑하고 밝은 생활을 하자고 외쳐본다.
> — 『경향신문』 1980년 10월 17일

이에 부합하기 위한 당국의 가장 손쉬운 대처는 역시 강력한 금지

화였을 것이다. 이는 일벌백계를 바라는 입법 수요 앞에서 정부가 무언가 하고 있다는 인상을 심어주는 상징입법(Symbolische Gesetzgebung)이라고도 이해할 수 있다.[40] 호화 결혼식이 특히 사회적으로 빈번하게 이슈화되었던 1970년대 말에서 1980년대 초반에 1면 헤드라인으로 실린 아래의 기사들이 이를 방증한다.

정부는 일부 지도층과 부유층 인사들이 결혼식을 호화스럽게 올리는 등 가정의례준칙에 관한 법률을 어기는 사례가 늘어나고 있어 이를 일체 근절하기 위해 내년부터는 가정의례에 관한 법률위반자는 어떤 행위를 막론하고 모두 형사입건, 고발 조치키로 했다.[41]

박대통령은 또 "돈 있고 지위 있는 사람들이 호사스런 자녀결혼식을 올리는 등 가정의례준칙을 위반할 경우엔 '김모'라 하지 말고 '김아무개'라고 이름을 딱 박아 신문에 크게 보도되도록 하고 사진도 함께 내어 무안을 주라"고 지시했다.[42]

검찰총장은 일부 사회지도급인사들의 사치스런 혼수감주기 등 허례허식행위를 철저히 단속, 엄단하라고 전국검찰에 지시했다. 또 허례허식 행위를 하는 일부 부유층 사회지도층을 법정최고형으로 다스리고 과다한 소개비를 요구하거나 주고받는 고액중매장이에 대해서는 벌금형 대신 체형으로 다스리라고 지시했다.[43]

가정의례준칙이나 그 상위 법률인 가정의례에 관한 법률에 의거하여 "어떤 행위를 막론하고 형사입건, 고발조치"를 하는 것이 법리적으로 가능한지 여부는 그리 중요하지 않았다. 또한 가정의례준칙을 위반한 인사를 "무안 주라"는 대통령의 지시에 바로 이어 사회지도급 인사의 범주를 확정했다고는 하나,[44] 실제로 위반자들의 실명과 사진이 언론에 공개된 사례는 찾아볼 수 없었다. 벌금형 대신 체형으로 다스리라는 '극단적' 지시가 내려졌던 그 1980년 겨울에도 가정의례준칙 위반사범 집중단속 기간으로 선포된 2개월 동안 전국적으로 축의금과 청첩장 돌리기, 중매장이의 비용책정 등과 관련한 256건이 적발되었을 뿐이었고, 이 중 다수는 증여세 납부나 경고 처분으로 그쳤다.[45]

결국 핵심은 규제 자체가 아니라, 그런 규제가 존재한다는 상징효과로 인한 정의감 충족이었다고 하겠다. 특정한 갈등 상황에 대한 여론을 무마하기 위해, 해당 문제가 입법에 의하여 근본적으로 해소될 수 있는 성격의 것인지 가늠하지 않은 채 '정치 세력이 시민을 위해 정의로운 무언가를 하고 있다'는 인상을 심어주는 엄벌주의 제스처를 취한다는 것이다. 실효성을 갖지 못하였던 호화 결혼식 단속이 그럼에도 불구하고 1984년 가정의례준칙 강제 규정 폐지안이 본격적으로 제기될 때까지 법의 이름으로 행해진 데에는 이러한 연유가 있었으리라 추정해본다.

옷이라는
미디어가 만들어낸
많은 의미들

JYP 박진영의 비닐바지에서 이야기를 시작해보자. 사실 그의 속보이는 바지는 그리 대단한 물건은 아니다. 우연찮게 찍힌 몰카도 아니고 가릴 건 다 가렸으니 굴욕 사진이라고 해도 치부는커녕 토크쇼의 소재가 될 만한 기념비적인 '짤방'* 정도가 되는 물건이다. 바지 주인이 박진영이나 되니 하는 얘기다. 겉모습, 즉 육체가 콘텐츠에서 차지하는 비중이 매우 큰 연예인에게 패션은 그것이 얼마나 충격적이든 결국은 연예산업이라는 영역 속에서 소비된다. 레드카펫 위 여배우의 이브닝드레스가 다음 날 기사화되는 방식은 그 옷이 육체를 얼마나 효과적으로 드러냈는가에 초점이 맞춰진다. 연예인이 패션으로 정치적, 혹은 사회적으로 충격을 가하기는 어렵다. 패션이란 그 사회의 규율 속에서 소통되기 때문이다.

연예인의 바지와 국회의원의 재킷

정치판에서는 어떨까. 우리는 대표적인 사례로 유시민 전 의원을 떠올린다. 2003년 유시민 의원의 첫 국회 등원 장면은 역사적이었다. 그의 캐주얼한 복장은 격한 논란을 불러일으켰다. 여야 가릴 것 없이 선배 의원들은 유시민 의원을 질타했고, "국민에게 예의가 아니다", "탁구 치러 왔냐"라는 쓴소리로 비난했다. 결국 이날 의원 선

---

* 재미있는 사진이나 그림, 동영상 등을 가리키는 말. 온라인 커뮤니티의 '잘림방지용' 이미지에서 유래했다. '짤'이라고 줄여 부르기도 한다.

옷은 신체와 가장 밀접하게 연결되었기에 한 사람의 존재와 타인과의 관계를 드러낼 수 있다. 시대와 사회 흐름 속에서 옷이 가진 의미의 네트워크를 패션이라 할 때, 패션은 문화적 함의는 물론 정치·사회적 메시지를 표출한다. 성과 인종, 계급의 차이가 나타나고 억압과 강요의 메커니즘이 켜켜이 쌓이기도 한다. 패션이 가진 정치성이다. 2003년 4월 유시민 당시 개혁국민정당 의원은 '평상복'을 입고 국회에 첫 등원, 선배 의원들로부터 비난을 받았고 의원 선서도 할 수 없었다(왼쪽 사진). 1970년대 미니스커트 단속 모습(오른쪽 사진)은 패션에 투사되는 국가권력을 잘 보여준다.

서는 무산되고, 이튿날 평범한(?) 정장을 입고서야 의원 선서가 마무리될 수 있었다. 논란을 일으킨 그때 그의 복장은 어땠을까. 흰색 면바지에 남색 재킷을 걸쳤으며 안에는 넥타이 없이 라운드 티셔츠를 받쳐 입었다. 구김이 많이 가는 재질인지 바지 주름이 눈에 띄었을 뿐, 당장 결혼식장에 참석한대도 이상할 것 없는 반듯한 복장이었다. 탁구 치기에는 불편할 것 같은 그날 유시민 의원의 패션에서 어떤 부분이 국민을 모독했단 말인가.

복장의 다름을 문제 삼는 데에는 국회의원이라는 특권의식이 배경으로 작용했을 것이다. 국회법에 복장 규정이 있을 리 만무하지만 누군가는 국회의원 벼슬길에 어울리는 복장은 따로 있어야 한다고 믿은 까닭이다. 사회적 통념에 어울리지 않는 옷을 입기로야 일생을 '남장 여자'로 지낸 김옥선 전 의원의 남성 정장이 더 극단적이겠다. 그러나 복장 문제로 김옥선 의원이 비난받은 경우는 없었다. 하물며 유시민 의원의 색다른 옷차림이 도발은 아닐진대, 정장이 아니라는 이유로 공격받았다는 사실은 우리 사회가 가진 패션에 대한 강고한 관념을 잘 보여준다. 그 논란은 국회의원들의 잘못이라거나 옷의 잘못이라기보다 정치인에게 옷이 주는 의미, 달리 말해서 패션의 정치성이 그 시점에서 폭발한 것이라 해석할 수 있겠다.

패션이라는 미디어

옷은 신체와 세계를 연결한다. 패션이라는 이름으로 유행과 문화를 전파하는 것도 옷이고, 40대 초선의원과 점잖은 중진의원을 격렬하게 이어준(?) 것도 옷이다. 1980년대 초 브룩 쉴즈가 청바지 광고에서 말한 것처럼, 우리의 신체와 옷 사이에는 아무것도 없다. 옷은 신체와 가장 가까이 닿아 있기 때문에 한 사람의 존재는 물론, 그가 타인과 맺고 있는 관계를 실체적으로 드러낸다. '미디어는 메시지다'라는 마셜 매클루언의 유명한 명제처럼 옷이라는 매체는 수많은 사건과, 그보다 더 많은 의미들을 만들어냈다. 사실 국회의원 한 사람의 옷차림이 뭐 그리 중요하겠는가. 그러나 그로 인해 대립이 가시화되었을 때 그의 재킷 한 벌은 국회의 권위에 도전한 저항의 상징이자 실체가 되었다.

시대와 사회의 흐름을 거슬러 함부로 고쳐 입지 못하는 것, 혹은 누구든 따르지 않을 수 없는 옷이 가진 의미의 네트워크를 우리는 패션이라 부른다. 옷을 동원하여 신체를 치장하고 드러내는 행위는 관계성을 드러내는 매체이자 메시지이다. 그 때문에 패션은 권력적일 수밖에 없다. 패션에는 성과 인종, 계급의 차이가 고착되어 나타나며 금지와 강요의 메커니즘이 켜켜이 쌓인다. 의복뿐만 아니라 안경, 신발 등의 장신구도 패션이며, 화장이나 염색, 그리고 문신, 피어싱처럼 육체에 직접 기호를 새기는 행위도 모두 패션에 포함된다. 야쿠자가 문신을 통해 조직의 존재를 드러내는 것과 유사하게 육체에 새겨진 기호의 강도에 따라 의미 또한 달라진다. 권력의 억압과 강요가 투영되기도 하고 자유를 향한 열망이 표출되는 기호의 표면이 패션이다. 그러니 패션은 여러 의미의 맥락들이 경합하는 투쟁의 공간이다.

이런 패션의 공간은 한국에서는 오랫동안 경직되고 왜소했다. 패션은 의식주에서 첫째를 차지하지만 옷을 짓는 기능을 벗어나 논의가 펼쳐질 만한 여지를 만들지 않았다. 앙드레 김의 경우만 봐도 그렇다. 한국 최초의 남성 디자이너였지만, 그가 우리 사회에서 명사대접을 받은 시간은 그의 경력에서 그리 길지 않다. 화장법이라든가, 특이한 발음을 빌미로 우스개 이야기에 더 많이 등장한 것이 그의 이름이다. 앙드레 김은 그나마 대중적인 명성이라도 있어 괜찮았지만 평범한 이들에게 마음껏 꾸미고 차려입는 일은 쉽지 않다. 개그맨 김기수만 해도 화장하는 남자로 유튜브에 등장하자, 그의 본질과 무관하게 온갖 음해에 시달려야 했다. 동성애 얘기가 나오는 건 기본이고 추행과 명예훼손의 논란 속에서 별별 이야기들이 무작정 만들어졌다. 패션에 관심이 많은 한 사람의 삶을 입맛대로 찢고 까불어야 속이 시원한 모양이다.

이런 사정에는 알다시피 오래된 역사와 전통이 있다. 제멋대로 꾸미는 일이 세간의 비난을 넘어서 말 그대로 법적 위협이 되었던 때가 불과 한 세대 전이었다. 유신 시절 장발 단속에 경찰력이 동원된 것도 무시무시하거니와, 남자가 머리하고 치장하는 것만으로도 음란 퇴폐로 몰릴 위기에 처한 것이다.[1] 남녀 가릴 것 없이 패션은 권력의 허락을 받아야만 했으며, 권력에 의해서만 의미를 가질 수 있는 기호였다. 이에 조금이라도 어긋난다면 대통령의 눈 밖에 나서 히피 같은 말종 취급당했던 것이 그 시절 패션이었다.[2]

권력으로서의 패션

일상이 병영처럼 통제되던 시기, 패션에 국가권력이 투사되었다는 사실은 통제의 자장이 일정한 목표와 방향을 가졌음을 뜻한다. '바리깡'을 든 경찰은 권력으로 힘없는 젊은이들을 무자비하게 잡아들였지만 히피 못지않게 긴 '8인치나 되는' 머리를 휘날리던 연세대 교수 김동길은 놓아줄 수밖에 없었다.[3] 못마땅하긴 해도 미국 유학에서 갓 돌아온 40대 교수를 굳이 바리캉으로 제압할 필요는 없었기 때문이다. 애초에 장발, 미니스커트 단속이 청년들과 청년문화를 분명한 표적으로 삼은 풍기 단속이었음은 두말하면 잔소리다.

바리캉으로 머리에 '고속도로'를 내고 허벅지에 줄자를 들이대던 미니스커트 단속 따위를 '그때 그 시절'의 풍경으로 기억하는 이가 많다. 그러나 그런 풍기 단속은 한국의 군사독재만을 규정하는 특수한 상황은 아니었다. 1960년대 말, 미니스커트는 이미 변혁의 시대를 상징하는 세계적인 패션으로 떠올랐다. 정치적 배경만큼 논란 또한 세계적으로 고르게 퍼져나갔고 국가권력의 대응도 유사했다. 미니스커트가 만든 풍경은 나라별로 약간의 시차는 존재하지만 특별히 다르지 않았다. 미니스커트는 아시아, 아프리카 지역에서 전통 관습과 유독 격렬하게 충돌했지만 서유럽이라고 미니스커트의 문화 충격을 대범하게 받아들인 것은 아니다. 아프리카에서 미니스커트 입은 여성을 무차별 폭행한 것처럼 이스라엘과 이탈리아에서는 미니스커트 입는 여동생을 창밖으로 내던지거나, 칼로 찌르는 사건까지 벌어졌다.[4] 파리에서는 버스에서 미니스커트를 가리기 위해 경찰력이 동원되었으며, 미니스커트를 입었다는 이유로 구류 처벌을 내린 나라에는 이탈리아도 포함된다.[5] 영국에서는 미니스커트에 과세를 하자는 주장이 농담처럼 등장했다가 실제로 시행 직전까지 갔기도 했다. 당시 아동용 스커트의 면세 기준이 길이였기 때문에 세법을 고쳐 성인의 미니스커트에 과세하려는 계획은 그렇게 어처

구니없는 발상만은 아니었다.[6] 이런 소동을 통해 알 수 있는 것은 미니스커트가 한 국가의 관습과 문화는 물론 과세제도까지 반영하고 있다는 사실이다. 세계의 풍경이 그럴진대, 줄자를 대고 길이를 단속하던 한국의 1970년대 상황은 도깨비나라의 풍경은 아니었던 셈이다.

금지, 혹은 장려의 패션 정치

금지는 단독으로 존재하는 것이 아니라 그와 짝패를 이루는 권장·장려와 함께 작동한다. 1970년대 혹독했던 패션 권력은 장발, 미니스커트 단속과 동일한 힘을 가진 권장과 장려를 통해서 효과적으로 발휘되었다. 당근과 채찍, 혹은 빵과 서커스로 유지되는 것이 권력의 속성이기 때문에 패션 또한 금지와 장려가 하나의 톱니처럼 물려 돌아가는 경우는 많다. 1970년대의 패션에는 대중문화를 화려하게 수놓은 미니스커트 말고도 '재건복', '새마을복'으로 불린 관급 복장이 있으며, 군인처럼 짧은 머리와 한 세트인 교복도 빼놓을 수 없다. 단속만큼 강력하게 장려, 혹은 강요되었던 이들 복장은 기원부터가 정치적이었다.

네 개의 겉주머니와 네 개의 단추로 여민 사파리 재킷인 재건복을 만든 이는 김종필 당시 중정부장이었다.[7] 그는 이 옷이 자유민주주의 정신과 5·16의 실용 정신을 표현한 복장이라 자랑했지만, 단추 하나가 적다는 점을 제외하면 중국 혁명의 상징인 중산복(中山

服)과 크게 다르지 않다. 중산 쑨원(孫文)이 고안했으며 마오쩌둥(毛澤東)과 김일성이 적극적으로 이념화한 중산복이 쿠데타 세력에 의해 전 국민에게 장려되었다는 사실은 아이러니를 넘어 섬뜩함까지 불러일으킨다.

1980년대 교복자율화 이전의 중고등학생 교복도 마찬가지다. 식민지 시기의 교복을 반성 없이 물려받은 한국의 교복은 일제 군국주의 군복에서 비롯된 것이다. 남학생 교복은 육군 제복을 본뜬 것이었으며, 해군 제복을 본뜬 여학생 교복이 그 유명한 '세일러복(sailor服)'이다. 해방된 지 한 세대가 지나도록 식민 지배의 상징은 선택의 여지없이 미래 세대의 신체 가장 가까이에 자리 잡고 있었다.

장려라는 이름의 강요는 권력의 특징이자 본질이다. 아무리 좋은 말로 꾸며도 원하는 옷을 입지 못하게 하고, 원하지 않는 옷을 입히는 일은 권력 행위일 수밖에 없다. 한국의 패션 정치는 권력만큼이나 연원이 깊다. 그 사례로 총독부의 색복장려운동을 들 수 있다. 식민지 초기에는 흰옷이 위생에 유리하다고 진단 내렸으나 1920년대 이후 식민 통치가 본격화되자 정책의 방향은 뒤집혔다. 흰옷은 미개하고 비위생적이며 경제적으로도 불리하다는 것이 총독부와 지식인들의 결론이었다.[8]

총독부의 '색복장려'는 구습 타파와 생활개선을 목표로 삼아 '민족'의 상징인 흰옷(백의)을 적대시했다. 강연회를 한다, 선전대를 꾸린다, 염색비를 보조한다는 등, 장려의 유인책은 많았어도 식민 지배를 위한 억압과 강제라는 본질을 가리지 못했다. 흰옷을 입고서는 관공서와 시장을 이용할 수 없도록 하여 정책의 형식을 갖추었지만 흰옷 입은 이를 기둥에 묶어두고 옷과 얼굴에 먹칠을 하고, 심지어는 상복에까지 먹물을 뿌리는 실행 방식은 지배를 위한 모독이자 폭력일 뿐이었다.

'색복'이라는 패션 규범에는 위생, 경제, 그리고 식민지적 진보를 망라하는 이념들이 투영되었고 이를 선전하고 강요함으로써 패션은 국가적 정치성의 핵심이 되었다. 색복장려는 개개인의 신체 가장 가까이에서 작동한 식민 통치술의 하나였다. 이 통치술은 체제를 떠나서도 오래도록 유효했다. 1970년대 후반 우리식 사회주의의 성취를 보여주기 위해 '유색옷 입기'를 장려한 김일성 주석의 교시[9]를 보노라면, 권력의 본질적 유사성에 놀라지 않을 수 없다.

패션의 정치를 넘어서

이제 1970년대식의 촌스러운 통제는 찾아보기 힘들다. 그렇다고 패션의 정치성이 사라진 것은 당연히 아니다. 우선 눈에 띄는 건 끈질기게 남아 있는 유신의 정치성이다. 그 시절보다 자유로워졌다고는 해도 10대들의 머리와 치마 길이를 강요하는 복장 규정은 크게 변하지 않았다. 염색이나 화장은 당연히 금지이고 패딩점퍼는 아무리 추워도 허락 없이는 못 입게 하는 학교도 허다하다. 이런 복고가 존재하는 한 교복은 군복이나 수인복(囚人服)과 다를 바 없다.[10]

진짜 문제는 표면적인 정치성이 아니라 정치성의 내면화이다. 경제성장을 지고한 가치로 치켜세운 산업화의 논리는 정체(政體)와는

재건복을 연상케 하는 어느 고등학교의 교복. 2010년대의 이 교복은 오히려 교복의 본질을 잘 표상한다.

무관하게 일상의 기율로 자리 잡았다. '경제성장을 위해서' 우리는 패션과 육체에 가해지는 통제를 기꺼이 받아들여야만 한다. '기업을 위하여' 개인의 패션을 희생한 사례를 우리는 경제면에서 흔히 본다. 이런 기사는 반도체 공장 같은 데서 화장도 못 하고 머리나 손톱 치장도 제한받지만, 그것이 생산성 향상을 위한 아름다운 희생이라는 미담을 창조한다. 물론 이런 제약은 '생산'을 위해서는 합리적일 것이다. 그러나 패션이라는 욕망을 기업에 저당 잡히는 것이 당연한 것은 아니다. 생산과 무관한 데서 용모 단정이란 규정은 육체에 가해지는 억압이며,[11] 경제성장이라는 오래된 신화의 일부일 뿐이다.

　전근대 사회에서 패션 경찰이 가능했던 것은 왕권과 계급의 이익이라는 분명하고도 단순한 목표가 있었기 때문이다.[12] 그러나 의미의 기호가 된 지금의 패션은 물리력으로 단속할 수 없다. 패션은 복잡해진 현실과 그로 인해 갈수록 미분화되는 격차와 차별의 현실을 반영한다. 이때 패션이 기호가 되지 못하고 사회적인 강박이 됨으로써 인간의 본질을 억압하는 기제로 변신한다. 예컨대 저마다 똑같이 육체를 과시하는 아이돌의 패션이 무차별적으로 복제될 때, 그 옷은 연예산업의 일부가 되며 이를 따라하는 이들은 단순한 패션기계가 됨을 뜻한다. 거기서 생산되는 의미의 폭은 거의 없다고 봐야 할 것이다.

이뿐인가. 청년 세대 역시 패션은 존재론적 고민의 대상이다. 패션에 관해서라면 누구보다 민감하며 한껏 패션의 자유를 누려야 할 청년들은 '헬조선'의 패션 감옥에 갇혀 있는 듯하다. 그들은 패션으로써 할 말은 많지만 막상 남들과 다름을 실천하기는 불가능한 구조에 놓여 있다. 기안84의 웹툰은 패션에 대한 열망과 그 좌절을 적나라하게 묘사한다. 부모 등골을 뽑아서라도 사 입는다는 '등골 브레이커' 패딩점퍼는 좋건 싫건 피할 수 없는 현실이다. 너도 나도 똑같은 패딩으로 무장한 이들은 기괴한 모습으로 군체를 이뤄 하늘 멀리 사라져버리거나,[13] 없는 형편에 짝퉁을 입었다가 도리어 왕따 당하기도 하는 게 현실이다. 기안84의 웹툰의 주인공인 '패션왕'이란 이른바 '지잡대'에 격리된 채 미래 없이 살아가는 청년들의 덧없는 희망의 반어적 표현은 아닐까. 주홍글씨 같은 '지잡대 과잠'을 벗고 명품을 걸쳐도 아무것도 바뀌지 않을 때 그들의 패션은 너무도 가슴 쓰리다.

패션

패션으로 말하라

예전엔 호스티스가 여대생을 흉내 냈지만 지금은 여대생이 호스티스를 흉내 낸다고 어느 소설가는 개탄했다.[14] 강제적인 규율은 사라졌지만 문화와 문명이라는 이름으로 패션에서 우열과 선악을 가르려는 시도는 여전한 것 아닌지 모르겠다. 온갖 매체들 덕분에 '코드'니 '에티켓'이니 하는 패션 규율은 밀도가 높아졌다. 그러나 그것이 패션과 욕망의 자유를 의미하는 것은 아닌 듯하다. 레드카 펫마다 베스트드레서, 워스트드레서를 꼽으며 이게 옳고 저게 그르다는 식으로 내려진 평가는 결국 특정한 목적을 위해 재생산된 패션 담론일 뿐이다.

그래서 2011년 부산국제영화제에서 배우 김꽃비가 입고 나온 한진중공업 작업복은 귀하고 반갑다. 그 '잠바때기'를 패션 지옥에서 패션기계로 살아가는 것에서 벗어나 근본적으로 옷이란 무엇인지를 보여주는 사례로 평가하고 싶다. 이는 대단한 도전이다. 사실 패션에서 선택지는 공평하지 않다. 유행과 관습을 거슬러 옷을 입으려면 대단한 용기가 필요하며, 패션을 통해 정치성을 드러내려 해도 대개는 옷의 물질성으로 인해 그 의미가 발현될 공간은 크지 않기 때문이다. 특정 브랜드의 옷을 입는 순간 브랜드의 대리인이 되거나, 정해진 의미를 반복하는 역할만을 가질 수밖에 없다. 지난 대선에서 후보들은 광주에서는 해태 타이거즈 유니폼을, 부산에서는 롯데 자이언츠 유니폼을 번갈아 입으며 유세를 펼쳤다. 그런 패션에 질릴 수밖에 없는 것은 그 정치적 메시지가 너무도 뻔하기 때문이다.

그러나 김꽃비는 드레스라는 관습을 거부함으로써 패션의 정치성에 도달할 수 있었다. 물론 옷이란 것이 파격만을 목표로 삼을 수는 없다. 정치성 말고도 패션의 의미는 얼마든지 있다. 중요한 것은 패션을 통해 자신의 목소리를 낸다는 것 자체에 있다. 신체와 맞닿아 있기에 패션의 자유는 신체의 자유를 뜻한다. 순수한 치장의 도구도 될 수 있고, 혹은 금기에 도전하는 저항의 도구도 될 수도 있다. 이 도구를 부리는 것은 자신의 욕망이다. 이를 부정하거나 저당 잡히지 말고 입고 싶은 대로 입는 것이 패션에 대한 정답이지 않을까.

누구를 위한 금지인가, 짓눌린 청소년의 자기결정권

1999년 10월 30일을 잊지 못하는 사람들이 있다. 그날은 인천 소재 고등학교의 축제가 마무리되던 날이었다. 토요일이었기에 학생들은 축제의 뒤풀이를 즐길 만한 장소를 찾고 있었다. 몇몇은 중국집이나 당구장, 노래방으로 향했고, 어떤 아이들은 소주방이나 호프집에 가기도 했다. 놀 만한 장소를 찾던 그 흔한 선택이 생과 사의 운명을 결정지었다는 것을 그날의 아이들은 미처 알지 못했다.

'인천 호프집 화재사건'은 총 56명의 목숨을 앗아간 대형 참사로 기록돼 있다. 참사 당시의 한국 사회는 애도를 넘어 충격과 비탄에 빠졌다. 희생자의 대부분(사망자는 전원 10대)이 중고등학생이었기 때문이다. 죽은 아이들을 바라보는 어른들의 시선에는 분명 상반된 면이 있었던 것으로 기억한다. 아이들의 희생은 안타깝지만, 술집에 간 학생들도 문제가 있다는 식이었다.

이런 시각이 반영되어 참사 직후, 국무총리실 산하 청소년보호위원회에서는 호프집과 소주방, 카페 등을 청소년 출입과 고용 금지 업소로 지정하겠다고 발표했다. 청소년의 유해업소 출입 억제를 위해 청소년보호법을 개정하겠다는 취지였다.[1] 하지만 청소년들에게 술집은 이미 금지된 공간이었다. 금지된 것이 너무 많아서, 그러한 금지를 넘는 것 외에는 해방을 상상할 방법을 모르는 청소년이었다. '청소년 보호'라는 구실이 검열과 규제의 장치로 기능할 수 있다는 것을 깨달은 것도 그날 이후였다.

'청소년기'의 개념 규정과 '청소년 보호'라는 검열 장치들

이 나라에서 청소년은 대개 학생으로, 학생은 배워야만 하는 미성숙한 존재로 인식된다. '사춘기', '질풍노도의 시기', '불량/비행청소년', '폭주족', '일진'부터, 최근의 '급식충', '교복충', '중2병' 등의 표현은 청소년의 미숙한 정신 상태를 걱정하고 관리하려는 담론적인 장치이자, '청소년 혐오'를 조장하는 말들이기도 하다.

하지만 청소년을 정의하는 법적 기준은 불명료하다. 청소년이라 하면 어린이와 청년의 중간 시기로, 13세 이상 19세 미만의 사람으로 여겨지는 것이 일반적인 통념이겠으나, 청소년 관련법이나 정책들은 법의 적용 대상을 설정하는 데 있어 상당한 혼선을 보이기도 한다. 이를테면 청소년보호법에서는 청소년을 '만 19세 미만인 사람'으로 지칭하는데, 청소년기본법에서는 청소년을 '9세 이상 24세 이하인 사람'으로 규정하고 있다. 소년법에서의 소년은 '19세 미만'이며, 아동복지법의 아동은 '18세 미만', 형법상 미성년자는 '14세 미만', 영화 및 비디오물의 진흥에 관한 법률과 공연법에서는 '18세 미만'이다. 이렇게 보면 청소년(및 그들을 지칭하는 여타의 개념들)을 정의하는 법적 기준이 상당히 모호하게 보일 수 있고 실제 그러한 측면이 있다.

그러나 이런 다양한 정의들 속에는 일정한 경향성이 보이기도 한다. 즉, 청소년의 인권 및 권리 보장과 육성의 측면에서는 청소년기의 연령 범주를 상당히 넓히면서도(청소년기본법), 청소년을 보호의 대상으로 여겨, 특정한 문화 및 예술의 향유에 제약을 가하는 기준은 상당히 좁히려는 경향이 있다는 것이다.

간단히 말해, '청소년 인권'과 '청소년 보호'라는 두 가지 측면에서 규정하고 있는 '청소년의 상'이 다르다는 것인데, 이때 주목해야 할 점은 청소년을 정의하는 사회적인 합의가 어느 편에 가깝냐는 것이다. 당연히 청소년에 대한 사회적 합의는 대체로 후자의 측면으로 기울어져 있고, 이는 한국 사회가 청소년을 동등한 시민의 일원으로 보기보다는 그들을 미숙한 존재로 여기고 있다는 것을 알려준다고 할 수 있겠다.

따라서 청소년에 대한 보호와 관리는 국가와 사회의 중요한 책무로 여겨져 왔다. 그러나 청소년 보호의 정당성은 청소년 문화에 대한 검열의 이유가 되기도 한다. 가령 위에서 언급한 청소년보호법(1997)은 청소년들이 향유할 만한 매체나 약물, 장소 등의 유해성 여부를 청소년보호위원회(1997)가 미리 심의하도록 규정하고 있다.

다시 말해 청소년보호위원회는 청소년 문화에 대한 검열을 시행하는 준사법적 기관이며, 청소년보호법은 바로 그러한 판정에 법적 근거를 마련해주는 장치라는 것이다. 이는 공연윤리위원회, 방송위원회, 간행물윤리위원회 등에서 시행하는 심의에도 해당한다. 하지만 청소년 보호를 위해 문화의 유해성 여부를 단속하는 것에만 집중하면, 실제 청소년들의 삶에 영향을 미치는 교육시스템이나 복지제도, 계급 격차나 차별 등의 문제는 가려질 수도 있다.

청소년이란 신분의 변화

청소년 보호를 구실로 한 여러 단속들은 청소년을 미성숙한 자로 여기는 인식을 전제로 한 것이다. 그러나 한국의 중요한 역사적 전환은 청소년들이 이끌어 왔다고 해도 과언이 아니다. 식민지 시기 3·1운동과 6·10만세운동, 광주학생운동이 그렇고, 4·19혁명도 청소년과 학생들이 주도했다. 그렇다면 약 반세기 동안 청소년의 존재와 인식이 변한 사회적인 원인은 어떻게 파악해야 할까?

우선 '청소년=학생'의 위상 변화를 살펴볼 필요가 있다. 분명 청소년에 대한 법적 규정은 연령에 근거하고 있다. 하지만 한국 사회는 청소년에 대한 규정에 '학제'를 개입시켜왔다. '입시'라는 사회제도가 정착되면서, 이를 통해 청소년의 경계를 설정하는 인식이 보편화됐다는 것이다. 그렇기에 과거 중고등학교 진학률이 낮은 시기의 학생들은 사회의 예비 엘리트로서의 위상을 지니고 있었다.

가령 식민지기(1929년 기준)에는 학령아동의 보통학교 진학률은 20퍼센트 선이었고, 보통학교 졸업자 중 11퍼센트만 중등학교에 취학했다. 그렇기에 당시의 중학생은 "향당의 지식계급"(김기진)으로 불리기도 한다.[2] 그러다 의무교육이 정착되고, 중고등학교 취학률이 높아지면서, 학생이라는 신분의 사회적인 위치가 (재)조정되기에 이른다.

한국의 산업화가 급속도로 추진된 1960~1970년대에는 중학교 취학률이 30.1퍼센트(1963)에서 71.3퍼센트(1979)로 상승하고, 고등학교 취학률 역시 18.1퍼센트(1966)에서 44.3퍼센트(1979)까지 오른다.[3] 특히 대학 진학률이 오르고, 수도권 4년제 대학을 향한 경쟁이 고조되면서, 청소년들은 입시공부에 '올인' 하면 그만인 존재가 되어 갔다. 교육은 계층 상승의 유일한 수단으로 여겨졌고, 노동시장에서의 가치도 학력에 따라 서열화됐다.[4]

그러다 보니, 수도권 4년제 대학에 진학할 확률이 없다고 여겨지는 학생들이나 학교를 아예 다니지 않는 청소년들은 사회적인 관리의 대상일 뿐이지, 유의미한 존재로 인정해주지 않게 됐다. 외려 그들은 잠재된 낙오자나 범죄자 취급을 받고 있다고 봐야 할 것이다.

더군다나 청소년은 문화적인 소비의 주체이기도 했다. 그렇기에 학교 바깥에서 존재하는 청소년들의 문화 향유와 취미, 취향의 문제는 대개 탈선의 이미지와 겹쳐 해석됨으로써 통제 및 제재의 필요가 강하게 대두하기도 했다. 그 과정에서 청소년 문제는 학생의 문제로 좁혀졌다. 학생들은 학부모나 선생의 품으로, 학생이 아닌 청소년들은 사회적인 감시의 시선으로 휩쓸려 들어가 버린 것이다.

결국 청소년의 자기결정권은 제한적으로만 허용됐다. 그런 의미에서 청소년의 정치 행위와 성을 불온시하거나 금지해온 역사를 살펴볼 필요가 있다. 청소년의 정치와 성은 한국 사회에서 가장 오래도록 금기시된 대표적인 영역이며, 이 두 영역은 청소년의 변화된 사회적 위상과 결부되어 상당히 밀접한 관계를 형성하고 있다.

철저하게 선도된 청소년의 탈-정치화

식민지기 오락잡지 『별건곤』에 수록된 〈현대 학생의 눈〉이란 삽

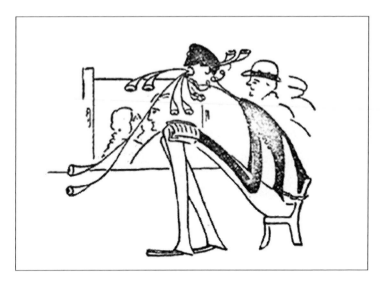

_____ 1927년 1월에 출간된 『별건곤』 제3호에 실린 〈현대 학생의 눈〉 삽화. 당대의 학생=청소년을 바라보는 세 가지 인식이 엿보인다.

화에는 "시험 공부도 활동사진관에 가서 연애사진(戀愛寫眞) 보랴 여학생(女學生) 보랴 기생(妓生) 보랴 책(冊) 보랴 눈알이 몇 개 잇서도 부족(不足)"이라는 설명이 달려 있다.

이 삽화에는 당대의 '학생=청소년'을 바라보는 세 가지의 인식이 겹쳐 있는 것으로 보인다. 첫째, 청소년을 철이 없는 존재로 묘사하고 있다. 그리하여 학생이라는 본분에 충실하기보다는 놀기 좋아하는 청소년에 대한 훈계의 의미가 강하게 스며 있는 듯하다. 둘째, 근대 이후 문화소비의 주체로서 학생이라는 특정 계층이 상당히 부각된 시대가 온 것을 암시하고 있다. 식민지 조선의 학생들은 조국의 미래를 책임질 예비 엘리트이자, 첨단의 문화를 향유하는 소비

집단으로서 표상되었다. 셋째, 위의 내용을 종합한 학생의 위상 자체를 보여준다. 즉, 한편으로는 책을 읽는 지식계층으로, 다른 한편으로는 문화를 향유하는 소비 주체로 묘사함으로써 학생의 사회적 책무를 은연히 강조한다. 그렇게 함으로써 당대의 학생은 조선의 (잠재된) 지적·문화적 역량을 상징했다. 하지만 반대로 학생이 아닌 청소년들은 공론장에서 그 자취를 찾기 어렵게 된다.

식민지 조선에서 공부를 한다는 것은 정치의식을 획득하는 과정과 정확히 동일한 의미를 갖는 행위였다. 공부를 해서 출세한다는 것 자체가 보장될 수 없는 시대였다. 이런 시기에 조선의 학생들은 "예전의 서생과 같이 얌전히 앉아서 독서"만 할 수 없었다. "글을 읽어 가지고 장래에 입신양명의 영화를 꿈꾸지 않을 것"만이 분명한 사실로 다가왔기 때문이다. 그렇기에 글을 읽되 "커다란 힘을 길러 나갈 가장 오늘의 현실이 요구하는 독서"가 강조되기도 했다. 커다란 힘이란 학생 개개인의 힘이자, 조선 민족의 힘을 요구하는 것이기도 했다. 당대 학생의 의식 수준은 결코 어른들의 그것보다 못하지 않았다. 오히려 선생님을 향해 "대학을 나오고 고등사범을 나와 가지고 10년이나 20년이나 밤낮 그 학과를 가지고 녹여내면서 한마디도 새로운 소리를 내여보지 못한다"고 비난을 하기도 했다.[5]

조선의 교육열이 폭발한 3·1운동과 그 역량이 다시 한 번 폭발한 6·10만세운동을 전후하여 청소년 결사체 및 동맹이 전국 곳곳에서 창립되기에 이른다. 이들 결사는 주로 "전조선청년대중"의 "정치적, 경제적, 민족적 이익의 획득"을 목표로 하고 있었다. 세부적으로는 "농촌문맹퇴치", "청년남녀인신매매의 폐지", "십팔세이하의 소

년남녀의 강제결혼폐지", "청소년, 여성, 백정, 노동자에 대한 차별대
우폐지" 등의 운동을 전개했다.[6]

그런 만큼 식민지기 내내 일제당국은 청소년을 잠재적 사상범처
럼 간주하여 단체 활동 및 사상운동을 미리 단속하는 조치를 시행
했다. 특히 광주학생운동(1928)은 조선의 청소년 결사에 대한 일제
의 적극적인 조치를 유인한 계기가 됐다. 총독부의 '내무국사회과'
는 기존에 설립된 청소년 결사체를 관제화하는 데 주력했다. "조선
청년단체구백칠십여개"와 "소년단체백칠십개"에 대하여 "약삼십만
원"의 대금으로 "보조방법을 연구"하여 청소년의 사상을 선도하려
했다.[7]

또 다른 한편으로는 전국의 학술 강습소나 노동-농민조합에 대
해 조선의 청소년을 '적색사상'이나 '위험사상'에 물들게 하는 '배
양서 내지 실행처'로 여겨 규제하였다. 1933년 조선총독부에서는
'사상격화의 대책'으로 '탄압과 선도'의 방침을 내세웠는데, 그 시행
은 "청소년의 집합을 금지할 것"과 "청소년 단체를 취체할 것"을 우
선 목표로 상정한 것이었다. 또한 입학 연령을 낮춰 학교 내에서 불
온한 행동의 발생을 사전에 막을 것을 천명키도 했다.[8]

해방을 거쳐 한국전쟁 시기 이후에는 학생에 대한 풍기 단속이
강화되었다. 국가와 민족을 '부흥재건'해야 할 때, 미래를 책임질 청
소년들에 대한 교육이 당면 과제가 된 것이다. 이는 상당히 모순된
방향으로 전개되기도 했다. 한편으로는 청소년들이 민족국가 건설
의 사명에 이바지하기 위해 품행을 단정히 하고 공부에 주력해야 한
다고 하면서도, 다른 한편으로는 그러한 공부를 통해 획득될 수 있

는 사상을 통제해야 한다고 생각했던 것이다. 즉 국가에 필요한 사상만을 선별적으로 학습케 하고, 정치의식(더 구체적으로는 좌익사상)은 희석케 하려는 전략이었다. 이때의 학생은 국가가 허락한 학업에만 충실하면 되는 존재였다. 그러나 청소년들은 가만히 있지 않았다.

4·19혁명은 물론이고 6·3항쟁 역시 청소년들의 역할이 컸다. 그런 만큼 박정희 정권하에서 청소년의 탈-정치화는 중요한 국가적인 과제가 되었으며, 학생들의 정치 행위를 단속해온 이전 시대의 방식을 확장해가고 있었다. 그런데 이때의 탈-정치화라는 것은 단지 정치에 대한 사유를 금지하는 것만은 아니었다. 외려 '정치적인 것'의 개념을 체제에 순응하는 것으로 바꾸는 효과를 노리고 있었다. 이는 치안과 교육이라는 명분으로 크게 두 가지 차원에서 수행된다.

첫 번째로는 청소년 경찰대 발족이라는 특별정책이 그런 면모를 잘 보여준다. 청소년 선도 문제를 청소년 스스로가 해결케 한다는 취지였다. 선발된 청소년들은 '모범가두직업소년들'로서 이들은 경찰관과 똑같은 복장을 하고, 청소년 범죄 예방이나 무작정 상경한 청소년 보호 등의 풍기 단속에 앞장섰다.[9]

이 자체는 상징적인 것이다. 우선 선발 대상인 가두소년들은 '사회악'에 감염되기 쉬운 존재로 규정된 아이들이었다. 그런 잠재적 범죄자를 미리 정상화-재활하고, 또래의 청소년들을 단속케 했던 것이다. 이는 청소년이란 미래-세대를 국가권력의 꼭두각시로 내세워 그들의 반동 가능성을 사전에 말소하는 조치에 다름 아니었다. 국가가 '힘-폭력'의 지위를 시혜적으로 부여함으로써 규율에 순응하는 것 자체를 권력화하는 효과를 야기하는 전략이었다. 청소년

1972년 1월 28일 청소년 범죄 예방과 무작정 상경한 청소년의 보호 등을 위해 청소년 경찰대가 발족했다. 사진은 서울 청량리경찰서의 청소년 경찰대의 모습.

경찰대는 '선도의 주체'가 아니라 '권력의 문지기'였다.

두 번째로는 재건학교와 새마을 청소년 학교로 대표되는 비정규 교육제도에 있었다. 박정희 체제에서 정규 교육제도는 철저히 국가 주도로 재편된다. 물론 그 재편의 목적은 국가가 지향하는 시책에 합치되고, 국가 건설에 적극적으로 기여하며, 국가사회에 필요한 인재를 양성하는 데 있었다. 이런 상황에서 문제는 학교 바깥의 (불량) 청소년을 통합적으로 관리할 시스템을 마련하는 것이었다. 재건학교는 기본적으로 행정조직과 경제 기반, 교과과정 운영을 통해 기초 교육만으로 근대화를 위한 값싼 인력을 양성하려는 관제사회운동의 일환으로 마련되었다. 하지만 동시에 미진학 청소년들의 비행에 대한 단속과 통제의 역할을 담당하기 위한 것이기도 했다. 재건학교는 청소년 특유의 활기를 체제에 대한 비판으로부터 돌려놓고, 외려 국가의 시혜적인 조치를 통해 그에 순응케 하는 것을 목적으로 한 비정규 교육제도였던 것이다.[10]

이처럼 청소년의 정치 행위는 철저히 단속되어왔다. 정치적 주체로서 청소년이 인정받지 못하는 것은 지금도 전혀 다를 바 없다. 역사교과서 국정화 논란, 무상급식 파동, 학생인권조례 문제 등, 당장 청소년들의 삶과 직결되어 있는 사회적 안건들에서조차 당사자인 청소년들의 의사는 완전히 배제되어 있다. 세월호 참사 이후 여러 학교에서는 청소년들의 정치 행위를 규제하려는 경향이 더 강해진 것도 사실이었다. 뿐만 아니라 18세 선거권 역시 법제화되지 못하고 있다. 청소년의 정치를 불온시하는 자들은 그들의 힘을 체감했던 역사적 경험을 바탕으로, 진보적 의제에 대한 청소년의 접근을 '여전히' 두려워하는 것으로 보인다.

이해를 앞선 금지들, 청소년의 억압된 성

청소년의 성 역시도 사회적으로 철저히 금기시된 영역이다. 청소년의 성은 역사적으로 일관되게 교육과 규제의 대상이었고, 타락과 비행의 제일 표지로 성적 문란이 위치해왔다. 청소년의 성을 재현하는 방식도 마찬가지이다. '미성년자 미혼모' 아니면 '여학생에 대한 집단 성폭력'이 청소년의 성 문제를 대표한다. 건전하거나 유쾌한 성 풍속은 청소년에겐 절대 허용될 수 없는 주제이다.

그러다 보니 청소년 보호를 저해하는 매체의 유해성 여부는 대개 성적 수위에서 결정된다. 외설 도서 및 매체 단속이 이를 가장 잘 보여준다. 언제나 외설매체 단속의 가장 큰 이유는 청소년 풍기문란 조장에 있었다. 이는 청소년의 성을 문란의 지표로만 여기고, 그 밖의 다른 의미화 가능성은 철저히 배제하려는 것으로 볼 수 있다.

청소년의 성에 대한 무조건적인 금지는 현실 사회의 젠더편향성과 쉽게 접속되어 왜곡된 형태로 노출된다. 이는 청소년 사회에 만연한 성 의식이란 게 대체로 여성을 성적으로 대상화하고, 이를 폭력적인 방식으로 향유한다는 것만 보아도 알 수 있다.

가령 청소년의 성에 대한 억압의 결과를 가장 충격적으로 폭로한 (속칭) "빨간마후라" 사건(1997)만 돌아봐도 그 실태를 짐작할 수 있다. 이 사건을 다뤘던 당시 대부분의 언론은 청소년의 문란한 성을 규탄하면서도, 특히 비디오에 등장한 여학생의 과거와 현재에만 집중했다. 폭력의 주체보다는 그 희생자를 대상화했고, 2차 가해를 서슴지 않았다. 청소년의 성을 문제 삼기 전에, 바로 그러한 문제에 접근하는 사회의 젠더편향적인 시선을 우선적으로 되돌아봐야 한다.

빨간마후라 사건과 함께 1990년대에 청소년의 성에 대한 담론을 폭발적으로 촉진한 것은 단연 '원조교제' 담론이었다. 원조교제의 발생 원인은 두 가지 차원으로 파악됐다. 첫째는 돈 문제였다. '주유원'이나 '삐끼'와 비교할 수 없이 큰돈을 벌 수 있는 원조교제는 돈이 필요한 여학생에겐 충분한 유혹의 '알바'가 됐다. 대체로 이런 진단은 구매욕을 자극하는 상업주의와 물질만능주의에 대한 비판으로까지 확장되는 경향이 있었다.[11] 두 번째 원인으로는 일본

1999년 12월 13일 서울 세화여자고등학교에서 열린 서초구 주최 '청소년의 성 윤리' 세미나에서 미혼모 예방 교육을 실시하고 있다.

문화의 영향이 꼽혔다. 그중에서도 일본 만화는 청소년들의 세계에 폭력과 동성애, 원조교제를 알린 해악으로 지목되고는 했다.[12]

하지만 이러한 진단은 청소년 성 문제의 원인을 사회 전반의 풍속으로 추상화하거나, 한국 사회의 바깥으로 돌려버리는 문제가 있었다. 사실 '원조교제'라는 사회적 문제는 청소년에게 자기의 몸과 성에 대한 이해의 가능성을 원천적으로 막아온 오랜 관행에서 비롯된 측면이 더 컸다. 특히 청소년 성 문제는 주로 여학생의 임신, 출산, 낙태, 성매매의 범죄화로만 초점을 두고 다뤄진 측면이 많았다. 다시 말해 청소년의 성 문제란, 대개 '여자' 청소년의 성을 말하며, 더 정확히는 여학생들의 성적 일탈과 방황, 타락의 문제로 비화하기 마련이라는 것이다.

그렇기에 비교적 최근 벌어진 대전 중학생 집단 음란 행위(2017)는 그 역상을 보여주는 것이라 할 수 있다. 해당 시교육청과 학교는 수업 중에 여교사 앞에서 집단적인 수음 행위를 한 남학생들의 행위를 사춘기 시절의 장난 정도로 축소하는 데 급급해 보인다. 하지만 이 사건은 남성의 성욕에 대해(서만) 무한히 관대한 한국 사회의 성 규범이, 자신의 몸과 성에 접근하는 학생들의 그릇된 방식과 접속되어버린 파문에 다름 아니다. 청소년의 성에 대한 욕구와 관심, 호기심을 정확히 이해하려고 노력하되, 이런 문제가 사회적으로 다뤄진 방식 자체에 내재해 있던 젠더 무의식을 바로 살펴야 한다. 금지 이전에 이해를, 온전하면서도 정상적인 성적 주체로서 청소년의 성 문제에 균형 있게 접근해야 하는 것이다.

'보호'에서 '인권'으로, 역사의 주체로서 청소년을 바라보다

이 글을 쓰는 내내, 세월호 참사를 떠올리지 않을 수 없었다. '가만히 있으라'고 했던 어른들의 말이 초래한 결과를 어찌 잊을 수 있겠는가. 그럼에도 청소년들은 금지와 규제 앞에서 가만히 있지만은 않았다. 다만 그들의 말을 애써 무시했던 어른들의 시간이 쌓여왔을 뿐이다. 청소년 문제를 사유한다는 것은 어쩌면 바로 여기서부터 시작될 수 있다. 청소년을 다만 보호받아야 할 대상이 아니라, 역사의 주체로 바로 볼 수 있는 방법을 확보해야 한다. 이는 청소년의 과거와 현재를 과장하지 않고, 그 한계와 가능성을 정확히 파악

할 때 가능할 것이다.

청소년에 관한 논의의 프레임은 '청소년 보호'의 논리로 점철되어 있는 것이 특징이다. 이는 살핀 대로 청소년을 미숙한 존재로 규정하거나, 그들의 탈선 가능성만을 과잉 진단하는 오랜 인식에 토대를 둔다. 하지만 청소년들은 충분히 성숙하고, 강하다. 이는 과거의 청소년들에게만 해당하는 것이 아니다. 세월호 진상 규명이나 국정교과서 반대 시위, 일본군성노예제 문제해결을 위한 수요집회, 참정권 운동, 박근혜 퇴진을 위한 촛불시위, 성폭력 고발 운동 등에서 청소년들은 지금껏 자기의 목소리를 높여왔다. 그렇기에 청소년 문제의 프레임을 '청소년 보호'에서 '청소년 인권'에 관한 담화로 옮겨와야 한다고 생각한다.

청소년들은 시민사회의 정당한 일원으로서 자신들이 누려야 할 권리를 충분히 보장받아야 한다. 한국의 청소년들은 지금껏 연령, 성적, 외모, 가정형편, 가족유형 등을 이유로 차별받았다. 이제 차별의 대상에서 사회적인 평등의 상징으로서 청소년이 표상되어야 한다. 청소년들은 그들 스스로 이미 목소리를 높이며 한국 사회 변혁의 가장 중요한 주체로 부상했다. 이제 법과 제도로써 그에 정확히 답할 차례인 것이다.

잡스러운 것을
허하라,
순수하지 않은 것은
정녕 나쁜가

순수(純粹)를 마다하는 사회가 있겠는가. "전혀 다른 것의 섞임이 없음"과 "사사로운 욕심이나 못된 생각이 없음"이라고 정의되는 순수는 옳고 좋음이라는 사회적 가치를 표상한다. 그런 맥락에서 순수는 보수성의 상징어이기도 하다. 순수를 바라는 만큼 낯설고 잡스러운 것은 환영받지 못한다. 순수가 원체 좋은 말인지라 순수하지 않은 것들은 대개 나쁜 쪽으로 몰린다. 순수가 옳고도 좋다는 게 뭐가 문제겠는가. 다만 순수에 대한 열망이 동일한 크기로 반작용을 일으킬 때 그 열망은 비난을 피하기 어렵다. 즉 순수하지 않다는 이유만으로 의심받고 나쁜 것으로 매도당하는 것이 못마땅할 뿐이다.

순수하지 않은 것, '비순수'란 이런저런 잡스러운 것이 섞여 사사롭거나 못된 것이라는 결론은 형식논리학적으로 타당해 보인다. 순수가 선(善)을 독점했기에 그 반대편에는 나쁜 것만 남을 수밖에 없다. 그러나 이는 매도이자 폭력이다. 순수에 맞선 잡스러움이란 개념상에서만 아니라 사회적 행위에서도 상종 못 할 나쁜 것으로 매도되기 십상이다. 그러니 나쁜 것을 만들고 그것을 금지하는 힘은 순수라는 말에 내재한 음험한 힘이 아니겠는가.

순수라는 신화

순수에 대한 열망과 잡스러움에 대한 금기는 정비례한다. 따지고 보면 순수는 무언가 거창한 말과 짝지어지면서 그 힘이 더 커진

듯하다. 민족의 순수성, 순수문학, 순수예술, 순수한 애국심 등등은 인간의 사회적 행위에 순수라는 극상의 가치가 부여된 것들이다. 이런 가치들은 명확한 실체로 드러나기보다는 비순수에 대한 반대급부를 통해 부정적으로 표상되는 경우가 많다. 예술에서 순수성 개념을 규정하기는 거의 불가능하지만, 상업적으로 성공한 예술작품을 순수하지 않다고 말함으로써 비로소 순수성이 짐작되는 구조 말이다. 순수로부터 낙폭이 크면 클수록 매도의 힘은 커지고 어이없이 폭력적으로 변해간다. 특히 보수라는 이름으로 순수와 선을 특정 지점에 포박할 때 순수는 결국 신화가 된다. 순수성의 신화가 가장 잘 발현된 곳이 '민족'이라는 개념 공간이다. '단일민족'이라는 말에서 보듯이 우리는 민족의 순수성이 존재한다고 믿었고 이를 지키려는 의지가 보수성의 기원 중 하나가 되었다. 그러나 민족의 내부에 말 그대로의 순수, 즉 선하고 잡스러운 것이 섞이지 않는 공간이 있을까.

민족의 순수성이 실재한다는 신화가 정치를 지배할 때 어떤 일이 벌어졌는지는 지난 세기의 역사를 돌이켜 보면 된다. 우리 민족의 정체성과도 긴밀히 연결된 식민 지배와 세계대전의 끔찍함에는 민족의 순수성을 표방한 논리의 헛됨이 포함되어 있다. 홀로코스트를 저지른 나치의 파시즘에는 독일 민족의 순수성이라는 상상력이 중요한 매개가 되었으며,[1] 일본 제국주의 또한 민족의 순수성을 프로파간다로 적실하게 활용했다. '만세일계(萬世一系)'[2]라는 순수성의 신화는 제국의 한복판에서 식민 지배를 정당화하는 논리로 작동했다. 그러나 제국이 위기를 겪고 식민지인의 희생을 강요할 때 어이없게도 '일선동조론(日鮮同祖論)'을 들이민 것 또한 순수성의 신화이다.

식민지가 끝나고도 이 신화는 여전히 힘을 발휘한다. 식민 지배 구조가 한국 내에서 재현되면서 순수성을 기화로 한 억압 체제가 구축되었기 때문이다. 특히 문화의 장에서 이 순수성을 검증하려 할 때, 이 신화는 더욱 극성맞다. 상업적 이익이나 정치 이념에서 자유로울 때에만 순수하다는 믿음은 신화의 핵심을 이룬다. 보수적 세계관은 문화를 초월적인 고귀한 정신으로 고양시키고 순수한 문화가 존재한다고 강조해왔다. 이에 따라 전체 삶에서 문화를 분리함으로써 일상과 동떨어진 진공 상태의 결정(結晶)을 상정하는 논리가 생긴 것이다.

그러나 여기에는 의문이 따라붙는다. 문화는 왜 순수해야 하는가, 혹은 순수할 수 있을까. 진보의 가치가 외면받아온 한국 사회에서 대답은 뻔하다. 그래도 현실 문화의 몇몇 장면들을 되새기면서 따져보고 싶다. 순수하지 않은 것은 정말 나쁜가.

낯선 것이 주목받을 때

아무리 보수적인 사회라 해도 가끔은 깜짝 놀랄 만한 현상이 불거져 나올 때가 있다. 지난 세기말 대중문화 전반에 펼쳐진 새로운 상상력이 한 예이다. 천 년의 단위가 바뀌는 '꺾이는 해'이니만치 세기말적인 상상력과 새 세기에 대한 낙관이 한데 어우러져 전에 없던 양식들이 튀어나왔고, 그런 것들이 큰 저항 없이 대중문화의 전면에 등장했다. 박진영이 비닐바지를 입고 화보를 촬영했고, 금속성의 사이버펑크가 유행했던 때가 이때다. 이 비범한 스타일을 견딘 것은 아무래도 새천년이라는 기대에 사람들의 마음도 조금 누그러졌기 때문이 아닐까.

낯선 것이 융숭한 대접을 받을 때는 나름의 사정이 있다. 1960년대 들어 뜻밖의 주목을 받은 추상미술이 그러한데, 추상미술의 난해성이 시대의 부름을 받은 데에는 권력의 응원이 한몫했다. 군사정권이 내세운 개혁성과 추상미술의 급진성이 잘 맞아떨어진 것이다. 이런 사정으로 추상미술은 오랫동안 한국 미술의 주류로 자리 잡았다. 그러나 권력과 가까운 거리로 인해 추상미술의 전위성과 진보성은 1960년대 이후 새로운 보수성의 상징으로 떨어지고 만다.[3]

예술과 권력의 부적절한 관계는 항상 아이러니로 끝난다. 권력은 필요에 따라 예술을 활용하다가도 입맛에 맞지 않으면 언제라도 가차 없이 팽개친다. 군사정권이 예술 그 자체에 무관심했다는 사실은 1970년대 이후 전위예술에 가해진 집요한 탄압에서도 알 수 있다. '제4집단*과 같은 일군의 전위예술가들은 얼토당토않은 꼬투리를 잡혀 퇴폐라는 이름으로 철창신세를 지기 일쑤였으니, 권력이 보증해준 전위성의 시효는 믿을 게 못 된다.

문제는 승인받지 못한 낯선 양식은 금기가 된다는 점이다. 백남

---

* 김구림, 정찬승, 손일광, 정강자, 방거지, 김벌래 등 다양한 분야의 예술가들이 참여해 만든 전위예술 집단. 1970년 6월 20일 을지로 소림다방에서 인간해방과 한국문화의 독립을 선언하며 창단했다.

전위예술가 모임인 '제4집단'은 1970년 광복절에 문화의 독립을 외치며 '기성 문화예술인의 장례식' 퍼포먼스를 벌였다. 하지만 도로교통법 위반으로 경찰에 연행되며 퍼포먼스는 중단됐다. 사진은 당시 주간지 『선데이서울』이 '관 메고 예술하니 경관이 웃기지 마'라는 제목으로 다룬 기사.

준과 그의 예술에 대한 변덕스러운 관심은 이 점에서 눈여겨볼 만하다. 백남준이 추구한 전위성, 혹은 기괴함은 그의 본질과 무관하게 환영과 금기의 극단을 오갔다. 지금은 현대예술의 영웅으로 인정받지만 첫 등장부터 그의 예술은 예의 전위예술처럼 배제와 금기, 그리고 오해의 대상이었다. 그의 예술은 베토벤이나 고흐 같은 '클래식'이 아니었기 때문이었다. 정통 클래식이 우리 삶에 얼마나 긴밀한지는 아무도 묻지 않았지만, 카퍼레이드나 가두의 환영 인파가 백남준에게는 해당되지 않는다는 것만은 분명했다. 그런 건 적어도 차이콥스키 콩쿠르 2등상 정도나 되어야 가당한 법이었다.[4]

백남준의 성취는 그때나 지금이나 클래식, 혹은 정전(正典)이라는 개념과는 어울리지 않는다. 그는 오히려 고정관념으로 박혀 있

는 정전의 아성을 깨고, 온갖 잡스러움을 한데 어울려 놓은 파격에
서 예술의 본질적 가치를 재구축하려 했다는 것을, 이제는 많은 사
람들이 수긍한다. 그가 세상을 떠났을 때 동료들에 의해 치러진 '웃
음 장례식'은 백남준의 본질이, 그 잡스러움 속에서 사유가 빛을 발
한다는 사실을 인정한 것이다. 그러나 백남준의 예술은 한국에 당
도하여서는 덜 예술적인 요구와 부딪혔다. 도전적인 예술과 정치적
요구가 만났다 헤어지는 장면은 백남준의 경우를 통해 볼 수 있다.
1960~1970년대 그의 이름은 신문의 문화면보다 사회면, 그중에서
도 해외토픽란에 좀 더 자주 등장했는데, 전위예술 집단인 플럭서
스의 일원으로 벌인 일련의 행위예술에 대한 풍문이 '알몸연주', '철
창신세' 등등의 호기심 어린 시선과 더불어 조금씩 알려진 게 전부
였다.

그랬던 그가 극적으로 귀향한 것은 1984년이었다. 88올림픽 기
념 문화행사의 하나로 〈굿모닝 미스터 오웰〉이라는 '비디오전(展)'
이 예정되었다는 소식과 더불어 전 세계를 위성으로 연결하는 '우
주쇼'를 예고한 신정 연휴 TV 프로그램 안내를 통해 백남준이라는
이름이 대중에게 처음 알려졌다.

"전위 모른다고 무식인가" 낯선 손님, 백남준

많은 이들이 화려한 버라이어티 쇼를 기대하며 새벽까지 뜬눈으
로 기다렸다. 그러나 막상 〈굿모닝 미스터 오웰〉을 보고는 어리둥절

할 수밖에 없었다. 등장인물은 유명 연예인보다 존 케이지, 머스 커닝햄 같은 전위예술가들이 주를 이루었고, 퍼포먼스가 연출하는 이미지들은 뜻하는 바를 짐작하기도 쉽지 않을 만큼 난해했다. 게다가 쇼의 호스트라 생각했던 백남준은 얼굴조차 제대로 내비치지 않았으니, '백남준'도 '우주쇼'도 낯선 경험으로만 남을 뿐이었다. 유럽과 미국을 연결하는 위성 신호를 한국에도 생중계로 전달했지만, 대중들에게 이처럼 강렬한 예술적 실험을 소화시키라고 강요할 수는 없었다.

백남준의 도전은 대중성에 대한 도전이기도 했을 터, "전위 모른다고 무식인가"[5]라는 볼멘소리가 아마 가장 솔직한 심정이었을 것이다. 그럼에도 백남준이 신년벽두 안방극장을 차지한 데에는 올림픽을 앞두고 세계적인 문화 이벤트에 목말랐던 한국의 사정이 있었기 때문이다. 그의 비디오 아트의 맥락과 의미를 명확하게 받아들이기는 힘들었지만, 어쨌든 백남준을 통해 한국의 이미지와 예술의 천재성을 세계에 과시했다는 자찬만은 가능했다.[6]

이후 백남준의 비디오 아트는 한국과 두 번 더 만났다. 86아시안게임을 기념하여 〈바이 바이 키플링〉을, 88올림픽을 목전에 두고서는 〈손에 손 잡고〉를 공연했다. 그러나 평가는 엇갈렸다. 〈바이 바이 키플링〉은 내용 절반이 한국을 널리 알리는 데 쓰였다고 기뻐한 쪽도 있었지만,[7] 한편에서는 미국과 일본에 비해 한국을 소개하는 이미지가 초라하다는 이유로 '예술을 내세운 일본 선전쇼', '미일 양국잔치'로 폄하하고, 백남준 신화는 깨어졌느니, 상상력의 한계를 드러냈느니 하며 비난했다.[8] 한미일 공동 제작이라고는 했지

기존의 가치와 거리가 멀거나, 낯선 것일수록 순수하지 않으며 나쁜 것이라는 순수성의 신화가 한국에서는 아직 큰 힘을 지니고 있다. 그러나 삶을 재현하는 문화와 예술은 결국 인간의 그 삶만큼이나 다양하고 잡스러울 수밖에 없다. '순수'라는 내용, 형식에 가두기에는 불가능하다는 의미다. 잡스러운 것들이 분방하게 펼쳐질 때 삶도 문화도 더 다채로울 것이다. 사진은 기존 가치에 도전한 전위예술가로 세계적 주목을 받은 백남준(1932~2006)의 비디오 아트 작품 〈굿모닝 미스터 오웰〉이 백남준아트센터에 전시된 장면이다.

만 한국은 생방송에 참여하지 못한 탓에 황병기, 정경화 등의 모습만 간간이 삽입되었다. 사카모토 류이치 같은 일급의 창작자가 참여한 일본과 달리 푸닥거리나 남대문 시장 상인의 호객 행위가 한국의 본모습처럼 그려지는 걸 보고 억하심정을 갖는 건 당연한 일일지 모른다. 그러나 작품 전체의 판단의 기준점을 예술성으로 되돌린 언론의 태도는 적잖이 의아스럽다. 내용이 마음에 들지 않는

---

* 한국의 어린이 민속무용 및 합창단. 1962년 한국문화재단이 한국의 전통예술을 세계에 알리려는 목적으로 창단했다. 단원은 8~14세의 소녀들로, 정기적으로 해외 순회공연을 다녔다.

다고 예술의 순수성을 거론한 것은 비디오 아트 열풍이 결국 허상임을 실토한 것에 지나지 않기 때문이다.

세 번째 공연은 사정이 더욱 나빴다. 전작의 비난을 고려한 탓인지 〈손에 손 잡고〉에는 한국인이 좋아할 만한 이미지가 더욱 풍성하게 담겼다. 그러자 이번엔 외국의 반응이 시큰둥했다. 리틀엔젤스*와 같은 한국 선전이 너무 많았다는 『뉴욕타임스』의 혹평은 특히 뼈저렸다.[9] 세 번째는 공연은 백남준이 한국에서 부닥친 위기를 명확히 보여준 셈이다.

애초부터 백남준의 전위성은 한국의 기대와는 무관한 것이었다. 사람들은 올림픽에 버금가는 고전적인 의미의 예술성을 바랐지만 비디오 아트의 목표는 그런 예술성에 대한 도전에 있었다. 20세기 '물질문명'의 총아인 텔레비전 속에 온갖 잡다한 일상들을 융해시켜 혼란스러운 이미지를 만드는 것이 비디오 아트의 외양이다. 이를 통해 한민족의 뛰어난 예술성을 과시하려는 시도는 성립되기 어렵다. 그렇게 믿어 의심치 않는 순수예술의 정수를 찬란히 드러내는 건 더 말도 안 되는 일이다. 백남준은 예술은 사기이고 장사라고 말했다. 어느 인터뷰에서는 "원래 예술이란 반이 속이고 속는 사기다. 사기 중 고등 사기다. 대중을 얼떨떨하게 만드는 게 예술이다"[10]라고도 말했는데, 이 말은 비디오 아트의 본질을 대변하는 동시에 한국에서 통용되는 예술의 순수성을 들여다보게 하는 거울의 역할을 한다.

순수성은 어디 있는가

　20세기 후반 새로운 문화적 도전 속에서도 순수성에 대한 기대는 변함없었다. 한국에서 문학은 순수성의 신화가 유독 오래 지속된 장이었다. 식민지 시기부터 문학사의 중요한 장면마다 순수문학 논쟁은 반복적으로 등장했는데, 1960년대 순수·참여 논쟁이 대표적인 사례이다. 참여문학을 프롤레타리아 혁명 세력으로 매도한 순수문학 측의 확신에 찬 태도와 순수라는 개념의 명징성은 반비례했다. 논쟁이 격해질수록 문학의 순수성은 더욱 불분명해졌다. 문학작품이란 기껏해야 불쏘시개 정도의 쓰임새밖에 없는 헛수고에 지나지 않는다는 궤변 말고는 순수성을 실증할 방도를 찾기는 어려운 형편이었다. 그럼에도 비순수라는 비난은 언제 어디서든 가능했다. 상업성과 선정성은 핵심 근거였다. 안으로는 성적인 것을 다루지 말라고 하며, 밖으로는 잘 팔리면 순수성이 의심스럽다 말한다. 비순수를 벗어나 예술의 순수성이 존재한다면 이를 보증하는 것은 무엇일까. 노벨 문학상 정도면 믿을 만할까?

　아닌 게 아니라 노벨 문학상이 실제로 그런 역할을 했다. 일본문화의 '색(色)'을 강조한 야나기 무네요시(柳宗悅)에 기대어 일본문화를 색정(色情)의 왜색문화로 규정하고 이에 따라 일본문학은 본질적으로 저급한 통속문학, 색정문학일 뿐이라고 단정하는 놀라운 비약이 먹혀들었던 때가 1960년대였다.[11] 즉 일본문학은 세계문학이라는 예술의 보편성에 다다르지 못했단 얘기다. 그러던 중 1968년 가와바타 야스나리(川端康成)가 노벨 문학상을 수상하자 일본문학을

2013년 7월 일본 작가 무라카미 하루키의 새 장편소설 『색채가 없는 다자키 쓰쿠루와 그가 순례를 떠난 해』가 발매되자 책을 사기 위해 서울 광화문 교보문고에 독자들이 줄지어 서 있다.

부정하던 이들은 혼란에 빠질 수밖에 없었다. '좋은 문학'에 한정하여 일본문학을 받아들인다는 절충론을 내었지만 지금껏 예술의 순수성을 뒷받침한 무논리성은 달리 수습되지 않았다. 한국에서 일본문학은 능동적인 발의가 아니라 노벨 문학상이라는 국제적 공인에 승복하면서 예술적 시민권을 얻은 셈이었다.[12]

그 후로도 이런 사정은 나아지지 않은 듯하다. 1990년대 이후 한국에서 무라카미 하루키(村上春樹)의 열풍이 일었을 때 문단의 일반적인 평가는 지극히 부정적이었다. '상업적', '통속적', '선정적' 등등 온갖 나쁜 수식어는 다 등장했고, 심지어는 음담패설이라고도 말했다. 그리고 나서 무라카미 하루키의 작품은 '문학의 이상에서 동떨어진 '하급문학'이라 결론 내렸다.[13] 엄밀히 말해 『노르웨이의 숲』 같은 소설을 쓰고 읽는 행위는 순수하게 문학적인 것이 아니라 일시적 유행 현상이라는 것이다.

그러나 이런 판단은 조만간 수정되어야 할지 모르겠다. 21세기 들어 무라카미 하루키는 유럽 유수의 문학상을 수상했고 이제 해마다 노벨 문학상의 유력 후보로 거론되기 때문이다. 그가 노벨상은 받는다면 우리가 믿고 있던 '문학적 이상'은 또다시 갱신될 것이다. 물론 타의에 의해서 말이다.

얼마 전 세상을 떠난 마광수 선생의 억울함도 하루키 못지않을 것이다. 성은 점잖은 문학에서 오랜 금기의 대상이다. 그는 그 금기로부터 우리의 육체를 해방시키려 했다. 그는 극단적으로 자유로운 사랑을 강조하면서 그곳에 불륜이란 없다고 했다. 그리고 육체적 쾌락의 본의는 정신의 민주화에 있다고도 했다.[14] 그의 말을 곧이곧대로 실천하기는 어려울 것이다. 그러나 비난하기에 앞서 그의 주장이 우리 사회에 어떤 해를 끼쳤는지부터 살펴야 하지 않을까. 특히 문학에서 교양주의에 맞서 금기에 도전하라는 그의 주장이[15] 한국 문학을 노벨상으로부터 더 멀어지게 했던가. 이런 물음도 없이 그는 천하고 순수하지 못하다고 매도당했다. 그의 잡스러움이 해를 끼친 (끼칠지도 모를) 순수성의 정체란 도대체 무엇일까. 혹시 그런 순수성이란 존재하지 않기에 그를 더 못살게 군 것은 아닐까.

우동은 우동

순수가 좋다지만 순수하지 않다고 나쁜 것은 아니다. 특히 잡스러운 현실이 녹아든 대중의 문화는 그 나름의 의미와 역할이 있다. 굳이 순수를 내세워 잡스러운 것을 없애려면 정치적 정당성 말고도 현실적인 타당성을 고려해야 한다. 순수하지 않아서 나쁜 것인지, 순화하여 무엇을 얻을 것인지를 따져야 한다. 이런 관점에서 마지막으로 우리의 언어를 생각한다.

해방 이후 일관성을 유지한 몇 안 되는 정책 중 하나가 '국어순화' 정책이다. 식민지 적폐를 청산하기 위해 순화 대상으로 첫손에 꼽은 것이 우리의 언어, 즉 '국어'였다. 1949년 한글날을 맞아 한글학회는 일상의 일본어를 대체할 순화어 목록을 발표했다. 음식의 경우 덴푸라는 튀김, 스시는 초밥, 오야코동는 고기알덮밥으로 순화했으며, 취급소를 다룸곳, 노점은 한뎃가게, 출구는 날목, 간판을 보람판 등으로 바꿔 순우리말의 존재를 강조했다.[16] 이때 제시된 순화어 중에 튀김이나 덮밥처럼 성공적인 사례도 있지만 실패한 경우도 많다. 일례로 우동의 순화어인 가락국수는 오랜 노력에도 끝내 우동을 대신하지 못했다. 우동은 개념과 실체에서 우동 그 자체로 자리매김했지만 가락국수는 대전역의 명물 정도로만 남겨졌다. 언중(言衆)이 그 대상을 명확히 인지하고 일반적인 소통을 위해 쓰는 기호로 쓰는 단어를 인위적으로 바꾸기는 무척 힘든 일이다.

그런데 가락국수는 완전히 사라진 게 아니다. 대전역이 아니라 국립국어원 정책과 심의 속에 살아남아서 아직도 힘을 쓰고 있다.

박명수, 제시카가 부른 〈냉면〉의 뒤를 잇는 노래로 〈우동〉이 만들어졌지만, 우동의 순화어로 가락국수가 명시되어 있어 심의를 통과하지 못할 것을 걱정해 끝내 방송심의를 포기했다고 한다. 그 바람에 〈우동〉은 방송에서 들을 수 없는 비운의 노래가 되었다.[17] 우동보다 가락국수가 더 낯설게 느껴지는 지금에도 가락국수는 공식적으로 우동을 압도한다. 순화어란 것은 참으로 힘이 세다.

여느 문화처럼 언어도 다양한 기원을 가진다. 외래의 것이든, 변형된 것이든 여러 기원에서 출발한 말들은 사람들의 쓰임을 거쳐 '국어'라는 전체에 도달한다. 온라인에서 발생한 온갖 잡다한 말들도 그 잡스러움을 유지한 채 자연스럽게 하나의 언어로 자리 잡을 것임을 의심할 필요는 없다. '통신체'에서 나온 신조어나 '외계어', '야민정음' 같은 파자(破字)놀이를 언어 파괴, 국어 오염의 주범으로 여기지만 크게 걱정할 것은 아니라고 생각한다. 이런 비순수한 언어들도 결국은 사람들의 언어적 행위를 통해 자연스럽게 우리 삶 속에서 언어로서 제 역할을 할 것이기 때문이다. 유용하고 합당한 것은 남을 것이고, 재미 삼아 만든 것은 유행 따라 사라진다고 장담해도 좋다. '아햏햏'라는 유행어나 귀여니의 문체와 기호가 추억거리에 속한다면 말이다.

이런 현실을 무시하고 순수성을 강제할 수 있을까. 앞서 말했듯이 순수성이 무엇인지 명확히 말할 수 있기는 한 것인가. 국어순화를 주제로 한 공익광고는 몇 해마다 꼬박꼬박 등장하는 것 같다. 찰스가 아니라 철수라면 국산을 고르라고 하는 상업광고도 있었다. 이런 캠페인은 순수한 우리 것을 지키라고만 하지, 아름답지 않은 우리말과 현실적인 신조어 중에서 어떤 것이 옳은지는 말해주지 않는다. 낯선 언어들이 한국의 순수성을 얼마나 파괴했는지도 알 수 없다.

삶을 재현하는 문화와 예술은 그 삶만큼 다양하고 잡스럽다. 이를 하나의 순수한 내용과 형식 속에 가두기는 불가능하다. 대중의 문화는 삶에서 마주치는 다양한 가치들이 중층적으로 쌓여 형성되기에 예술성이 발생하는 순간은 매번 다르다. 그러니 순수와 비순수를 가르는 것은 불가능할뿐더러 비순수를 금기시하는 판단은 폭력에 가깝다. 어느 비평가는 예술이 발생하는 그 순간을 '뽕 기운'이 한마디로 정리한 적이 있다.[18] 삶에서 뿜어져 나온 온갖 잡다한 것들이 한순간 창조적으로 융합하는 순간이 바로 '뽕'이다. 여기에 순수와 비순수의 경계가 무슨 의미가 있겠는가. 잡다한 것들이 뽕 기운처럼 분방하게 펼쳐질 때 삶도 문화도 더 다채로운 색을 띨 것이다. 그러니 부디 잡스러운 것들을 소중하게 받들길 기원한다.

불황의 그늘에서
피어나는 '요행 심리'
노름꾼의 욕망

"도박이란 운명과의 백병전이다."

프랑스 작가 아나톨 프랑스의 말이다. 자신의 운을 시험하는 자들의 쾌락을 적확히 묘사하고 있다. 도박은 무한한 기대를 주는 만큼, 상실에의 공포도 선사한다. 바로 이 위험에 대한 매혹이 사람들을 도박에 도취시킨다. 두려움과 희망으로 가득 찬 전 생애를 한순간에 맛보게 하는 전쟁 같은 경험은 결코 평범한 쾌락일 수 없다. 도박은 '쾌락의 운명'이자, '운명의 시험대'이다.

물론 도박에의 매혹은 낭만적인 일만은 아니다. 반대로 주어진 현실을 요행으로 맞서야만 하는 사람들의 비참도 있다. 일한 만큼 벌어서는 현재의 문제를 해결할 수 없는 자들은 '행운'을 바라야만 한다. 그러나 눈앞의 행운은 대체로 불운으로 밝혀진다. 삶이 탕진되는 건 그 순간부터다. 도박 빚으로 목숨을 끊은 사람들도 갈수록 많아진다. 도박이 개인적인 차원의 문제로 다뤄질 수 없는 이유가 여기 있다. 도박은 경제 불황이나 실업률, 사회적인 불평등, 노동의 현실 등과 결코 무관하지 않다. 도박의 문화사는 해당 사회의 실태를 보고한다.

도박의 사회화

도박은 본래 종교 의식이나 신명재판*에서 비롯되었으나, 근대 이후에는 여가 시간에 행하는 대표적인 오락으로 자리매김했다. 그러나 도박은 단순히 놀이일 수만은 없는 속성도 내재하고 있다. 가령 도박은 우연에 기대는 만큼 인간 고유의 사행심을 부추긴다. 더욱이 도박에 참여하기 위해서는 돈과 재물이 소용되기에, 개인 파산의 위험을 항상 잠재하고 있기도 하다. 따라서 도박은 국가와 사회의 관리를 받아야 하는 것으로 여겨졌다. 이때의 관리란 단순히 규제만을 의미하지 않는다. 오히려 국가가 허용 혹은 장려(?)하는 도박의 종류가 선별되고 있다는 사실을 살펴야만 한다. '도박의 사회화'란 한편으론 그에 대한 법적 제재를 의미하지만, 다른 한편으로는 국가 주도의 산업화를 뜻하기도 한다.

현재 한국 사회에서 도박은 형법 제23장(도박과 복표에 관한 죄)에 의해 규율되고 있다. 그런데 이 조항에는 도박에 대한 법적 정의가 내려져 있지 않다. 다만 도박과 상습도박, 도박장 개설 및 무단 복표(복권) 발행을 한 자에 대한 징계 수위와 함께, '일시오락의 경우는 제외한다'는 모호한 예외 규정만 덧붙여 있다. '일시오락'을 제외한다는 것은 도박이란 기본적으로 상시적이며(그렇기에 중독 가능성이 있으며), 오락의 순기능을 초과하는 과잉 행위임을 암시한다. 물론 이때의 과잉이란 도박에 열중하는 정신적인 과몰입 상태를 말하는 동시에 거기에 소용되는 물리적인 과잉(돈과 시간, 육체) 가능성을 함의한다. 그럼에도 이러한 규정은 매우 모호한 것이며, 이는 도박 행위의 불법성 여부를 판별하기가 쉽지 않다는 것을 의미한다. 다시 말해 어디까지가 놀이이자 오락이고 어디서부터가 범죄인지 판단하기 어렵다

---

* 피고에게 육체적 고통이나 시련을 받게 한 뒤 그 결과에 따라 죄의 유무를 판단하는 중세 시대의 재판 방법. 재판의 결과를 신이 밝혀줄 것이라는 뜻에서 신명재판(神明裁判)이라 부른다. 시련재판(試鍊裁判: trial by ordeal)이라고도 한다.

는 것이다. 따라서 도박에 대한 규제는 법적 판단의 엄밀성에만 입각하여 다스려질 수 없었다. 그보다는 도박의 해악을 이해하는 사회의 인식 수준에서 관리되었다고 보는 편이 더 옳을 것이다.

풍속과 노동, 도박을 금지한 이유들

도박이 금지된 이유는 무엇이었나? 흔히 도박은 인간의 사행심을 조장하여 공공의 윤리와 질서를 해하는 행위로 인식되고 있다. 하지만 '공공질서의 수호'라는 당위적인 목표만으로는 도박 규제의 정당성을 확보할 수 없었다. 따라서 문제는 도박의 해악에 대한 상식적인 수준에서의 이해를, 해당 사회의 당대적 요구와 접목하여 제재 근거를 마련하는 것이었다. 법적 처벌에 앞서, 도박을 금지해야 하는 사회적인 이유가 필요했던 것이다.

식민지 시기 도박에 대한 규제는 주로 조선 사회의 근대화(및 문명화)의 관점에서 시행되었다. 특히 농촌진흥운동의 차원에서 도박은 척결 대상으로 부상했다. 이때 '도박 금지'는 '미신 타파', '고무신 폐지', '절연절주' 등과 함께 '구악습 폐지'의 주요 구호가 된다. 그러다 보니, 도박으로 인한 농촌 사회의 갈등이 세대 문제로 비화하기도 했다. 예를 들어 1925년 1월 안산 동신리에서는 "어른들이 도박을 예사로 하여, 못된 풍기가 가득하기에", 소년들이 "분기"하여 소년회를 조직, 직접 제재한 사건이 있었다. 이때 동리의 어른들은 크게 노했다고 하지만, 이를 보도한 언론은 그들에게 냉담할 뿐이었다.[1] 오

히려 언론을 비롯한 사회단체에서는 농촌진흥운동을 주도하는 청
년회 및 종교회 등과 모범농촌 조사 사업을 실시하기도 했다. 도박
척결은 평가의 주요 지표가 됐다. 도박은 '소비생활의 정돈'과 '생산
의 증진'에도 위배되며, '농경 풍기의 조성'에도 해가 된다는 이유에
서였다.[2]

   당시 가장 성행하던 도박은 단연 마작이었다. 주지하다시피 마
작은 보통 네 사람이 상아나 골재에 대쪽을 붙인 136개의 패를 가
지고 여러 모양으로 짝짓기를 하여 승패를 겨루는 도박이다. 당시
마작은 조선 전역에서 유행이었고, 다양한 계층과 계급의 사람들이
즐겼던 것으로 보인다. "마작 구락부"에 가면, "별별 사람"이 다 있
는데, '학교 교장', '기독교 청년회 간부', '경찰서 고등계원', '중추원
족락', '은행 지점장', '회사 중역', '경성부 협의원', '경성제대 학생들
과 룸펜' 등이 무리를 이뤄 그것에 열중한다는 것이었다.[3]

   그러다 보니, "마작은 망국의 근원"이며, "자기의 일신을 망쳐"놓
고, 크게는 "민족을 그릇치는 폐단"이라 "마작군을 박멸해야 한다"
는 류의 사회적인 캠페인이 성행했다.[4] 마작으로 대표되는 도박은
풍기문란에 해당하면서도, 노동 이데올로기를 위반하는 행위였기
에 개인 차원의 문제라기보다는 사회적인 과제로 부상할 수 있었던
것이다. 다음은 마작의 유해를 논하고 있는 당시 논설의 일부이다.

     1. 마작은 그것을 하는 시간이 넘우도 길어서 밤을 밝히는
       것.

     2. 마작은 하는 도구, 하는 장소, 내기 등 비용이 만히 드

는 것.

3. 마작은 지식을 증진식히지 못하고 정신을 혼탁케 하는
것.

4. 마작은 하는 사람의 억개를 졸나매고 가슴을 좁게 해서
호연한 원기를 도리혀 말살식히고 돈내기, 담배내기로
승부를 결하는 것이여서 순전한 도박성을 가진 것.

5. 마작은 풍기를 해하고 범죄를 양성할지언정 교화는 결
코 못되는 것, 등이다.[5]

위의 글은 노동 사회에서 오락이 필요하다는 사실을 전제로 하
고 있는 내용임을 우선 짚어둘 필요가 있다. 이때 오락의 기능이 긍
정되는 이유는 철저히 노동의 관점에서 그렇다는 것이 중요하다.
즉, 식민지 조선이 근대의 노동 사회에 진입했어도, 인간이 기계가
아닌 이상 오락을 통해 '일의 권태'로부터 벗어나 "사업에 대한 용
기"와 "작업 능률"을 향상시킬 수 있다는 논리였다. 하지만 마작은
결코 오락일 수 없었다. 그 이유로 적시된 위의 항목들 역시, (다만 풍
속 문제가 아닌) 노동의 관점에서 제기되고 있는 것으로 봐야 한다. 이
를 테면, 마작에 소용되는 시간이 너무 길다는 것은 정신적-육체적
인 피로로 인해 노동의 효율과 능률에 반하는 결과가 초래된다는
이유로 문제가 된 것이었다. 또한 마작에 과하게 부과되는 비용 역
시, 철저히 '생산 없는 소비'이자 '돈의 탕진'이기에 부정되고 있다.
아울러 마작으로 인해 얻는 돈과 담배는 '노동의 대가'가 아니었기
에 정당화될 수 없었다. 결국 마작은 '노동의 재생산'에 기여하지 않

1992년 1월 경찰에 붙잡혀 온 도박단.

는 행위이기에 사회적으로 유해한 도박으로 규정됐던 것이다.

도박은 근대화 프로젝트에서 단연 금지되어야 할 행위로 여겨진다. 이는 (살핀 대로) 풍속 개량의 차원에서만이 아니라, 노동의 관점에서도 마찬가지이다. '풍속'과 '노동'은 도박을 규율하는 대표적인 가치의 척도이다. 하지만 이 두 가지의 척도에 대한 강조는 시대에 따라 변화했다. 해방 이후, 한국전쟁 시기에 군의 풍기 확립 차원에서 도박이 단속된 적도 있지만, 그보다는 노동의 관점에서 도박이 금기시된 측면이 더 커졌다. 이는 한국 사회가 급속도로 산업화되고, 노동 이데올로기가 지배적인 가치가 되면서 이미 예견된 일이었다. 도박은 근본적으로 노동을 배반하는 행위이기 때문이다.

도박을 사회화해야 한다는 과제가 크게 부상한 것은 역시 박정희 정권에서였다. 이 시기는 상습 도박단에 대한 단속이 가장 강했던 때이다. 도박은 '벼락부자를 노리는 사행성 행위'로, '근면하고 검소해야 할 국민의 정신'을 '좀먹는 퇴폐'로 규정되었다. 이는 정당한 근로에 의하지 않은 재물의 취득이 경제에 관한 건전한 도덕을 해한다는 명분에 의해 뒷받침될 수 있었다.[6] 이 역시 정권 차원에서의 개발주의와 국가주의가 노동 이데올로기를 강화하면서, 도박을 금기시한 것이었다. 하지만 도박의 사회화란 단순한 제재만을 의미하지 않는다. 오히려 도박을 산업화하고, 이를 국가 경제의 보탬이 되게 하는 방향에서 허용해야 한다는 주장이 제기되었다. 도박에 대한 국가의 독점이 시작된 것이다.

복권과 카지노, 합법적 도박과 공공복리

도박의 산업화, 흔히 사행산업이라고도 하는 일이 국가에 의해 본격적으로 추진된 것도 박정희 정권에서였다. 도박에 대한 단속을 강화하면서도, 당시 정권은 좀처럼 제어되지 않는 노름꾼들의 욕망에서 '돈의 냄새'를 맡은 것이다. 1969년 3월, 당시 재무부는 국민복권의 발행을 추진한다. 국민복권발행위원회를 사단법인으로 창설하고, 매달 세 번씩, 각각 1억 원, 연간 36억 원을 발행한다는 계획이었다. 물론 이전 시기에도 복권이 없진 않았지만, 정기적인 발행을 기획한 것은 이때가 처음이었다. 추진의 이유는 이러했다. (1) 사회사업 자금과 서민주택·학교 건립, 방위 지원을 위한 기금 마련

도박

(2)국민의 사행심을 공익사업에 대한 참여의식으로 전환 (3)세계적 추세. 그러나 국민복권에 대한 반발이 극심했다. 정계에서는 건전한 국민성을 흐리게 하고, 국민교육헌장에 먹칠하는 파렴치한 계획이라는 비난이 있었다. 사회적으로도 공공복리의 이름으로 민간에 의해 사행성이 조장될 우려가 있다는 목소리가 높아졌다.[7]

그러다 보니, 정부에서는 국민복권의 발행을 취소하고, 주택복권을 발행하는 것으로 방향을 선회했다. 주택복권을 통해 서민주택 건설 기금을 마련하겠다는 것이었다. 이 조치에는 복금 최고액을 오백만 원에서 삼백만 원으로 내려, 사행심 조장을 완화하는 방안도 포함되어 있었다.[8] 그리고 같은 해 9월, 주택복권이 서울 시내에서 처음 발매된다. 복권의 1호 당첨자인 과자 상인(1등)과 보일러공(2등)의 '행운'이 대서특필되기도 했다.[9]

복권은 개인 차원에서는 오락이면서도 기분전환이 가능한 소소한 게임으로 기능한다. 동시에 서민에게는 '인생 역전'의 상상을 가능케 하는 물질적인 근거가 되기도 한다. 복권 1등 당첨자가 우리 주변의 상인이자 직공이었다는 부류의 기사나 소식, 소문은 지금도 흔히 들을 만큼 만연하다. 복권에 대한 기대는 언제나 계층 상승의 기대에 반비례한다. 복권의 규모가 커진다는 사실의 이면에는 '희망의 상실'이 자리하고 있는 것이다. 반면 복권은 사회적 차원에서는 무시할 수 없는 돈의 흐름을 형성하고 있다. 이제 복권은 비생산적인 소비가 아니라, 대체 불가한 경제활동의 일부이기도 하다. 복권은 사행산업을 대표하는 만큼, 국가의 주 수입원이면서, 매우 중요한 과세 대상이다. 그리하여 현재, 복권의 종류만 해도 온라인복권

(로또), 결합복권(연금복권), 인쇄복권(즉석복권), 전자-인터넷복권(추첨/즉석) 등이 있다.

한편 복권만이 아니라, 외국인을 대상으로 한 호텔 카지노 산업도 1960년대 중반에 시작되어 1970년대에 크게 융성하였다. 이때 카지노는 외국인을 상대로 하는 오락시설로써 외화벌이에 기여할 수 있다는 정부의 판단이 있었다. 이에 인천 올림포스 호텔 카지노(1967)와 서울 워커힐 호텔 카지노(1968)가 설립되었다. 하지만 카지노는 설립 초기부터 잡음이 많았다. 특히 내부인 출입 문제가 컸다. 본래 카지노에는 외국인만 출입할 수 있었지만, 내국인이 외국인을 안내한다는 구실로 드나들기 시작한 것이다. 관계 단속기관 역시 현장에 수사관을 고정 배치하고, 출입자에 대한 체크를 해야 했으나, 대부분은 방임했다. 카지노는 이미 각종 범죄와 사행풍조 조장의 온상으로 사회의 지탄을 받아오던 차였기에, 경찰은 카지노 일제 단속령을 실시하기에 이른다.[10] 이는 애초부터 카지노를 외국인만 이용할 수 있는 닫힌 공간으로 만들었을 때 예견된 일이었다. 카지노는 거대한 돈이 투여되는 만큼 일확천금에 대한 기대가 가장 높은 곳이었다. 그런 기대를 외국의 소수에게만 개방한다는 것은 오히려 내국인들의 호기심과 욕망을 불러일으키기에 충분했다. 카지노는 도박의 매혹을 표상하는 모든 요소를 갖춘 장소로 상상되곤 했다. 그렇기에 단속령 이후에도 내국인들은 끊임없이 진입을 시도했고, 그들은 종종 상습 도박사건의 피의자로 사회적인 물의를 일으켰다.[11]

한국에서 내국인이 합법적으로 도박을 할 수 있는 유일한 카지노인 강원랜드가 탄생한 것은 1998년이었다. 1980년대 말 탄광산업이 몰락하자, 태백, 정선 등 폐광 지역의 경제가 무너졌다. 이에 정부는 폐광 개발 사업의 일환으로 내국인이 출입할 수 있는 카지노를 만들었다. 카지노를 통해 이 지역을 관광명소로 만들고, 주민들의 일자리도 창출하여, 지역 경제에 이바지하겠다는 전략이었다. 강원랜드는 입장료 자체가 세금(개별소비세, 교육세, 부가가치세)이다. 즉 국가는 강원랜드를 통해 한국의 노름꾼들에게 한탕주의의 욕망을 제한적으로 허용하고, 그를 통해 상당한 소득을 얻고 있는 셈이다. 거대한 이윤과 고용 창출, 지역 경제 활성화는 노름에의 욕망을 다만 금지할 수 없는 사회적인 구실이 된다.

이처럼 사행산업은 말 그대로 인간의 사행심을 이용한 서비스산업인 만큼, 요행에 대한 참여자의 욕망을 부추기는 일이다. 하지만 국가가 허락한 욕망의 정도를 넘으면, 쉽게 범죄자가 될 수도 있다. 따라서 관련 논쟁도 대체로 복권과 카지노가 탄생되던 당시의 내용에서 크게 벗어나지 않는다. 스포츠토토(2001), 로또(2002), 광명 경륜장(2006)이 시작되던 시기에도 한탕주의와 사행심 조장에 대한 사회적인 우려가 있었던 것이다. 그럼에도 사행산업은 때론 공공복리라는 구실로, 때론 국가 재정의 확충을 이유로 확장되고 있다.

현재 한국의 사행산업은 총 7가지이다. 카지노업, 경마, 경륜, 경정, 복권, 체육진흥투표권, 소싸움 경기가 그것이다. 이들 사행산업의 총 매출액은 2016년 기준 총 22조 원에 이르고, 순 매출액도 9조 3000억 원이라 한다. 조세 합계 2조 4000억, 기금 전체 3조 5000억 원의 규모(2017년 6월 사행산업통합감독위원회 통계자료)이다. 사행산업에서 거둬들인 수익은 관광진흥개발기금(카지노), 축산발전기금 (경마), 문화예술진흥기금(경륜·경정), 국민체육진흥기금(체육진흥투표권) 등의 공익산업에 투여되며, 국가의 재정 및 복리 증진에 상당한 기여를 하고 있다.

노름꾼은 누구인가?

그렇다면 도박은 과연 누가 할까? 도박하는 사람들에 대한 통계를 정리하면 아래와 같다.

* 합법적인 도박 — 성별 (남성: 55.3% 여성: 44.7%) / 연령대 (①50대 이상: 26.3% ②40대 이상: 22.8% ③30대 이상: 22.4%) / 지역 (①서울: 26.3% ②경기: 20%) / 학력 (①대졸 이상: 64.3% ②고졸: 31.2%) / 직업별 (①회사원: 35.3% ②학생: 17.7% ③전업주부: 11.2%) / 연간 가구 소득 (①오천만 원 이상: 31.4% ②삼천만 원 이상: 19.2% ③사천만 원 이상: 17.4%)

* 불법 도박 — 성별 (남성: 57% 여성: 33%) / 연령대 (①30대 이상: 25.6% ②20대 이상: 25.1% ③50대 이상: 19.7%) / 지역 (①서울: 31% ②경기: 17.2%) / 학력 (①대졸 이상: 57.6% ②고졸: 35.5%) / 직업별 (①회사원: 33.5% ②학생: 24.1% ③자영업: 10.3% ④전문직: 10.3%) / 연간 가구 소득 (①오천만 원 이상: 31.5% ②삼천만 원 이상: 24.1% ③사천만 원 이상: 14.3%)

— 고려대학교 산학협력단/사행산업통합감독위원회, 「제2차 불법도박 실태조사」, 2012년 12월

위의 통계를 정리하면 이렇다. 대체로 여성에 비해 남성이 도박에 빠지는 경우가 훨씬 많으며, 연령대는 30대, 50대, 40대 순으로 집계된다. 지역별로는 서울과 경기 지역이 가장 높으며, 학력은 대졸 이상이 대부분이다. 직업별 분포를 보면, 회사원과 학생이 가장 많은 것으로 나타난다. 그 밖에도 자영업자와 전문직, 전업주부도 도박에 적지 않게 참여하고 있다. 소득 수준을 보면, 연간 가구 소득 오천만 원 이상이 가장 높으며, 다음은 삼천만 원 이상, 사천만 원 이상의 순이다.

인구통계학적인 결과를 토대로 도박꾼의 모습을 그려보면 대체로 이럴 것이다. 서울이나 경기에 거주하며 나름의 경제활동을 하고 있는 30~50대의 대졸 출신 남성이 그들이다. 이들은 비정상적인 생활을 영유하거나, 사회적인 소외계층이 아니다. 오히려 평균적인 삶을 살아가는 우리 주변에서 가장 흔히 볼 수 있는 그런 보통의 사람들인 것이다. 이들은 대체 어떤 이유로 도박에 참여하는 걸까? 한 연구-조사에 따르면 도박에 참여하는 동기는 크게 (1)금전적 동기 (2)흥분적 동기 (3)사교적 동기로 나눌 수 있다고 한다. 이때 금전적 동기는 요행을 통해 큰돈을 얻으려는 욕망의 발현으로 볼 수 있다. 일종의 이해타산적 동기라 할 수 있는데, 금전의 필요를 강하게 느끼는 사람일수록 개인의 이익을 위해 법을 어기는 행위까지도 감내하는 성향이 높다고 한다. 한편 흥분적 동기는 몰입과 쾌감에의 강한 욕망이라 할 수 있다. 이는 주로 매일 반복되는 노동의 권태로부터 해방되기 위해 도박을 찾는 사람이 많아지고 있다는 것을 암시한다고 할 수 있겠다.[12]

이처럼 도박에는 노동의 대가만을 가지고는 경제적인 충족을 얻을 수 없거나 혹은 노동과 일상의 권태로부터 해방되길 갈망하는 보통의 사람들이 빠질 가능성이 높다는 것을 알 수 있다. 즉 한편으로는 경제적인 활동을 하지만 그것만으로는 필요한 생활을 영위할 수 없고, 다른 한편으로는 바로 그런 이유에서 노동의 강도를 높여보아도 반복되는 일상의 권태 속에서 삶이 메마르기만 하는 곤경이 있다는 것이다. 바로 이러한 노동의 곤혹이 도박에 이르게 하는 가장 대표적인 이유가 되고 있다. 도박에 몰입하는 사람들을 쉽게 타자화해선 안 된다. 노름꾼들의 욕망은 개인 차원의 정신이상이라 단정하기 어려우며, 다분히 사회적인 차원, 구체적으로는 노동의 실태 속에서 다뤄져야만 하는 것이다. '도박중독'이란 프레임을 역시 재고해야 하는 이유가 여기 있다.

'도박중독'이란 프레임을 넘어

살핀 대로 도박은 무시할 수 없는 유해성이 있음에도 현대사회에서는 다만 금지될 수 없는 영역이 되었다. 오히려 국가의 필요에 의해, 그 규모가 확충되며 장려되고 있다는 것이 옳다. 국가는 도박의 주체이자 최대 수혜자이다. 하지만 도박의 산업화와 입법화는 정상화의 다른 이름이기도 하다. (국가나 정부의 입장에서는) 노름꾼들의 욕망은 억제되어서도 안 되지만, 과잉되어서도 안 된다. 법의 테두리 안에서 보호되는 '절제된 도박' 외에는 모두 '비정상'이며, '범죄'

2015년 9월 서울 광화문광장에서 열린 '도박중독 예방 홍보 거리 캠페인'에 참석한 봉사자들이 울타리 속에서 고통받는 도박중독자들의 모습을 표현하는 퍼포먼스를 하고 있다.

가 된다. 도박의 정상화 혹은 표준화의 필요는 사회에 안착되어 갔고, 바로 그러한 과정에서 등장한 것이 '도박중독'이라는 의학-개념이었다.

도박중독은 도박에 대한 과한 집착이 단순한 일탈이나 퇴폐의 결과가 아니라, 치료를 받아야 하는 정신질환으로 분류되었음을 의미한다. 도박중독이 세계적으로 공인받게 된 것은 1980년 미국정신의학회가 발간한 『정신장애의 진단 및 통계 편람 제3판(Diagnostic and Statistical Manual of Mental Disorders·DSM-Ⅲ)』에 이름을 올리고 나서부터였다고 한다. 이 편람은 도박중독이라는 이 '새로운' 정신장애를 충동조절장애로 분류했다.[13] 한국에서는 1990년대 후반부터 이 용어가 본격 사용되기 시작했고, 2012년에는 도박중독자에 대한 재활과 치유를 목적으로 한 한국도박문제관리센터가 문체부 산하에 신설되기도 했다. 이곳의 도박중독 치유 건은 2016년 기준 1만 1000여 건(사행산업통합감독위원회 통계자료)에 달하고 있다.

하지만 도박 행위에는 중독이나 정신병의 관점으로는 포착되지 않는 사회적인 맥락이 작동하고 있다. 도박은 분명 노동의 한계에서 출몰한다. 도박중독의 문제 역시 개인의 정신병리학적인 차원에서만 접근하면 근본적인 해결책이 나오기 어렵다. 어쩌면 국가는 노동의 영역에서 발생한 모순을 도박이라는 요행을 통해 개인이 상상적으로나마 활로를 모색토록 안내하고 있는 것 아닐까. 공공복리와 재정 확충이라는 미명 속에서 노름꾼들의 욕망이 주조되고 있다. 바로 이러한 국가의 통치성을 살펴야 한다. 도박중독자들은 다만 치료의 대상이 될 수 없다. 오히려 그들 삶의 경제적 토대와 계급적 위치를 사회과학적으로 탐색해야 한다. 이런 탐구가 없는 법적 통제는 국가와 정부의 책임 회피이자 방기라 할 수 있다. 국가에 의한 장려와 억압의 사이, 혹은 합법과 불법의 경계 위에 노름하는 자들의 욕망이 위치한다. 국가의 이해와 개인의 필요가 교차하는 지점에서 도박의 문제를 다시 사유해야 한다. 현실의 위기를 요행에 의지하지 않고는 해결할 수 없는 상황은 언제고 누구든 마주할 수 있기 때문이다.

합법화 논쟁 이전에
여성의 목소리
경청해야 할 순간

1970년은 전 세계적으로 낙태와 관련한 강렬한 논쟁, 실제적인 법률 입안 활동이 동시다발적으로 발생한 시기로 기록된다. 미국에서는 수천 명의 시위대가 뉴욕에 모여 낙태를 죄로 규정하는 법의 즉각 폐지를 요구했다. 이에 상원의원 로버트 팩우드는 낙태합법화 안을 제시하기도 했다. 불완전한 불법 낙태에 의해 여성들이 희생되는 일을 막고자 안전하고 쉽게 낙태시술을 할 수 있는 약물과 외과요법도 의사들에 의해 속속 개발 중이었다. 호주 멜버른 인근 공해상에서는 산부인과 의사들이 법을 피해 낙태 선박을 운용하기도 했다. 영국에서도 여성 권리 신장의 한 요구로 자유로운 낙태 허용 여론이 일었다. 가장 진보적인 나라는 덴마크였다. 덴마크는 17세 이상의 여성에게도 낙태를 조건 없이 허용하는 낙태자유화법을 3월에 제정했다.

반면 종교계의 반발은 거셌다. 스코틀랜드에서는 주교들이 '낙태 영혼 추도의 날'을 선포해 노골적인 낙태 반대 입장을 드러냈다. 미국 내 가톨릭계 병원들은 낙태가 허용되면 이를 시행하지 않을 수 없으니 폐업할 것이라고 엄포를 놓았다.

일본에서는 낙태 허용 여부와 상관없이 낙태가 100만 건으로 집계돼 인구학자들이 노인의 나라가 될 날이 머지않았다고 진단하기도 했다. 심지어 탄자니아는 낙태를 할 경우 사형할 수 있는 법안을 통과시켰다.

한국도 예외는 아니었다. 이 무렵 낙태합법화와 관련한 찬반 여론을 수렴하는 공청회가 열렸다. 예외적인 낙태합법화 조항을 포함한 모자보건법이 1966년부터 번번이 생명윤리와 성도덕 문제를 우

도박

려한 종교계 여론에 의해 무산되자 아예 본격적으로 공개 논의를 시작했다.

홍성걸 우석대 교수는 당시 통계상으로 서울에서만 한 해 6만 건의 인공임신중절수술이 불법적으로 이뤄지고 있으며, 현실과 법 사이가 모순된 현 상황을 포괄할 수 있는 법 제정이 시급하다고 말했다.[1] 한국은 형법상 낙태를 죄로 규정하고 있었다. 모자보건법은 유전학적 질환과 전염병·강간·근친상간·모체 건강 등의 사유에 의한 인공임신중절수술 허용을 명시했다. 일부는 이를 실질적인 낙태 허용법으로 이해했다.

모자보건법은 그만큼 뜨거운 감자였고, 1973년 2월 비상국무회

2016년 10월 시민단체 회원들이 서울 광화문광장에서 '낙태는 여성이 선택할 권리', '몸에 대한 통제를 거부한다!' 등의 구호를 적은 팻말을 들고 형법상의 낙태죄 폐지를 요구하고 있다.

의를 통과해 5월에 시행된다. 오늘날 열성적인 낙태반대론자는 모자보건법 14조를 일종의 '낙태 면허 조항'으로 해석하기도 한다.

인구통치술에 불과한 모자보건법

낙태 금지와 허용이라는 단순 논리로 치자면, 한국은 모순된 두 개의 법 조항을 가지고 있는 셈이었다. 1953년 형법 제269조와 제270조의 낙태죄가 금지 논리를 형성하고, 이후 제정된 1973년 모자보건법 제14조의 인공임신중절 허용 범위는 모자보건법이 형법에 예외를 만드는 방식으로 기능해왔다.

전효숙, 서홍관의 연구에 따르면, 1912년 조선은 일본 형법을 받아들이면서 자녀를 낙태한 경우에 대한 처벌 규정이 생겼는데, 이는 임부보다 태아를 떨어뜨리는 것을 목적으로 하는 낙태에 중점을 뒀다고 한다.[2] 그 전까지만 해도 낙태가 죄이긴 했지만 어디까지나 임부에 대한 상해 행위로서의 죄였다. 당시 일본 형법은 기독교 윤리관에 기초한 생명권과 모체 보호라는 19세기 유럽 근대국가의 형법에 영향을 받았고, 이런 생명윤리는 인구증가가 곧 공익이라는 국가도덕과 결합해 낙태죄 규정을 형성한 것이다. 이는 해방 후 미군정 시기를 거쳐 1953년 형법 제정 시까지 지속적으로 영향을 주었다. 법 제정 당시, 전쟁 이후 원치 않는 출산이 부녀자들의 삶을 피폐하게 한다는 의견이 있었으나 여성 고유의 재생산 권리와 원치 않는 조건에서 탄생한 아이들이 행복할 권리는 고귀한 생명 권리와 인구통치 논리 앞에서 전혀 고려할 것이 못 되었다.

한편 1962년 이래 박정희 정권하에서는 가족계획이 곧 산아제한 계획이었다. 정부는 인구증가를 억제시킬 방안으로 임신 초기 인공임신중절을 원하는 이들에게 월경조절술이라는 이름 아래 수술비용을 지원하기도 했다. 보건소에서 기혼 부녀자들이 낙태수술을 받으면 불임시술도 같이 해주는 혜택을 준 사례도 있었다. 1968년 '가족계획어머니회' 같은 민간단체들이 설립돼 주로 농촌 지역에서 활동했고, 이후 인공임신중절수술이 크게 성행했다. 형법으로서 낙태죄와 정부의 시책 사이에 괴리가 있었다.

1970년대 한국의 낙태를 둘러싼 찬반 논란에서 특이한 점은 허용의 요구가 당시 기혼자들의 가족계획과 맞물려 강력하게 주장된 것이라는 점이다. 대개 자식의 수가 늘지 않길 바라거나 터울을 조정하기 위해 인공임신중절수술을 받는 경우였다. 가족계획은 국가에서도 장려하던 것이었으므로 실질적으로 낙태 허용과 관련한 입장은 국가 이데올로기와 궤를 함께했다.

이런 의미에서 당시 모자보건법의 제정 의도가 명시한 질병이나 강간 등의 예외적 허용 이유보다는 실은 인구통치라는 더 큰 목적에 관심이 있었다고 해석할 수 있다.

1973년에는 제한적 이유만을 명문화했기에 실제 상황에 맞는 가족계획, 경제적 이유 등을 합법적 인공임신중절 사유로 수차례 확장하려고 했다. 하지만 종교계의 강력한 반발에 부딪혀 보류해왔다.

1973년 미 연방대법원의 '로우 대 웨이드' 판결은 미 수정헌법 제14조 적법절차조항에 의한 사생활의 헌법적 권리에 의거, 낙태합

1994년 천주교 신자들이 '낙태는 살인행위!', '태아도 인간' 등의 구호를 적은 팻말을 들고 낙태를 반대하는 거리행진을 벌이고 있다.

법화의 길을 열었다. 해리 블랙먼 판사는 "원치 않는 어머니가 되지 않을 자유, 임신과 출산의 과정상 특별한 희생을 강요당하지 않을 자유"를 여성 스스로 가진다고 판결했다. 당시 선진국들이 생명윤리와 보수적 성도덕에 대립하는 여성 인권과 성해방의 대결 구도 속에서 낙태 허용의 범위를 논쟁했다면, 한국은 생명윤리와 국가의 산아제한 정책이 대립하는 국면이었다.

소외된 것은 여성이 자신의 몸을 돌보고 존중받을 권리였다. 1960년대 내내 불법 낙태수술로 인한 숱한 사망사건이 보고돼왔지만 정작 이런 문제가 낙태합법화의 동력이 되지는 못했다. 그 와중에 불법 낙태로 얻은 사산 태아의 장기를 서울대병원이 해외로 수출해 이익을 챙겨온 끔찍한 사건도 드러났다. 이들의 행위는 의학연

구 기여의 명분과 수출 장려라는 논리 속에서 무역거래법 시행령 48조에 의해 합법적으로 허가됐다.[3]

사문화된 낙태죄와 담론 없는 사회

세계적으로 낙태 허용 사유는 크게 7개로 구분된다. (1)임부의 생명 (2)임부의 신체적 건강 (3)임부의 정신적 건강 (4)강간·근친상간 (5)태아 이상 (6)사회경제적 이유 (7)본인의 요청이 그것이다. 한국은 (1)에서 (5)까지만 허용한다. 경제협력개발기구(OECD) 회원국 중 (6)까지 허용하는 경우는 28개국(82.4퍼센트), (7)의 경우도 23개국(67.6퍼센트)이라 한다. 7가지 모두를 허용하는 국가는 총 23개국(67.6퍼센트)이다.[4]

2005년 고려대 의대가 775개 의료기관을 대상으로 실시한 조사에서 낙태 건수는 34만 2433건에 달했다. 이 중 95.6퍼센트가 모자보건법의 예외 규정을 어긴 불법 수술인 것으로 파악됐다. 대부분 사회경제적 이유, 본인 요청으로 추정된다. 2017년 기준, 과거 5년 동안 불법 낙태수술에 대한 행정처분 건수는 16건에 그쳤다.[5] 오늘날 한국에서 형법상의 낙태죄는 현실의 늘어나는 낙태와 이를 뒷받침하지 못하는 사문화된 법이라고 할 수 있다.

사실 서양에서 낙태 이슈는 사회를 분열시킬 수 있는 주제인데 정작 한국에서는 이 정도로 본격적으로 전개된 적은 없다. 아마도 낙태죄의 근거가 종교·윤리적 뿌리를 깊게 가지지 못한 채, 구한말의 가부장 이데올로기와 근대 이후의 국가 이데올로기에 의해 끝없이 결합·분리돼왔기 때문일 것이다. 더불어 낙태 찬반에 대한 시민사회의 합의나 논쟁의 장이 별로 열리지 못했고, 시책으로써 위에서 아래로 하달돼 작동한 문화적 풍토도 큰 몫을 한다.

그 와중에 생명권을 우선시하는 일명 '프로라이프 의사회'의 활동과 여기에 대응하는 여성계의 대립이 있었다. 당시 프로라이프 의사회가 법 조항을 그대로 적용해 현재로서는 불법인 낙태시술 병원을 고발하면서 전국적으로 낙태시술이 일시적으로 경색된 적이 있었다. 이에 따라 낙태수술을 원하나 받지 못한 미혼모가 생기고 반대급부로 중국 원정 낙태가 늘기도 했다. 여성계는 프로라이프 의사회를 비판했다. 여기에 정부까지 인구증가 정책을 기조로 내세움으로써 행정자치부 주도로 '대한민국 출산지도'를 작성하거나 불법 낙태를 비도덕적 의료 행위로 간주해 처벌할 수 있는 의료법 관계 시행령을 시도하는 등 노골적이지만 효력은 없는 출산장려 정책을 구사, 의료계와 여성계의 거센 반발을 불러왔다.

한국은 낙태합법화를 둘러싼 논쟁이 이제 시작된 셈이다. 1970년대 종교 대 국가의 대결 구도와 다른 점은 종교와 국가가 공모하고 이에 대해 여성의 권리가 싸움을 벌이고 있다는 점이다. 하지만 이 싸움이 모종의 결과를 가지지 못한 채 공회전하는 이유는 두 가지다. 첫째, 낙태합법화를 둘러싼 생명권과 선택권의 대결 구도는 미국의 논쟁 프레임을 가져왔지만 한국적 문맥에서 시작하진 못했기 때문이다. 둘째, 권리의 가치문제를 다루는 한 고귀한 생명의 권리는 여성의 선택의 권리보다 신성시될 수밖에 없는 구조 속에 있으며, 이는 합의가 되지 못하고 한쪽에 압도당할 가능성이 높다는 뜻이다.

찬반 토론이 아니라 해결을 위한 토의를

　'허용'과 '금지'라는 결론만 요구하는 끝없는 논쟁 속에서 '어떻게' 살아갈 것인가에 대한 사회적 질문은 사라진다. 낙태는 허용과 금지의 프레임 속에서 사고할 수 없는 복합적인 문제이며 동시에 매우 현실적인 문제라는 점을 인식해야 한다. 예를 들어 낙태의 범위를 확실히 허용하되 되도록 생명윤리에 어긋나지 않게 가는 방향도 존재한다. 이는 무엇보다 개방된 성교육과 사회적 성 의식 수준의 조정이 필수적으로 요구된다. 또 수술 전 심리상담 등의 절차를 통해 임신부의 정신적 트라우마와 시술 자체에 신중을 기하는 방식으로 디자인할 수도 있다. 독일·프랑스 등은 상담을 의무화하고 있으며, 상담과 시술 사이에 기간을 두어 낙태를 신중히 결정하도록 지원한다.

　반대로 종교적 윤리와 국가의 인구통치가 그토록 중요하다면 사회를 보다 아이 낳기 좋은 환경으로 바꾸는 것이 필수적이다. 그 대상이 가족이 아니라 미혼모일지라도 말이다. 여전히 낙태는 권장할 만한 수술이 아니며 여성의 신체에 가해질 수 있는 위험이 크다. 누구도 좋아서 하진 않는다. 우리는 태어나기 전까지 귀중하게 여겨지나 태어난 후에는 버려지는 '인구'로서의 사람이 아니다.

　우리는 먼저 여성들의 목소리를 경청해야 한다. 최근 페이스북에서 낙태법 금지운동 태그를 단 수많은 게시물에 귀 기울여야 한다. 여기에는 단지 낙태죄 금지에 대한 주장뿐 아니라 개인적으로 내보이기 어려운 낙태 후의 고통과 소외의 경험이 고스란히 진술되고 있기 때문이다. 이것은 해결해야 할 문제일 뿐 논쟁의 대상이 아니다. 또한 이성애적 관계에서 기인한 문제이므로 남성도 동일한 방식의 책임을 져야 한다는 것을 강하게 홍보할 필요가 있다. 법률상 낙태수술에 본인과 배우자의 동의를 구하도록 되어 있는 것은 배우자의 권리를 주장하라는 게 아니라 똑같이 의무를 지도록 한 것이다.

낙태합법화 논쟁은 찬반식의 입장 토론이 돼서는 안 된다. 시민사회가 머리를 맞대고 생명윤리와 인간 삶의 행복권을 되도록 일치시킬 수 있는 사회를 모색해야 하는 발명의 영역에 있다. 그렇기에 40년도 더 된 법은 너무도 낡은 것처럼 보인다.

모두에게
노조 할 권리,
노조 없는 경제
민주화가 가능할까?

두 사람의 죽음을 다시 떠올려본다. 봄꽃이 망울을 맺던 2017년 3월 말, 이제 마흔넷 먹은 직장인 서명식 씨가 갑작스러운 심근경색으로 세상을 떠났다. 일곱 살 난 딸아이와 아내를 남겨둔 채, 하필 결혼기념일이었다 한다.

명식 씨는 서울 삼성동에 있는 코엑스의 노조위원장이었다. 회사가 구조조정을 명분으로 30여 명의 직원을 자르거나 대기발령을 내렸다. 명식 씨는 그 동료들을 지켜주고 싶었다. 그런데 교섭이 어렵자 상급 단체인 민주노총 공공운수노조에 교섭권을 넘겼다. 그때부터 사측의 노조 탄압과 부당노동행위는 본격화됐다. 특히 사측은 2017년 1월부터는 명석 씨를 개인적으로 모독하고 몰아세우는 전략을 폈다. 사익을 추구하는 사람처럼 모는가 하면, 임원과 팀장들이 나서 노조원들에게 '회사냐, 노조위원장이냐'는 선택을 강요했다. '힘들어서 노조를 못 하겠다'는 조합원들이 늘어나면서 노조위원장으로서 명식 씨는 크게 마음의 상처를 입었던 모양이다. 원래 적토마라는 별명을 가질 정도로 건강하고 운동을 잘했던 그도 감당하지 못할 만큼이었다.[1]

두 사람의 죽음

2017년 4월 18일 40대의 가장이며 20년 이상 한 회사에 근속했던 김종중 씨는 목을 매 자살했다. 사측 대리인이었던 변호사 박형철이 청와대 '반부패' 비서관으로 발탁되어 다시 문제가 불거진 갑을오토텍 일이다.[2] 회사는 경찰·특전사 출신을 신입사원으로 뽑아서 조합원들을 겁박하고 흉기를 휘둘렀다. 이 사건으로 인해 2016년 7월 15일 사장이 1심에서 법정구속됐으나 자본은 멈추지 않았다. 위장 직장폐쇄 행위를 했고 조합원들은 일터로 돌아가지 못하는 8개월간 임금을 받지 못했다. 자살은 그 와중의 '부수적 피해' 같은 일이었다. 이 같은 일련의 과정은 청와대 비서관 개인의 도덕성 문제를 넘는 깊은 성찰을 요한다. 어떻게 저런 일이 가능하며, 그렇게 만드는 이 사회의 구조란 무엇인가?

핍박받은 노동조합원이 스스로 목숨을 끊는 일은 1980년대 노동 소설에 나오는 일이 아니라, 민주 정부 시절에도 그치지 않았고 이명박·박근혜 정부 때는 더 늘어났다. '패턴'은 비슷하다. 전방위적이고 집요한 탄압, 경제적 압박과 관계의 단절이 '자살 원인'을 함께 구성한다.[3] 쌍용자동차나 갑을오토텍처럼 언론과 사회적인 관심을 끈 경우에도, 문제를 제기한 이들의 죽음에 이른 고립과 고통을 막지 못했던 것이다.

정도의 차이는 있겠지만 집요하고 비상식적인 노조 탄압은 '헬조선'의 평범한 직장에서 벌어져왔다. 노조를 만들기도 지켜나가기도 어렵다. 반면 노조와 노동운동에 대한 저주는 세상에 가득하다. 노동운동 없는 민주주의, 노조 없는 경제민주화가 가능할까?

박근혜 정권을 퇴출시키고 난 뒤에 실시된 2017년 대선 과정에서 문재인 대통령은 노조 가입률이 10퍼센트에 불과하다는 사실을 강조하며 노조 가입률을 높이고 노조에 접근이 어려운 비정규직을 위한 노동회의소도 만들겠다고 했다. 노조 결성과 활동의 자유·평

지난해 8월 충남 아산시 자동차 부품업체 갑을오토텍에서 조합원들이 용역과 대치하며 시위하고 있다. 사측은 금속노조에 가입하지 않을 것을 조건으로 특전사·경찰 출신 노동자들을 채용해 제2노조를 만들고 활동하게 했다는 의혹을 받고 있다. 파업 과정에서 노동자 한 명이 스스로 목숨을 끊었다.

등은 민주주의의 핵심이자 당면한 과제로서, 우리가 맞고 있는 새 시대의 성격을 규정해줄 것이다.

노조 파괴·노조 금지의 국가적 계보

'내 눈에 흙이 들어가기 전에는 노조는 안 된다'는 기괴하고 극단적인, 노조는 물론 노동자 개인들과도 사생결단하고 말겠다는 식의 반인간적이며 세계 어느 나라에서도 비슷한 예를 찾기 어려운 노조관은 도대체 어디에서 왔을까?

온통 노동자들의 피눈물로 얼룩진 대한민국 노동조합의 역사는 해방기의 좌우 갈등과 궤를 같이하여 시작되었다. 전국적 노동조합 조직이었던 조선노동조합전국평의회(전평)은 1945년 11월 5일에 결성되어 금속·철도·교통·토건·어업·전기·통신·섬유·광업·조선 등 16개 산업별 노동조합 지부의 수가 총 1194개에 이르렀다 한다. 그러나 1946년 9월의 총파업 이후 미군정에 극악한 탄압을 당하기 시작했고 결국 대한민국 정부에 의해 '비합법화'되었다. 좌익 대중운동의 중추로 간주됐기 때문이다. 한편 친일·우익 세력은 대한독립촉성전국노동총동맹(대한노총)을 결성하였는데 기본적으로 전평에 대항하는 동원 조직으로 기능했다. 이승만 자신이 대한노총의 총재직을 맡기도 했다. 불행하게도 첫 단추를 꿸 때부터 전국적 상급 노조가 이념투쟁을 위한, 그리고 독재를 위한 '어용'이었던 것이다.[4]

그래서 1960년 4·19혁명 시기나 1980년의 봄에 독재가 일시 중지됐을 때 노동자들은 어용을 극복하고 자주적·민주적인 노조를 만들고자 분투했다. 그러나 '민주화의 봄'이 각각 박정희·전두환의 쿠데타로 종결된 것과 함께 노조운동도 가장 먼저 탄압을 당하였다.

즉 이승만·박정희·전두환 들은 먼저 노동조합을 극악하게 탄압하고, 다른 한편으로는 어용노조를 공공연하게 육성하고 정치에 동원하는 정책을 폈다. 노동조합의 관리는 '공안'의 핵심이었다. 정치학자 최장집은 한국의 노동운동을 규정한 가장 중요한 변수는 '강력한 국가'이고, 자본의 편에서 노사관계에 필요 이상으로 개입하는 이런 국가가 재생산될 수 있는 조건은 무엇보다도 분단이라 말한 바 있다.[5]

1980년대의 개발 연대까지의 노조 탄압은 국가가 정책적으로 어용화된 노조만 허용하거나 민주노조를 억압하고, 기업은 거기 기생 또는 무임승차하는 방식이었다. 기업들은 진지한 노사 교섭과 근로조건 개선에 대한 노력 없이 쉽게 이윤을 축적했다. 고도 경제성장은 치러야 할 인건비를 제대로 치르지 않고, 노동권을 극단적으로 제약하여 이뤄진 희생의 산물이었던 셈이다.

이 같은 노동·축적 체제는 민주화와 함께 깨져나가기 시작했다. 6월항쟁 직후인 1987년 7~9월 사이에 무려 3300여 번의 노동쟁의가 일어났고, 1000여 개가 넘는 노조가 새로 생겼다(노동자대투쟁). 문민정부 이후에도 노동조합과 노동운동에 대한 권력의 탄압은 멈추지 않았으나 국가가 직접 어용노조를 운영하거나, 구사대(救社隊)를 동원하여 노동자들을 두들겨 패거나 공안 경찰이 잡아가서 고문하는 일은 줄어들기 시작했다. 국가는 마치 노사 사이의 제3자처럼 되기 시작했다. 그러자 새로운 문제들이 보였다.

그 첫째는 법의 제한이다. '법'이 더 문제였다. 입법도, 사법도, '법' 자체가 노동자 편이 아니었다. 그래서 한국 노동자들은 '불법 파업'을 일삼게 된다. 그들이 '귀족'이거나 이기심과 탐욕이 가득해서가 아니라, 오히려 원인이 '법'에 있다고 법률가들은 단언한다. '노동법'이라 줄여 말하는 '노동조합 및 노동관계조정법'은 사회의 생산관계를 기율(紀律, 도덕적으로 사회의 표준이 될 만한 법규)하는 핵심 법률로서 정세의 거시적 변화에 영향을 받고 바뀌어왔다. 1987년의 일련의 민주화 조치와 노동자대투쟁 이후 새 노동법이 탄생했고, 1990년대 이후에는 진전된 세계화와 신자유주의의 심화가 1997

년 노동법 개정을 초래했다. 현재의 노동법 체제의 근간을 이루는 1997년 노동법 개정 과정은 매우 상징적이고 중요하다.

당시 김영삼 정부는 "세계화·정보화 시대로의 문명사적 대전환기에 대립과 갈등의 노사관계를 참여와 협력의 노사관계로 개편해야 한다"고 주장하며 신(新)노사관계 5대 원칙을 제시했다. 그 내용은 "공동선 극대화, 참여와 협력, 노사자율과 책임, 교육 중시와 인간존중, 제도와 의식의 세계화" 등 말은 모두 아름다운 것이었고 이를 배경으로 1996년 5월 9일 노·사·정 3자로 구성된 대통령 직속 자문기구 '노사관계개혁위원회(노개위)'가 처음 출범하기도 했다.[6) 그러나 속내는 심화되는 신자유주의화에 따른 (총)자본의 요구를 수용하여, 변형근로제·정리해고제·파견근로제 따위를 도입하고 노조의 정치활동을 금지하는 조항을 넣는 개악이었다. 국회의 반대가 심하자 1996년 12월 26일 새벽, 정권은 국회 근처의 호텔에 여당 의원들을 비밀리에 집단 투숙시켰다가 관광버스로 의사당에 실어 나른 기발한(?) 심야 날치기로 법안을 통과시켰다.

이에 민주노총은 바로 그날 총파업을 선언하고 77일간의 투쟁으로 노동법 개악을 저지하고 국회가 법안을 협상하게 했다. 안토니오 네그리와 마이클 하트의 『제국』에도 나오는 이 신자유주의화 초입의 역사적 파업투쟁은 해방기 이래 보기 드문 성공적인 총파업으로 평가된다. 한국노총뿐 아니라 노동자와 학생, 그리고 광범위한 시민사회가 연대함으로써 가능했다.[7)

그러나 이 성공에도 국회에서는 독소 조항을 모두 제거하지는 못한 채 여야 합의에 의해 노동법은 통과된다. 노조 정치활동 금지 규정 삭제, 복수 노조 허용, 정리해고 시행 2년 유예가 그 핵심 내용이었다. 이때 남은 독소 조항에 의해 1998년 정리해고제가 실시되고 IMF 경제 위기와 함께 이른바 '97년 체제'가 시작되었다. 그같은 노동법이 시행되면 우리 삶과 고용이 어떻게 엉망으로 변할지 잘 짐작하지 못하였다.

현재의 노동조합 및 노동관계조정법은 임금·근로시간·복지·해고 기타 대우 등 근로조건의 결정에 관한 주장의 불일치가 있을 때만 쟁의를 할 수 있다고 정하고 있다. 정리해고나 사업 조직의 통폐합 등 같은 '경영상의' 중요한 사항(노동자에겐 그러나 생계가 걸린 사항)도 원칙적으로 노사 교섭의 대상이 될 수 없다. 결국 노동관계법은 노조의 설립에서부터 단체교섭 및 쟁의의 요건·방식 등 노동 3권을 행사할 수 있는 절차와 요건을 대단히 복잡하고 까다롭게 정하여 사실상 노동 3권을 제한하고 있다.[8]

또한 비정규 노동자는 파업은커녕 노조를 만드는 일부터 사실상 막혀 있고, 공무원·교사는 파업을 금지당하고 있다. 공공 부문 노동자는 '필수유지 업무제도' 규정을 지켜서 '업무에 전혀 지장을 주지 않으면서' 파업해야 한다. 그래서 한국에서 절차를 제대로 지켜 '합법적 쟁의'를 한다는 것은 낙타가 바늘구멍에 들어가는 것처럼 어려운 일이 된다. 까닥하면 바로 '불법 파업'이 된다. '불법 파업'으로 규정되면 쟁의에 나선 노동자들은 해고는 물론 업무방해죄, 손해배상 가압류를 각오해야 한다. 이런 압박이 2000년대 이후에도 여러 노동자를 죽음 앞에 내몰았다.

노무현 정권 초기 2003~2004년 사이 1년 만에 두산중공업 배달호·한진중공업 김주익 등 10여 명의 노동자가 분신하거나 목을 맸다. 왜 '희망찬' 참여정부 초기에 그렇게 됐을까? 당시 노무현은 자기가 집권한 것이 곧 '민주화'의 완성이라 착각했던 듯하다. 그는 노동자들이 분신으로 죽어나가던 바로 그때 "지금과 같이 민주화된 시대에 노동자들의 분신이 목적을 달성하기 위한 투쟁 수단으로 사용되어서는 안 된다"며 분신한 노동자들을 모욕했다. 심지어 화물연대 노동자의 분신 이후 가혹한 노동 현실을 완화하겠다고 한 법무·노동 장관을 오히려 질책하기까지 했다.[9]

한때 노동·인권 변호사였다던 대통령의 이런 인식이 '노동 현실'의 악화에 크게 일조했다. 이는 노무현 정권 자신을 배반하는 것이었으며, 대선 때 그를 지지한 노조와 시민사회를 공격하고 지지 기반을 스스로 허물어 결국 권력을 이명박과 수구 세력에게 넘겨주는 자해였다. 그리고 이는 노동조합운동과 '노동'이 시민으로부터 고립되고 약화되는 데 치명적으로 일조했다. 대통령이 앞장선 반노동 선전·선동은 참여정부 아래에서 다각도로 전개되었기 때문이다.

보수 정당과 보수 언론 등은 기존의 발전주의나 경제개발 이데올로기 위에 세계화와 사회 양극화에 따른 새로운 이데올로기 지형을 활용했다.[10] 그래서 '대기업 노조 이기주의', '노동 귀족론' 따위가 횡행하며 양극화에 대한 책임을 엉뚱하게 민주노총과 노동운동가들에게 전가하게 했다.[11]

국제노동기구(ILO)는 노동자 조직이 조합원들의 이해에 영향을 미치는 사회경제적 사안에 대한 불만을 표출할 수 있어야 한다고 보고 있다. 개별 기업의 정리해고 등 구조조정에 대한 노조의 반대는 당연한 것이고, 최저임금 등 정부의 노동·경제 정책에 대한 파업도 정당한 것이라 한다.[12] 그러나 한국에서 이런 사안에 대해 민주노총 같은 상급 노조의 소속 노조들이 하는 단체 행동은 '불법 정치 파업'으로 매도당해왔다.

기업의 노조 파괴, 사업장 권위주의와 가부장제

노조 금지·노조 파괴를 위해 기업이 감당해야 하는 경제적·정치적 비용도 결코 적지는 않다. 그런데도 도대체 왜 그런 일은 무엇을 위해 어떤 핑계에 의해 수행됐는가? 물론 노조가 없으면 기업의 불법·탈법적 경영과 전횡이 훨씬 용이해지고, 노동자 개개인은 고립되어 해고와 착취 앞에 쉽게 노출된다. 이 같은 '보편적인' 이유 외에도 한국에서 특별한 반노조·노조 탄압의 핑계와 이유가 있다.

첫째, '노조는 빨갱이'. 아무 데나 갖다 붙여도 됐던 이 핑계는 특히 노조를 불온시하여 죄의식 없이 막무가내로 탄압하는 데 유용했다. 앞에서 본 대로 분단 상황은 그 유력한 배경이 되어주었다.

둘째, 경영자·기업주의 봉건적이고 반인권적인 의식. 한국의 기업문화와 노사관계는 가부장적이면서 권위주의적이었고, 남성중심주의와 군사문화를 동반했다. '자식'을 군대 '쫄따구'나 머슴처럼 여긴 셈이랄까. 많은 기업주들은 필요할 때만 노동자를 '내 자식처럼' 여기고 저항·갈등을 용납하지 않으려 했다. 노동자들이 단체를 만들어 나이도 많고(?) '높으신' 사장님한테 뭔가 할 말을 하고 요구한다는 사실 자체를 불쾌해하고 인정하지 않으려 했다.

'민주화' 이후에도 노조와 노동에 대한 고용주들의 태도는 크게 나아진 게 없었다. 억압적이고 전제적인 경영 방식이 여전한 가운데 좀 더 세련된 통제도 도입되었다. CCTV나 이메일 감시, 위치 추적 같은 기술로 일상에서 노동자를 감시하고, 이른바 신경영전략, 무노동 무임금, 가압류·손해배상 청구 등의 '신기술'로 노조를 탄압하는 일이 잦아졌다. 많은 사용자들은 파업이 일어나도 정부와 법이 개입해 해결해줄 것이라고 믿어 성실한 교섭에 나서지 않는다.

그래서 한국에서는 노조 금지와 파괴에 있어서 '정경유착' 같은 상태가 반복돼왔다. 삼성과 몇몇 대표적인 대기업이 결부된 노조 금지의 역사는 노동사에서뿐 아니라 한국 사회사에서 따로 몇 페이지를 써야 할 것이다. 한국을 대표하는 기업들에서의 금지와 탄압은 전 사회에 영향을 미쳤다. 그런 기업들이 노조 금지를 위해 감당해야 했던 경제적·정치적 비용은 합리적인 것이라 볼 수도 없고 '글로벌 스탠다드'에도 전혀 어울리지 않는다. 중공업이든 IT든, 세계 유수 기업의 노동자가 노조 활동 때문에 탄압을 받다 자살했다든가 고공농성을 한다는 이야기를 들어본 적이 없다.

파업 등 쟁의 행위는 헌법적 권리일 뿐 아니라 노사 사이에 있을 수밖에 없는 이해관계의 차이와 갈등을 제도화한 것이다. 노조는 노동자들의 요구를 대변하는 동시에 회사의 입장도 고려하여 고용 안정과 산업 평화를 추구하는 '불만의 관리자' 역할을 할 수 있다.[13] 대기업의 사회적 책임은 노사관계를 민주화·선진화하는 데에서 시작돼야 한다.

노동이 있는 곳에 노조가 있다

시민사회의 노조 공포 또는 노조 혐오도 극복해야 할 과제다. 특히 일부 보수 언론의 반노조 선동은 가히 엽기적이다. 이들의 이빨 앞에선 그 어떤 파업이나 쟁의도 불가능하다. 가물면 가문다고, 경제가 어려우면 어렵다고, 세상 모든 일이 노조를 저주하고 악선동을 퍼붓는 이유가 된다.

그런데 반노조 이데올로기도 시대에 따라 조금씩 달라져왔다. '노조=빨갱이' 같은 식의 선동은 이제 잘 먹히지 않는다. 오늘날의 히트 상품은 '강성노조', '귀족노조'다. 이런 프레임은 홍준표 부류뿐 아니라 양식 있는 시민들이나 민주당 내부에서도 널리 퍼져 있다. 한국이 극명한 양극화 사회가 되고 '노동의 분할'이 극심해졌기 때문일 것이다. '노조 할 권리'를 겨우 10퍼센트 정도의 노동자만 누리고 있으며, 노조가 있는 대기업·공기업 정규직은 임금·복지 면에서 상대적으로 많은 혜택을 누린다. 이 혜택을 부각하고 공격함으로써 전체 노동자 권익을 하향 평준화시키고, 노노 갈등을 부추겨 대다수 노동자들에 대한 착취에는 눈을 떼게 만들려는 전략이 '강성노조', '귀족노조' 프레임에 있다.

대기업의 일부 노조가 조합원 자격을 세습한다거나 기아자동차에서 있었던 일처럼 비정규직에 대한 차별을 행한다는 사실이 알려지며 온 언론이 나서서 '귀족노조' 프레임으로 노조를 비판했다. 일리 있지만 스스로도 고용 불안에 시달리고 개별 기업의 틀에 갇혀 있는 정규직 노동자들을 도덕적으로 비판한다고 해서 해결될 문제

도박

는 아니라고 본다.

이화여대 유형근 교수 등은 그런 현상이 지금의 한국 노동조합 운동이 처한 치명적인 '주체 위기'의 일부이며, 노조의 임금 정책-임금 극대화(고임금화)와 임금 평준화(동일노동 동일임금) 사이의 모순과 노동 내부의 차별을 현재의 노동운동 스스로의 힘으로는 해결하기 힘들다는 것을 말한다. 이는 매우 중요한 포인트로 보인다. 이를테면 민주노총은 24퍼센트의 비정규직 조합원을 포함한 서로 다른 성격의 노조의 상위 기구지만, 기업별 노조 연합으로서의 한계를 갖고 있다. 산별이라는 명목의 금속노조도, 기업별 교섭의 틀과 기업들 사이의 거대한 차이 때문에 임금 격차가 누적되는 현상을 막기 어렵다.[14] 중요한 것은 문제를 쉽게 노동조합(운동)이나 노동자들의 이기심(?) 탓으로 돌리지 않는 것이고, 노동 분할과 임금 양극화의 원인과 결과를 혼동하지 않는 것이다. '민주노총=귀족노조'라는 식의 인식은 노동운동 자체를 공격하기 위한 선동이라는 사실에 유의할 필요가 있다.

한국의 고용과 불평등 구조가 바뀌려면 우선 대다수 시민과 비정규직을 위해 사측의 양보가 전제되어야 한다. 그리고 무엇보다 우선 재벌 개혁이 필요하다. 문재인 대통령은 취임 연설에서 '정경유착'이라는 말을 사라지게 하겠다고 말했다. 노조 파괴와 노조 금지라는 정경유착도 완전히 유물이 되게끔, 그래서 '노조 할 권리'가 모든 사람들에게 자연스러운 권리로 인정되고 '노동 있는 곳에 노조 있다'는 인식이 사장이나 알바생에게나 공유되는 사회가 돼야 한다.

실제로 촛불이 승리로 끝나자 느리지만 분명한 변화가 시작되고 있다. 촛불 이후 1년 사이 민주노총 금속노조에서만 20개 지회가 새로 생겨 2873명의 신규 조합원이 생겼다. 2014년부터 3년간 민주노총 가입자는 12만 5000명이 늘어 현재 약 80만 명이다. "시민 각성이 불러온 사회 변화"라 볼 수 있을 것이다.[15]

금지곡·땡전뉴스·블랙리스트, 방송 검열의 문화적 파급과 저항의 기록들

"이런 일은 통상시에는 생각할 수 없으며 혁명적 권력이 있는 시기이기에 가능했다."[1]

언론통폐합(1980)을 주도했던 허문도 당시 정무비서관의 청문회 진술이다. '혁명적 시기'란 기존의 법질서를 정지시킨 계엄 상태를 의미한 것이었다. 언론 장악의 구상을 법의 잣대로 판단하는 것에 대한 거부이자, 그 초법적 성격에 대한 표현이기도 했다. 언론통폐합을 추진한 그의 소신은 상당한 궤변으로 점철돼 있다. '난세(亂世)'에는 자유민주주의자가 난세를 극복하기 위해 민주적이지 않은 방법을 택할 수 있으며, 이는 제5공화국(5공) 다음에 민주화가 온 것으로 증명되었다는 변론이었다. 독일 나치 정권의 선전장관 괴벨스가 연상된다고 하자, 그는 이렇게 대답하기도 한다. "5공이 나치처럼 언론을 통제했으면 오늘날과 같은 민주주의는 이루어지지 못했을 것이다."

하지만 민주주의는 신군부의 언론통폐합 따위가 아니라, 그에 대한 저항에서 비롯됐다. 허문도의 진술이 텔레비전으로 생중계될 수 있었던 것도 6월항쟁으로 표출된 민주주의에 대한 시민들의 열망 덕분이었다. 민주화의 바람이 계속되던 1988년은 방송사 노조(문화방송과 한국방송공사)가 한국 방송사상 최초로 파업투쟁까지 벌이며 방송민주화운동을 전개한 시기이기도 했다. 5공 청문회 생중계도 방송사 노조의 이러한 저항이 없었더라면 불가능했을 것이다. 방송 전파에는 언제나 권력의 그림자가 스며 있다. 하지만 그에 대한 시민사회와 방송인들의 저항도 계속되었다. 한국 방송의 역사는 다만 권력에 굴종해온 것이 아니라, 나름의 독립성과 자유를 위해

투쟁해온 과정이기도 했던 것이다.

6월항쟁으로부터 대략 30여 년의 시간이 흘렀다. 2018년 현재 공영방송은 기나긴 총파업을 완수한 뒤, '정상화' 작업에 매진하고 있다. 방송과 권력의 오랜 유착과 갈등, 그리고 반목에 대해 '다시' 돌아볼 필요가 생긴 것이다.

방송 검열 시대의 개막

1960년대에는 민간 상업방송이 본격적으로 개막했다. 이는 박정희 정권의 정책적인 장려가 있었기에 가능한 것이었다. 군사정부는 초기부터 개발주의와 반공주의를 고취할 목적으로 방송매체 활용의 필요를 의식하고 있었다. 그 결과 문화방송(MBC)을 비롯한 민간 TV 방송국(3개)과 FM 방송국(4개), 동아방송(DBS)과 동양방송(TBC) 계열의 지방 방송국 등이 개국하였다.

하지만 방송의 성행은 반대로 규제의 필요를 더 강하게 요청키도 했다. 민간 상업방송이 개막하던 시기에 거의 동시적으로 방송법 제정과 윤리위원회 창설이 논의되었다. 이때 방송법은 방송의 공공성 확보를 이유로 추진되었는데, 이는 "민주국가일수록 매스 미디어가 그 대중적 설득력을 오용하여 대중을 우롱하는 폐를 사전에 막으려는 조치"가 필요하다는 논리였다.[2] 윤리위원회 창설의 경우는 주로 '아동 보호'와 '콘텐츠의 선정성 방지'를 명분으로 제기되었다. 이를테면 1961년 KBS에서 방송된 라디오 드라마 〈사랑과 미움의 세월〉(조남사 작)과 〈상한 갈대를 꺾지 마라〉(민구 작)는 '노골적인 러브신 묘사'와 '드라마적 상황'의 '불건전성'이 지탄받기도 했다. 그도 그럴 것이 전작은 '삼각·사각 간통'을 다룬 것이었고, 후작은 '화류계 이야기'였다. 당시엔 어린이들이 방송극의 주요 청취자였기에 규제의 명분을 확보할 수 있었던 것이다.[3]

결국 방송윤리위원회가 1962년 6월에 설립되고, 방송법은 1963년 12월에 제정되었다. 그 과정에서 민간 자율기구인 방송윤리위원회는 방송법에 의해 법정위원회로 격상된다. 이 자체는 (이전과는 다른) 박정희 정권의 주요한 검열 방식을 함축하고 있어 주목을 요한다. 즉, 민간 자율기구인 윤리위원회의 심의가 관권 검열을 넘어서는 검열효과를 낼 수 있었다는 것이다. 이는 사상 검열을 국가가 독점한 상태에서 풍속 검열을 민간에 대폭 위임하는 이원적 통제시스템을 구축했다는 것을 의미한다.[4] 정부와 민간의 검열 이원화 정책은 대통령 직속 합의체 기구인 방송통신위원회와 민간조직인 방송통신심의위원회의 분할 규제 형태로 현재까지도 이어지고 있다.

방송 검열의 조치들은 방송의 대중적인 영향력을 인정하였기에 시행된 것인 만큼, 그 자체로 대중을 통제하겠다는 정부의 의지를 표현한 것과 다름없었다. 그러나 그 과정에서 방송계의 저항이 없었던 것은 아니었다.

1964년 8월 박정희 정권과 공화당은 언론윤리위 법안을 국회에 통과시킨다. 이 법안은 신문, 방송 등 언론의 자율적 규제를 강화하기 위해 발의했다고는 하지만, 실제론 언론윤리심의위원회를 설치하여 그곳에 실권을 주는 타율적 규제에 가까웠다. 이에 신문과 방

도박

송계를 비롯한 언론인들은 악법 철폐를 외치며 거세게 저항한다. 법안의 위헌성을 지적했고, 관련 사설과 방송을 내보냈다. 그럼에도 정부에서 강행하자, 이를 저지하기 위해 전국 언론인 대회를 열고 결의문을 발표했다. 결의문에는 '언론윤리위원회 발족에 관하여 어떠한 협조도 하지 않을 것'이며, 여기에 가담하는 언론인은 '사이비 언론인'으로 규정한다는 내용도 있었다.[5]

그 결과 언론윤리위법은 시행 보류가 된다. 그런데 이 법안으로 법적 지위가 약화되었던 방송윤리위원회가 이전과 같은 권한을 회복하게 되었다. 국가의 규제에 관한 언론계의 저항이 민간 검열의 강화로 다시 이어지게 된 것이다. 더욱이 당시에는 동아방송의 시사만평 프로그램인 〈앵무새〉가 반정부적인 내용을 방송했다는 이유로 관련 방송인들이 구속된 사건(1964)도 있었다. 이에 방송국에서는 시사 프로그램보다 예능이나 드라마에 집중하게 되었고, 이는 방송윤리위원회의 풍속 검열을 강화케 한 요인이 되기도 했다. 방송윤리위원회는 창립된 지 10년 동안 규정저촉 4925건을 적발했고, 552곡의 가요를 방송금지 시켰으며, 536건의 광고를 규제했다.[6] 유신 이후에는 2차 방송법 개정(1973)을 통해 방송윤리위원회 조항을 복원-강화하고, 방송국 심의실에서 자체 사전 심의도 하게 하여 검열을 다원화한다. 동시에 정부기관의 통제 수위도 높여 이중·삼중의 검열 체제를 완비하였다.

방송 장악과 노조의 탄생

　전두환을 중심으로 한 신군부는 5·17비상계엄확대조치로 권력을 장악한다. 하지만 계엄 해제 이후 예상되는 반발을 무마하기 위해서는 언론통폐합이 필요했다. 언론통폐합은 (서두에 말한 대로) 허문도 당시 정무비서관의 주도로 진행되었다. 이때 방송계도 완전 재편된다. 동양방송과 동아방송 등은 KBS로 흡수되었고, MBC가 공영 체제로 개편되었다. CBS 역시 보도 기능을 상실하고 종교방송만 하는 특수 방송사로 전락했다. 신군부의 언론통폐합은 세계 언론사에서도 보기 드문 대대적인 언론 장악 프로젝트였다. 5공 청문회에서 허문도는 '민주주의 국가에서 언론통폐합의 유례가 없다고 생각한다'는 발언을 하기도 했다. 실제 그는 이 정책을 일본이 2차대전 중 통신사를 통폐합한 사실에 착안했다고 한다.[7]

　이 시기 정치권력의 방송 장악을 노골적으로 보여주는 것이 (속칭) "땡전뉴스"였다. 알려진 대로 땡전뉴스란 9시 시보를 알림("땡")과 동시에 뉴스 시그널 음악이 나오고, 아나운서의 "전두환 대통령은…"이라는 멘트("전")로 뉴스가 시작된다고 해서 붙은 조롱의 표현이었다. 땡전뉴스를 비롯한 방송사의 보도 내용은 모두 정부 정책을 과대 홍보하거나 전시하는 것이었다. 땡전뉴스 이외에도 당시에는 방송사의 보도 행태를 비아냥대는 말장난(?)이 적지 않았다고 한다. 가령 전두환의 호는 '오늘'이고, 이순자의 호는 '한편'이라는 말도 있었다. 이는 9시 뉴스의 첫머리가 항상 "오늘 전두환 대통령은…"으로 시작하고, 이어 "한편 이순자 여사는…" 순으로 진행되기

도발

1980년대 정치권력의 방송 장악을 상징한 것은 '땡전뉴스'였다. 1982년 1월, 시민들이 TV로 전두환 대통령의 국정연설을 지켜보는 모습이다.

때문이었다.[8]

그러나 1987년의 6월항쟁은 세상을 바꾸었다. 민주주의에 대한 열망은 한국 방송의 민주화도 촉진했다. 6월항쟁 이후, 대통령 선거 관련 보도의 극심한 편파성으로 인해 방송 민주화의 요구가 내부에서 분출했고, 새로운 방송법이 제정되는가 하면, CBS의 보도 및 광고 기능이 부활했다. 그 과정에서 1988년 상반기 동안 MBC와 KBS의 노조가 결성되었다. 방송사 노조의 탄생은 방송 민주화의 역사적 산물이었다. 양 노조는 1988년 8월 17일자 『동아일보』 1면에 "방송민주화를 위한 우리의 결의"라는 글을 게재한다. 여기서는 지난날의 편파, 왜곡방송을 반성하며 총 5가지의 결의안을 발표한다. (1)노조의 단체교섭 확보 (2)편성, 보도 및 제작 관련 책임자 추

천제 실시 (3)사측의 단체교섭 임함 (4)올림픽 성공 위한 노력 (5)
방송관련법 개정이 그것이다. 결의 이후 같은 달 두 방송사 노조는
한국 방송사상 최초로 파업에 돌입했고, 그 결과로 노사 양측이 공
동 운영하는 공정방송기구를 마련하는 성과를 올렸다.[9]

방송 노조의 특수성과 방송민주화운동의 성격

방송사 노조의 탄생은 1987년 6월항쟁의 결실인 동시에, 같은
해 7~9월 노동자대투쟁의 성취이기도 했다. 전자의 바람이 방송 민
주화의 기치로 이어졌다면, 후자의 경험은 집단의 요구를 관철시킬
수 있는 주체적인 결사를 조직하는 것으로 귀결됐던 것이다. 주지
하듯 노동자대투쟁을 선도했던 이들은 주로 중화학, 기계금속 업종
의 제조업 노동자들이었고, 지역별로는 울산과 마산, 창원의 노동
자들이 주도한 측면이 있었다.[10] 하지만 이후 전국에서 업종별-지
역별 민주노조가 연속적으로 결성될 때에는 비단 제조업 분야에만
국한된 성과로 이어진 것은 아니었다. 즉 당시 결성되던 민주노조에
는 속칭 '화이트칼라' 노조도 적지 않았던 것이다. 제2금융권 노조
를 비롯하여 병원, 언론, 대학, 출판사, 연구기관 등의 영역에서 화이
트칼라 노동운동이 시작됐다. 화이트칼라 노동운동은 이들 지식인
집단이 다만 인텔리적인 속성에 매몰되지 않고, 자신들의 노동자성
을 강하게 인식하게 됐다는 것을 보여주는 성과이기도 했다.

하지만 방송사 노조는 다른 노조들에 비할 때 여러 방면에서 다

소 특수한 성격을 띠기도 했다. 일단 노조에 가입한 구성원의 계급적인 기반이 모두 달랐다. 방송사 노조에는 재직 일선에 있는 기자와 프로듀서, 아나운서 등과 함께, 프로그램의 제작에 참여하는 작가나 스태프도 있었다. 즉 사내에 전문직과 서비스업, 육체노동(자) 등이 혼합된 형태로 결속되어 있었다는 것이다. 당연히 이들 간의 노동환경과 임금 처우는 상이했다. 노조 구성원 간 계급적 기반의 상이함은 때론 노조의 정체성 문제로 비화하기도 한다. 이를테면, 1989년 MBC 노조는 '방송의 자주화'라는 일견 명쾌해 보이는 구호를 외치고 있었다. 그러나 이 구호를 구체화하는 투쟁 전략 속에는 주체적인 측면에서의 계급적인 갈등을 내재하고 있기도 했다. MBC 노조는 MBC의 위상 정립 과정에서 '공영 정신'이나 '공익성 추구'를 내세우면서도 다른 한편으로는 사원들의 '주식 점유'를 요구한 것이다. '공익성 추구'가 민중적인 시각에서 관철되고 있는 요구였다면, 주식 점유는 화이트칼라 전문인 조직으로서의 집단 정체성이 드러난 것이었다. 방송사 노조의 모호한 계급적 입장은 내적인 갈등의 소지로 여겨져 비판의 대상이 되곤 했다.[11]

　방송사 노조 결성의 주된 목적은 임금 인상이나 노동환경 개선에 있다기보다는 방송 제작 및 편성에 있어서의 독립성과 자주성 확보에 있다. 이처럼 다소 특수한 성격의 노조인 만큼, 방송민주화 운동의 내용과 형식도 정치투쟁과 문화운동이 교직된 형태로 수행됐다. '방송의 자주성' 확보는 가까이는 경영진을 대상으로 하면서도, 궁극적으로는 국가권력과의 정치투쟁으로 나아갈 수밖에 없었다. 반면 방송 제작은 콘텐츠의 생산이라는 측면에서 지배 이데올

1990년 방송위원회 기능 축소 등을 내용으로 하는 방송법 개정안의 국회 통과
저지를 위해 방송사 노조원들이 제작 거부 농성을 하고 있다.

로기에 대한 대항문화를 창출하는 것을 의미하기도 했다. 그렇기에
방송법이나 방송광고법 등 악법 개폐 투쟁 및 사내 민주화 확립을
비롯한 제도 개선 요구와 더불어, 이 같은 제도적인 성과가 실제 프
로그램 제작에 반영되어야 한다는 대항문화 생산의 과제가 있는 일
이었다. 당시 방송사 노조에 대한 평가 역시, 제도 개선의 부분에서
는 일정 정도 성취가 있으면서도, 실제 방송되는 프로그램의 변화
는 잘 포착되지 않는다는 지적을 받기도 했다.[12]

방송민주화운동은 권력으로부터의 독립과 자주를 확보해야 한
다는 당위적인 요구를 내건 투쟁이었지만, 그 구체적인 전개 과정
이나 주체성 문제는 (살핀 대로) 그리 간단치 않은 문제였다. 그럼에도
방송사 노조의 투쟁은 짧지 않은 기간 동안 민주적인 성과를 냈다

고 평해야 할 것이다. 노조 결성 전후의 방송민주화운동에 이어 '관선 사장 퇴진 투쟁'(1990, KBS), '국장 추천제 및 공정 방송 조항 사수 투쟁'(1992, MBC), '정리해고제, 변형근로제, 복수노조 허용 유예 저지 파업'(1997) 등이 있었고, 2000년대에도 '언론관계법 개정 저지 및 김재철 사장 퇴진 투쟁'(2010·2012, MBC)이나 '노조원 징계철회 투쟁'(2012, KBS)이 있었다. 물론 그 과정에서 국가권력의 탄압과 제재도 심화됐으나,[13] 방송 노조의 저항은 쉽게 소멸하지 않았다. 그리하여 방송사 노조의 구호는 '방송의 민주화'에서 '정상화'의 방향으로 초점이 점차 이행될 수 있었다는 것을 확인할 수 있다.

한국 방송의 현주소, 블랙리스트와 자본의 검열

그렇다면 한국 방송의 현주소는 어떠한가? 2018년 현재 한국의 공영방송은 '정상화' 작업에 매진하고 있다. 이명박·박근혜 정부 9년 동안 국가권력에 의한 방송 장악 실체가 밝혀지고 있으며, 그 과정에서 국정원의 방송인 블랙리스트까지 폭로되어 충격을 주었다. 블랙리스트의 위협은 실제 작동 여부에서만 드러나는 것이 아니라, 이러한 문건을 작성할 수 있다는 발상 자체에 이미 내재해 있다. 블랙리스트를 만든 권력자들의 '악의'는 방송가의 자기검열 기제로 작동할 수 있기 때문이다.

방송(인)의 위축은 그 시대에 가능한 표현의 한계를 암시하고 이는 대중에 다양한 방식으로 전달되기 마련이다. 정치를 음모론으로 소비하고, 정부에 대한 비판을 유희적으로 돌려 말하는 관행이 만연한 것도 한 사례가 될 수 있겠다. 또한 방송을 비롯한 주요 언론의 공정성에 대한 의심은 사실 확인(만)을 지고의 가치로 여기는 인식의 배경이 되기도 한다. 온라인 커뮤니티에서 유행인 '팩트주의'나 '실화' 강조에는 정보를 수집하는 기성의 채널에 대한 불신도 적잖이 영향을 준 것으로 보인다. 물론 이러한 풍조는 '사실만 체크하면 그만'이라는 반지성적인 태도로 이어지기도 한다.

촛불항쟁 이후, 정권 교체를 이뤄낸 시민들은 한국 지상파 방송사를 중심으로 그 자주성과 독립성을 회복하는 여러 단계를 주시하고 있다. 방송문화진흥회는 MBC의 사장 선임 과정을 투명화한다는 일환으로, 시민 100명과 구성원 70명이 참여하는 공개 정책 설명회를 개최한 바 있다. KBS의 새로운 경영진과 이사회는 사내 적폐청산 기구인 '진실과미래위원회(진실미래위)'를 공식 출범하기도 했다. KBS의 진실미래위는 불공정 보도 및 제작 자율성 침해, 부당 징계 등에 대한 진상 규명과 재발방지 조치를 담당하는 특별위원회라고 한다.[14] 그 밖에도 보수정권의 방송 장악 실태를 폭로하는 다분히 자성적인 프로그램들도 전파를 탔다. 이처럼 방송 정상화의 방책은 주로 저널리즘의 신뢰를 회복하는 차원에서 보도와 시사 부문의 공정성 확보를 목표로 시행되고 있다고 할 수 있겠다.

그러나 국가권력 이외에도 방송 검열의 또 다른 거대한 축으로 기업과 재벌을 빼놓을 수 없을 것이다. 과거나 지금이나 방송사의 가장 큰 수익은 광고로부터 나온다. TV는 시청자를 상품의 소비자로 호명하여, 기업의 수입 창출 역할을 하고 있다. 그런 의미에서 방

사회적 영향력을 가진 방송 전파에는 권력의 그림자가 스며 있다. 한국 방송의 역사는 권력의 방송 장악에 대한 굴종만이 아니라 방송 독립성과 언론 자유를 위한 시민사회와 방송인들의 투쟁 과정이기도 하다. 현재 한국의 공영방송은 유례없는 규모의 총파업을 하고 있다. 사진은 언론노동자와 시민들이 서울 광화문 광장에서 KBS·MBC의 정상화를 요구하며 고대영 KBS 사장과 김장겸 MBC 사장의 퇴진을 촉구하는 촛불집회 장면.

송은 프로그램을 판다기보다는 광고주에게 잠재된 소비자를 판매하고 있다고 봐도 좋다. 이미 방송계에는 대기업들이 광고를 미끼로 보도에 영향을 미치는 것에 깊은 우려를 나타낸 바 있다. 실제 삼성의 경우, 지난 2017년 동안 자사에 비판적인 보도를 쏟아낸 SBS와 JTBC에 광고를 축소하거나 중단한 사실이 확인되었다. 지난해 SBS는 삼성 광고가 KBS와 MBC의 40퍼센트에도 미치지 못했고, JTBC는 5~7월을 제외하면 나머지 기간 동안은 삼성 광고를 내보낼 수 없었다. 더군다나 이 같은 경향이 KBS와 MBC의 파업 기간

동안 더욱 두드러져, 광고 중단의 악의적인 저의가 보다 분명해졌다고 할 수 있을 것이다.[15]

국가권력과 자본은 방송 검열을 수행하는 대표적인 두 집단이자 주체이다. 방송의 공정성을 사수할 수 있는 구체적인 제도는 물론이고, 대기업의 광고에 휘둘리지 않는 경제적인 자생력을 확보할 수 있는 새로운 방안을 마련해야 할 것이다. 그리고 이 과정에서 방송 노조의 투쟁과 시청자-대중의 감시도 계속 이루어져야 할 것이다.

뉴미디어와 한국 방송의 위상 정립

한국 방송의 위상을 바로잡기 위해서는 구체적으로 어떤 방책이 필요할까? 이 지면의 목표가 그 방책을 구상하는 것은 아니기에, 여기서 자세히 논할 수는 없을 것이다. 다만 한 가지, 과거와 질적·양적으로 전혀 달라진 미디어 환경의 변화와 지상파 방송의 관계성에 대해 사유할 필요만을 제기하며 마무리하고자 한다.

주지하다시피 방송이란 시대적인 조건에 따라 성격이 변화하는 사회적인 구성물이라 할 수 있다. 즉 방송의 발전은 관련 기술과 테크놀로지의 발전을 바탕으로 대중의 생활양식 변화와 그에 따른 다양한 욕구의 발현을 방송이라는 특수한 수단과 결합하여 하나의 기구로써 조직되고 정착되는 사회적인 산물인 것이다. 따라서 방송은 송신자의 의도나, 내용을 통제하려는 권력과 자본의 영향 아래에서 일방적으로 의미가 전달되기보다는 오히려 사회에 다기하게 존재하는 담론과 개인의 경험이 텍스트와 교섭하는 과정에서 의미가 산출된다고 보는 것이 더 정확할 것이다.

보수정권 9년은 지상파 방송에 대한 대중의 신뢰가 무너진 시기였다고 해도 과언이 아니다. 하지만 반대로 1인 미디어 플랫폼 서비스를 비롯한 여러 대안적 매체는 외려 범람한 시기였다고 할 수 있을 것이다. 세계 최대의 동영상 사이트 '유튜브'를 비롯하여, 동영상 방송 플랫폼인 '트위치'나 한국 최대의 SNS 미디어 플랫폼 '아프리카TV' 등이 엄청난 성장을 한 시기이기도 했다. 이제 뉴미디어 시장에는 네이버나 다음카카오와 같은 거대 포털 업체도 경쟁적으로 진출한 상태이다. 1인 미디어의 비약적인 발전은 스마트폰이나 태블릿PC를 비롯한 기술적인 발명이 뒷받침됐기에 가능한 것이겠지만, 그만큼 중요한 영향을 끼친 것은 정보를 제공받는 기성의 채널에 대한 대중의 불신이었다. 이명박·박근혜 정부 기간 동안 전국에서 벌어진 수많은 파업 현장은 지상파 방송의 외면과 축약에도 불구하고 의식 있는 1인 크리에이터들에 의해 수만 명 유저들의 손바닥 안에서 모두 관찰될 수 있었다. 이는 단순히 지상파 방송의 한계를 1인 미디어가 대신하게 됐다는 것만을 의미하지 않는다. 오히려 다양한 수준에서 펼쳐져 있는 '미디어 장'에 따라 이념적-계층적-세대적인 수용층의 분화 조짐이 보이고 있다는 것이 중요하다. 더 정확히는 그 다기한 수용층의 관계성을 살펴야 할 것이다.

가령 '일간베스트저장소(일베)'는 트위터나 페이스북을 비롯한 SNS에서 위축되었던 보수 성향의 청장년들이 이제는 낡아진 '인터넷 게시판'으로 거점을 옮긴 사례에서 기원한 것이었다. 현재 한국의 온라인은 인터넷 커뮤니티와 플랫폼 서비스에 따라 정치 성향이 상당히 분화된 것을 쉽게 살필 수 있다. 따라서 그 분화 정도가 심화됨에 따라 인터넷 뉴스의 댓글창이나 1인 크리에이터의 채팅창은 이념적 갈등과 경쟁이 외화된 방식으로 구성되는 것을 알 수 있다. 최근 지상파 프로그램에서 일베 유저들에 의해 조작된 이미지가 여과 없이 사용되어 사회적인 물의를 일으킨 사례가 많이 보도되고 있다. 이는 단순히 제작진의 부주의와 몰인식에서 기인한 것이라 할 수 없다. 오히려 다양한 미디어가 이념적으로 분화된 상태에서 그 내재된 갈등과 경쟁심이 돌연히 공론의 장에 노출돼버린 사건들이라 할 수 있는 것이다. 우리는 '정치적 올바름'을 앞세우는 여러 목소리 이외에도 일베의 악의적인 이미지와 언설 속에서 살고 있는 것이다.

한국의 방송도 마찬가지이다. 뉴미디어의 범람은 지상파 방송의 공신력을 항구적인 의심의 상태로 내몰 수밖에 없다. 한국의 방송은 수많은 케이블TV와 종합편성채널 이외에도 정보의 수신자이자 그 자신이 송신자인 다수의 개인과 경쟁하거나 협상할 수밖에 없다. 그렇기에 한국의 방송은 과거와 같은 공신력을 회복하기 위해 경주하기보다는 오히려 그 불가능성을 인지하고, 다층적 장에서 형성되고 있는 개인-미디어-플랫폼과의 관계를 다시 사유하는 데서 시작해야 할 것이다. 다소 모호하지만, 방송의 정상화는 과거의 회복이 아니라, 새로운 미디어의 역학 속에서 자신의 위치를 재정립하는 것임을 강조해두고 싶다. (수많은 미디어들의) 촛불 이후, 한국 방송의 변혁은 이미 시작되었던 것이다.

도박

사이키와 뽕,
금지를 넘어선
상상과 욕망을 위하여

서유석의 두 번째 앨범에 수록된 〈철날 때도 됐지〉(1970)는 멀 해거드(Merle Haggard)의 〈Okie from Muskogee〉를 번안한 곡이다. 청년문화를 대표하는 전형적인 포크송으로, 인기와 견제를 함께 받았다. 1975년 대마초 파동을 기화로 1970년대 청년문화가 된서리를 맞을 때 이 노래도 금지곡 철퇴를 피할 수 없었다. 당시 청년문화가 통째로 미운털이 박혔으니 당연하다 싶지만 이 노래는 다른 금지곡에 비하면 상당한 이유가 있어 보인다. 태양이 김일성을 상징한다는 둥, 왜 일은 하지 않고 길가에 앉아 있느냐는 둥 얼토당토않은 곡절이 난무한 것에 비하면 이 노래의 '혐의'는 선명하다. 그놈의 사이키 때문이다.

> 나는 담배 한 대 못 피우고, 나는 밀밭에도 못 간다네.
> 머리만은 덥석부리지만 히피족은 진정 아닙니다.
> 내가 입은 옷은 작업복에, 내가 가는 곳은 살롱인데
> 판타롱을 만나 즐기지만 사이키는 진정 모릅니다.

이 노래는 당시 청년문화의 풍경을 인상 깊게 그려낸다. 장발의 청년들이 술, 담배를 하며 판타롱(나팔바지)으로 한껏 멋을 내고 살롱에서 청춘을 만끽하는 행태는 기성세대에게는 눈엣가시가 아닐 수 없다. 게다가 가사는 은근히, 아니 대놓고 조롱하는 말투다. 청년은 자신이 히피도 아니요, 사이키는 진정 모른다고 말하지만 그게 반어임은 누가 봐도 금세 알 만하다. 술, 담배도 모자라 사이키라니. 유신의 과업에 '힘차게' 사는 모범 청년을 바랐던 이들의 눈에

서유석이 통기타를 연주하며 노래를 부르는 모습. 서유석은 포크 가수였으나 사이키를 언급한 번안곡 〈철날 때도 됐지〉는 금지곡으로 지정됐다. 미국의 히피들 사이에서 유행했던 사이키델릭 음악은 한국에서 강력한 리듬과 광란의 춤으로 비판받았다. 권위주의 시절 젊은이들에게는 반항과 일탈의 상징으로 여겨졌다. 대통령은 '명랑사회를 위해 히피를 금지하라'는 지시까지 내렸다.

곱게 보였을 리 만무하다. 이런 청년들을 곱게 보지 않는 권력에 그런 것들은 모른다고 눙치며 반어적으로나마 대응하고자 했던 청년의 초상은 1970년대 대중문화의 중요한 풍경이다. 1970년대의 청년 문화를 불온과 저항이라는 프레임으로 해석하는 시선에서 이 풍경의 윤곽은 더욱 날카롭다. 이에 따르면 1970년대 금지곡 목록은 청년문화에 대한 억압과 저항의 증거로 보인다. 여기에는 논란이 있을 수 있지만[1] 금지의 이유가 합당하지 않은 만큼 금지와 저항의 대립관계 자체는 명백하다.

특히 서유석이라는 가수가 담보한 저항성을 돌이켜보면 더욱 그러하다. 〈담배〉라는 곡을 통해 생산해낸 저항의 이미지만 봐도 한국 최초의 저항가수, 사회참여 가수라는 타이틀이 무색하지 않다.[2] 게다가 〈철날 때도 됐지〉에는 서유석의 저항적 이미지에 민감한 맥락이 더해져 있어 복잡한 의미를 만든다. 이 노래가 그린 풍경에는 청년문화의 발랄함을 초과하는 문제가 엮여 있기 때문이다. 문제의 사이키, 그리고 그로부터 연상되는 마약 말이다. 곡절을 더 들여다 보자.

사이키와 LSD

물론 가사에 등장한 담배가 곧장 대마초를, 사이키가 LSD와 같은 합성마약을 가리키는 것은 아니다.[3] 대마초가 사회문제로 떠오른 것이 1970년 언저리였고, 연예계 대마초 파동이 일어난 것이 1975년이었으니, 이 노래가 대마초와 LSD를 비유적으로 드러낼 만큼 적극적인 저항의 태세를 갖추었다고 보기는 어렵다. 그러나 진성 마약은 아닐지라도 이 노래는 우리 사회에서 금지되고 있는 것들을 상기시키는 데는 성공했다. 술, 담배는 성인의 기호(嗜好)로 독점적인 지위를 가질 때, 차별과 통제의 기호(記號)로 작용한다. 명백한 법률이 없더라도 함부로 취할 수 없으며, 특히 어른 앞에서라면 더더욱 금지되는 것이 술, 담배다. 그러니 갓 청소년 딱지를 뗀 청년들이 꼬나문 담배는 저항은 아니더라도 반항 정도는 되겠다.

사이키는 담배보다 더 중의적인 반항, 혹은 저항의 의미를 가진다. 지금 말하는 사이키는 '사이키델릭'의 줄임말로, 몽환적이고 자극적인 사운드를 특징으로 하는 사이키델릭 록의 통칭으로 쓰였다. 세계적인 유행을 타고 1960년대 한국에도 사이키 열풍이 불었다. 신중현을 필두로 하여 산울림에서 만개한 사이키델릭 음악은 젊음의 상징이 되었다. 그 새로움이란 포크송과는 다른 차원의 것이었다. 포크 음악이 통기타로 연주되며 발랄하지만 수수하고 반듯한 음색으로 들렸다면 사이키델릭은 자극적인 음색을 지향했다. 왜곡된 음색을 내는 이펙터를 활용한 기타를 전면에 내세운 사이키델릭은 가만히 듣는 것이 아니라 몸을 흔드는 음악, 그러니까 고고장에서 젊음을 불태우기에 적합한 음악으로 만들어지고 소비된 것이다. 그런 상황에서 1970년대 사이키라는 말은 지금과는 다소 다르게 쓰였다. 요란한 조명이나 화려한 무대, 혹은 연주 매너가 돋보이는 록 음악이면 대개 '사이키'로 불렸고, '그룹사운드'라는 말과 혼용되기도 했다. 쉽게 말해 고고장에서 몸을 맡길 만한 시끄러운 음악이라면 대개 사이키라 불렸던 것이다.

그런데 문제는 사이키라는 말에는 음악 자체보다 더 문제적인 기원이 포함되어 있다는 사실이다. 사이키델릭은 애초 LSD와 같은 진성 마약과 깊은 연관 속에서 만들어졌기 때문이다. '사이키델릭(psychedelic)'이라는 단어는 정신을 뜻하는 'psyche'와 눈으로 본다는 뜻인 'dêloos'가 합쳐진 신조어로, 1960년대 서구의 히피문화 속에서 만들어졌다. LSD를 흡입했을 때 경험하는 환각을 재현한 것이 사이키델릭 예술의 출발점이었다. 히피들이 사이키델릭을 통해 표현하고자 한 것은 그들의 고유한 정신세계였다. 마약이 아니고서는 경험할 수 없는 감각적 체험을 통해 내면 깊이 존재하는 새로운 정신세계를 드러낼 수 있다는 믿음이 LSD와 사이키델릭을 일종의 정신적, 종교적 의식의 매개로까지 고양시켰던 것이다.

히피들은 LSD가 선사하는 사이키델릭한 감각이 우리를 새로운 정신의 세계로 이끌 것이라 믿었다. LSD는 구원의 매개였으며, 사이키델릭은 LSD의 직접적인 환유로 받아들여졌다. 이후 마약에 대한 금기가 강화되면서 사이키델릭과 LSD 사이의 직접적인 관계는 차단되었지만 사이키델릭은 여전히 일상에서 효과를 발휘했다. 사이키델릭은 음악 외에도 그래픽 아트와 같은 시각예술 분야에서도 널리 퍼지며 1960~1970년대 대중문화의 한 중심에 자리 잡는다. 절규하는 듯 왜곡된 사운드, 원색의 기하학적 패턴이 반복되는 현란한 시각적 효과는 사이키델릭의 대표적인 양식이었다. 이런 양식은 좋게 말하면 몽환이고 나쁘게 말하면 환각, 즉 심신미약의 약물효과라 말할 수 있다. 그것이 무엇이든, 새로운 정신을 보여주려는 시도를 멈추지 않는 이상, 사이키델릭은 에둘러 말할 수밖에 없는 금기의 대상이 되었다.

한국의 사이키와 금지된 마음들

서유석의 노래에 등장한 사이키가 마약의 비유적 표현이 아님은 물론이다. 1970년대 초 사이키라는 말은 시끄러운 록 음악의 통칭일 뿐이었다. 게다가 대마초를 제외하면 마약 자체가 아직은 일상화되지 않았던 시절이었다. 그리고 청년문화가 바야흐로 꽃피웠다고는 하지만 무엇보다 한국 사회의 견고한 엄숙주의는 크게 흔들리지 않았던 것이 현실이다. 그런 상황에서 비유적으로라도 마약을 들먹이는 것 자체가 불가능에 가까웠다.[4] 저항적 포크 가수의 첫손에 꼽히는 서유석이라도 그 지점에까지 나가기는 힘들었을 터이다.

그러니까 노랫말 속 사이키는 현실적 의미 그대로 판타롱이나 장발 같은 청년문화의 외양이나 대중예술의 한 형식을 가리키는 데서 의미가 다했다고 볼 수 있다. 마약이나 환각의 문제는 한참이나 지나서야 거론이 가능했으니, 마약이란 한국 사회에서 매우 진귀한 담론의 대상일 뿐이었다. 대신 우리는 저 노랫말에서 마약 자체보다 마약처럼 금지된 것에 관심을 기울이고자 한다. 즉 비유적으로 지시되는 마약의 실체가 아니라 마약이라는 비유가 생겨날 수밖에 없도록 만든 상황이 더 궁금하다.

이쯤에서 '중2병'의 감수성을 흠뻑 적신 '짤' 하나가 떠오른다. 사진의 주인공은 세상 못마땅한 표정으로 '음악은 국가가 허용한 유일한 마약'이라 멘트를 날리며 자신의 심성을 마약이라는 비유로 드러내고자 한다. 명징하게 가리키지는 못하지만 무언가 거침없고 폭발적인 내면과 잇닿은 음악의 세계란 지극히 위험할지라도 환각적 쾌락의 기원이라는 말이 아닌가. 마약처럼. 저 소년은 차별적인 감각과 내면의 세계, 혹은 남다른 멋짐을 자랑삼기 위해 마약이라는 수사를 쓴 것이다. 그 연장선상에서 떡볶이나 김밥 같은 주전부리에도 마약이라는 말이 붙었고, 야구판에도 마리화나의 어감을 본떠 '마리한화'라는 표현까지도 만들어냈다. 한때 보살의 마음 같았던 팬심이 어느 순간 마약 같은 쾌락의 기원이 되다니 놀라울 뿐이다. 뿐인가. 기발한 아이디어나 표현을 두고서 "무슨 약을 하셨기에?"라고도 말한다.

그렇다면 우리 사회가 마약에 관대해졌을까. 당연히 그렇지 않다. 마약의 실체가 인정받지 못하는 것은 물론 그 어떤 담론에서도 마약을 합법화하기는 불가능이다. 마약은 다만 비유적 표현에 갇혀 있다. 이때, 눈에 띄는 것은 마약의 비유에 내포된 문제성이다. 즉 마약으로 비유되었다는 사실은 그것이 마약처럼 금기시될 수도 있다는 점을 의미한다. 특별하고 특이한 내면의 세계가 마약으로 비유될 때, 그것은 비정상이자 반사회적인 것으로 전락할 수밖에 없다는 뜻이다.

다시 사이키로 돌아가보자. 사이키는 마약과 연관되어 있었던지라 공식적으로 금지되기 이전부터 논쟁적이었다. 한국에서도 처음부터 'LSD 음악'으로 알려져 '강력한 리듬, 미친 듯한 광란의 춤' 등의 이유로 비난받았다.[5] 그러나 그 정도가 전부였다. 1970년대 초 대마초 자체도 드물었던 시기, 마약의 세 번째 범주인 향정신성의 약품은 마약법으로 규제받기 이전이었다. 히피의 상징인 LSD 역시 극소수의 경험자를 제외하면 절대다수가 무지했다. 대중의 감각에서는 전통적인 아편이 마약의 총아로 남아 있었던 만큼 사이키, 혹은 LSD는 반사회적인 것으로 매도당할 만큼의 위험성을 체현하지 못했던 시기가 1970년대 초반이었다. 그 덕에 한국에서 사이키 음악은 전면적으로 금지되지 않고 신중현에서 시작하여 산울림에 이르는 나름의 역사를 가질 수 있었다. 한국 대중음악사의 명곡으로 손꼽히는 산울림의 〈내 마음에 주단을 깔고〉(1978)은 디스토션

_____ 1970년 8월 7일자 『경향신문』에 실린 서울 명동 '사이키 음악 살롱' 광고.

이펙터*를 활용한 기타 연주가 돋보이는 사이키델릭 록의 정수로 평가받는다.

그러나 사이키델릭은 한국 대중음악의 중심에 서지 못했다. 권력의 불만과 대중의 호응은 별개의 사건이기 때문이다. 나이트클럽에서 광란의 밤을 만들어준 사이키의 광휘는 낮이 되어서는 그 빛을 잃기 일쑤였다. 〈내 마음에 주단을 깔고〉가 수록된 산울림 2집은 지금에서야 명반으로 불리지만, 당시의 대중들에게 이 사이키델릭의 음색은 지극히 낯설었다. 산울림 2집 앨범이 녹음 불량으로 오해

_____

* 원음에 왜곡이나 울림 등의 특수효과를 부여하는 장치로, 일렉트릭 기타 연주에 흔히 쓰인다.

받아 반품이 쇄도했다는 에피소드도 있었거니와 낯선 사이키델릭
은 마약이라는 오명 이전에 대중으로부터 원초적인 불편함을 일으
켰던 모양이다. 난삽하고 자극적인 사운드와 퇴폐적인 몸짓이 뒤섞
인 사이키의 음경(音景; soundscape)[6]은 권력보다 먼저 대중의 마음을
사로잡기에 더 힘들었을지도 모른다.

　이런 사정은 포크송과 비교하면 분명해 보인다. 1970년대 청년문
화의 한 주류였던 포크송은 정치적 탄압과 별개로 올바르고 반듯
한 문화양식으로 인정받았다. 억압에 반비례하여 포크송의 사회적,
혹은 문화적 가치는 더 선명해 보인다. 〈철날 때도 됐지〉가 사이키
를 언급하면서도 포크송 양식을 따를 수밖에 없는 것도 그 때문일
것이다. 비록 장발이며 사이키를 좇는다면서도 이를 노래하는 심성
은 참으로 지적이고 반듯해 보인다.

　하지만 반듯함을 거부하고 마음 내키는 대로 감각을 자극하는
사이키는 그렇지 못했다. 통금 시대 유일한 밤의 해방구인 관광호
텔 나이트클럽에서 사이키는 주역이었지만, 이를 제외하고서 사이
키가 경계 없는 표현 양식, 즉 마음을 마음대로 드러내는 수단으로
자리 잡는 일은 좀체 없었다. 사이키가 대중의 시선에서 멀어진 사
이, '뽕 기운'를 쏙 뺀 포크송이 건전가요가 되고 록 음악의 에너지
는 트로트와 어울려 1970년대 말 고유한 시대의 양식이 된다.[7] 게
다가 대마초에 이어 합성마약이 한국에도 알려지자 환각과 몽상에
근거를 둔 사이키의 가능성들은 비정상의 울타리에 갇힌다. 여기에
는 건전사회를 위해 히피를 금지하라는 대통령 '순시말씀'의 영향도
적지 않았다.[8]

사이키가 시대의 금기가 된 이후 사이키델릭한 표상과 이미지들, 즉 환각 상태를 암시하는 몽환적이고 왜곡된 형상과 색채는 거부 당하고 퇴폐와 마약중독이라는 멍에까지 졌다. 1960년대 전 세계를 휩쓴 사이키가 한국에서만큼은 힘을 발휘하지 못한 데에는 이 같은 사정이 있었다. 그런 점에서 사이키는 한국 사회의 엄숙주의와 검열을 상태를 보여주는 문화적 지표종이라고 할 수도 있겠다.

'정신의 물질'을 허하고 금하는 권력

검열과 금지가 당연하던 시절, 사이키처럼 마음을 마음대로 드러내는 일은 불온의 혐의를 쓴다. 함부로 드러냈다가 곤경에 처하지 않을지, 마음 자체가 자기검열의 대상이 된다. 서유석의 노랫말을 뜯어보면 금지된 것이 사이키만이 아님을 알 수 있다. 노래의 주인공은 비록 장발이지만 술, 담배를 멀리하는 반듯한 청년이라고 능치면서 숨은 욕망을 은연중에 고백한다. 작업복을 입은 노동자로서 살롱에도 가고 판타롱을 입은 섹시한 아가씨를 만나 즐긴다는 것. 그러나 히피와 사이키가 금지되었던 만큼 청년의 욕망은 통째로 매도당할 수밖에 없었다. 금지된 쾌락과 욕망은 반듯한 청년의 이면일 터인데, 그것이 사이키, 혹은 마약과는 무관하다고 하더라도 쉽사리 허용되지 않았다. 청년의 쾌락과 욕망은 〈철날 때도 됐지〉처럼 부정하지 않고서는 언급될 수 없는 불온한 대상이 되어버린 것이다. 마약이나 체제 전복과는 상관없다고 항변한들 무슨 소용이 있었을까.

우리 사회에서 욕망의 표현 자체가 오랜 금기의 대상이었다. 욕망은 금기될수록 그 실체는 가려지고 일그러진 부분적인 형상만으로 짐작될 뿐이다. 정식분석학의 용어를 빌리면 욕망은 왜곡된 스크린에 비춰진 환상으로 존재한다.[9] 그래서 솟구치는 욕망을 드러낼 때에는 항상 비정상적으로 보일지 모를 위험을 감수해야 한다. 사람의 마음이란 것이 애초에 사이키델릭처럼 몽환적인 것인지는 알 수 없지만, 어떻게든 마음의 본모습을 확인하기 위해서는 사이키델릭의 몽환과 환상의 과정을 거칠 수밖에 없다. 1960년대 히피들은 마음을 찾아가는 여행의 출발점이 약물이라 믿었다. 그리고 약물을 좋게 에둘러 '정신의 물질'이라 불렀다.

1960~1970년대 갖가지 약물 실험으로 서구 사회를 종횡한 티머시 리어리(Timothy Leary)는 LSD와 같은 약물은 환각으로써 권력에 대항하며 서로 소통하고 연대하게 만드는 힘을 가지고 있다고 칭송했다. 과장되게 말하면 케네디나 흐루쇼프가 약물을 했다면 지구에는 평화가 깃들었을지도 모를 일이란다.[10] 리어리는 약물은 환각의 입문효과를 위한 것일 뿐이며 최종 목적은 약물 없이 약물 체험을 재생하는 것이라 했다. 이 과정을 '실험'이라 말했거니와, 약물이 긍정적이든 부정적이든 인간의 내면 깊은 곳을 들춰낼 수 있다는 사실을 밝힌 것은 실험의 성취임에는 틀림없다. 이는 어설픈 옹호론이 아니다. 마약의 해악은 분명하지만 그 와중에도 "약물의 항변"은 존재한다는 말이다. 비록 환각을 통해서이긴 하지만 약물은 금지와 억압을 인식하게 만들며 이를 넘어서는 상상력의 단초를 제공했다

는 점이 그 핵심일 것이다.

한국 마약의 역사에도 곡절과 항변이 없지 않다. 1970년대 청년 문화의 일부로서 유통된 대마초에는 다양한 얼굴을 하고 있는 청년의 심성과 더불어 유신의 그림자가 함께 투영되어 있다. 산야에 흔했던 대마는 청년문화의 바람 속에서 쾌락의 도구가 되었지만, 마약으로 규정되는 순간 청년문화는 '망국의 풍조'로 매도된다. 대마가 마약이 되는 과정에는 의학 담론 외에도 권력의 힘이 크게 작용했다. 자유분방한 청년문화의 육체와 정신을 다잡기 위해 유신정권은 대마초 파동을 적극 활용했던 것이다.[11]

파동이 사라진 1980년대에는 메스암페타민, 일명 '히로뽕'이 대마를 대신했다. 한때 일본시장을 석권했던 한국산 히로뽕은 수출 길이 막힌 이후 국내로 흘러들어 마약의 총아로 떠올랐다. 흔히 히로뽕 하면 성적 쾌락의 극대화와 통제 불가능한 환각을 떠올린다. 그러나 애초에 히로뽕은 그런 것들과는 무관하게 발명된 것이다. 히로뽕의 말은 '노동에 대한 사랑'을 뜻하는 그리스어 '필로포누스(philoponus)'에서 온 것이다. 어원에 어울리게 히로뽕은 애초 피로회복제로 팔리다 2차 세계대전이 발발하자 일본 군수공장을 중심으로 수요가 폭증했다. 전쟁물자 생산을 위한 각성제에서 지금의 극단적 쾌락을 떠올리기는 어렵다. 히로뽕의 역사는 오히려 1960~1970년대 한국의 가혹한 노동환경과 연결시키는 것이 수월할 것이다. 장시간 노동을 견디기 위해 맞아야 했던 '잠 안 오는 주사'나 '타이밍' 같은 알약은 히로뽕과 같은 계열의 중추신경흥분제 였기 때문이다.

전쟁과 생산을 위해 보급되었던 히로뽕은 쾌락의 도구로 쓰일 때 즉각 금지된다. 노동을 사랑하고 전쟁에 목숨을 던지는 일에만 정신의 물질이 허락되었다는 사실이 마약 역사의 요체가 아닐까? 마약에 부여된 권력의 요구가 사라진 자리에는 금지된 욕망만이 남을 뿐이다.

우유주사 혹은 음란

우리는 마약의 비유를 흔히 접하지만 쾌락과 욕망을 마음껏 드러내는 문화적 양식은 마약만큼 금기시된다. 이는 우리 사회가 여전히 문화의 정상성에 매여 있기 때문일 것이다. 마약 금지가 곧 마약적 상상력의 금지를 뜻하지는 않을 것이다. 그러나 우리 현실에서 반듯한 형식과 내용만이 요구되고 현실에서 보기 드문 낯선 것들은 올바름의 자장 밖으로 밀려난다. 티머시 리어리의 '실험'들이 부러운 것은 금지와 억압을 직시하고 이로부터 해방되려는 자유로움 때문이다.

모든 금지가 그러하듯 마약에 대한 금지는 현실보다 한 발짝 늦지만, 그 힘은 시간을 역전한다. 아편에서 대마로, 그리고 향정신성 의약품으로, 현실을 뒤쫓아 법이 규정되었을 때 마약과 관련된 것들은 시간을 초월하여 이 사회에서 격리된다. 1970년대 청년문화가 그러했다. 대마관리법으로 청년들이 줄줄이 엮였을 때 약쟁이라는 비난에는 공소시효가 없었다. 히로뽕은 윤리적 타락과 파멸적 쾌락의 이미지를 내세워 침략과 착취의 과거를 매우 효과적으로 삭제했다.

20세기에 발명·발견된 향정신성의약품도 이와 같은 금지의 메커니즘을 따른다. 몇 해 전 프로포폴로 떠들썩했을 때, 사람들의 관심이 엉뚱한 데로 쏠렸던 적이 있었다. 별 뜻 없이 인용한 '우유주사'라는 말이 성적인 상상력을 불러 일으켰고, 급기야 '우유주사'라는 마약의 음란성에 분노한 비난 여론이 줄을 이었다.[12] 프로포폴의 실체와 무관하게 성적 음란함이 마약의 위해와 등치되는 사고의 회로를 여기서도 볼 수 있다. 약물의 위험성은 의학적, 사회적으로 갱신된다. 그러나 그러한 금지의 합리성에 포함되지 않는 잔여는 우리 사회에 항상 존재한다. 우유주사 논란이 보여준 음란 퇴폐의 상상력이 여기에 해당할 것이다. 우리의 쾌락과 욕망은 언제쯤 약물의 오해를 벗어나 온당하게 인정받을 수 있을까.

사이키를 기리며

육체든 정신이든 무한한 쾌락은 없다. 한정성이야말로 쾌락의 근거이다. 그래서 우리는 제한된 범위 내에서 얼마큼의 쾌락을 향유하는 것이 가능할지를 묻는다. 이 물음은 삶의 본질에 관한 것이며 예술의 표상에 관해서도 적용된다. 말 그대로 자기 마음대로 마음을 드러내는 일은 어디까지 가능한가. 우리는 대답은커녕 질문부터 제대로 하지 못했다. 묻기도 전에 무엇이 정상적이며 올바른지 골몰해온 것은 아닌가.

특이하고 낯선 것이 항상 환영받을 수는 없다. 새로운 내용과 형식의 유효성을 따져 받아들이기까지는 적잖은 비용을 지불해야 한다. 파격적인 실험으로 끝날지, 아니면 시대를 표상하는 양식으로 남을지는 사회 전체가 다양한 가능성을 시도해봐야 알 터인데, 시도하기도 전에 금지가 그 앞을 가로막는다. 마약, 퇴폐, 음란 등의 온갖 구실이 들이닥칠 때 금지되는 것은 양식이 아니라 그것이 드러내고자 하는 욕망 혹은 자유로운 마음이다. 그 시절의 사이키를 되돌아보며 금지와 억압을 넘어서는 상상을 기대한다.

한국인의 대마포비아, 세계는 합법화 추세

1970년대 고등학생들은 '대마초 피웠다'라는 말을 은어로 사용했다고 한다. 무슨 뜻이었을까? 다름 아닌 대학 입시에 낙방해 소리소문 없이 사라진 친구를 지칭할 때 쓰는 말이었다.[1] 대마초를 피우는 것과 어느 날 갑자기 사라지는 일에 무슨 상관이 있는지 의아해하겠지만 이러한 은어가 만들어진 배경엔 1975년 연예인 대마초 파동이 있었다.

당시 최고의 스타들이었던 윤형주, 이장희, 이종용, 신중현, 김추자, 이상해 등이 대마초 사용으로 인해 하루아침에 구속되어 TV에서 깨끗이 사라져버렸다. 이들은 생계를 위한 밤무대에도 서지 못했다. 실감이 나지 않는다면 지금 가요차트 1위에서 10위의 가수들이 모두 스캔들에 연루되어 출연정지를 당해 수년 동안 나오지 못한다고 상상하면 되겠다. 이용우는 이를 두고 "문화적 벌목"이라고 표현한 바 있다.[2] 인기 가수들이 없어지니 PD들은 당장 출연시킬 가수를 찾지 못하는 곤란을 겪었다.

이 사건의 범법 행위에 대한 처벌 정도는 다소 과하다고 할 수 있다. 대마초를 피우는 행위가 연예인으로서의 모든 활동을 수년간 정지할 정도로 중한 범죄는 아니다. 상식적으로 중한 벌은 공급책이 받아야 한다. 실제로 해당 연예인들은 마치 구속될 것처럼 보였으나 집행유예를 선고받고 반성문을 썼다. 이영미는 이 과잉된 포즈를 1975년 전반의 분위기와 연관 지어 생각해야 한다고 지적한다.[3] 베트남 공산화로 인한 안보 위기의 고조와 『동아일보』 언론 탄압, 긴급조치 9호, 대학의 총학생회 해체 등으로 이어진 1975년의 정국의 '위기 상황'이 배면에 깔려 있는 상황에서, 미국 문화에 물든 청

년세대가 까불면 이렇게 사라질 수 있다는 메시지를 던진 사건으로 이해한다는 것이다.

대마초를 피운 주체는 회사원, 교수, 외국인, 사업가 등 다양했지만 언론은 '대마초 ○○○'이란 말을 오로지 연예인에게만 적용해 사용했다. 이 점에서 주기적인 연예인 '대마초 파동'은 통상적인 징벌 행위로 보기 어렵다. 스타가 수갑을 찬 범죄자로 전락하는 장면은 대중을 향한 충격요법을 염두에 둔 연출이었다.

대마초=사회적 지위 박탈

1975년 대마초 파동 이후, '대마초=사회적 지위 박탈'이라는 등식은 한국인의 뇌리에 오래도록 각인된다. 그리고 정권은 연예인들을 완전히 길들이는 방향으로 나아갔다. 그들의 재기 공연은 공연장이 아니라 교도소에서 열렸고,[4] 연예인들이 국가에 봉사하자는 취지로 만든 '새마음봉사대' 공연에는 대마초 사건 연루 연예인들이 기꺼이 출연하려 노력했다.[5]

한국에서의 대마초 사건은 근면한 인간과 방탕한 인간을 구분해 도덕적 힐난을 연마하는 훈련장으로 기능한다. 김성환은 1970년대 박정희 정권의 마약 단속을 "마약에 빠져 일을 하지 않는 게으른 중독자들을" "신성한 노동력을 제공하는 국민으로 개조"하려는 기획이었다고 평가한다.[6] 올바른 국민이 되는 길은 자주·자립·협동을 통한 근면·정직의 윤리를 세우는 것이고, 마약 문제 해결은 정의 구현의 길이었다.

2017년 그룹 빅뱅의 멤버 탑의 대마초 흡입 사실이 적발되었다. 그는 온갖 지탄의 대상이 되었다. 당사자는 사건 이후 신경안정제 과다 복용으로 중환자실에 실려 갔다가 퇴원했다. 대중의 과도한 관심만큼 사회적 처벌 또한 예고되어 있었다는 점에서 그가 느꼈을 압박감을 상상해본다. 공인으로서 대중적 영향력을 고려해 이 모든 비난이 옳다는 생각을 잠시만 멈추자. 언론보도의 관심은 그가 아이돌 지망생과 함께 있었다는 선정적인 측면에만 기울었고, 그가 앞으로 받을 처벌과 재기 불능의 시나리오를 써 내려갔다. 이것이

1993년 8월 대마초를 피운 혐의로 경찰에 붙잡힌 연예인들. 대마초를 피운 연예인은 언론에 대대적으로 공개되곤 했다.

옳은 걸까? 혹은 적당한 걸까?

가수 신해철은 대마초를 한 연예인을 법적으로 처벌하는 것엔 이견이 없지만 그 이상으로 인격적 모독을 서슴지 않는 대중의 공격과 그가 불능이 될 때까지 때리는 가학적인 사회만큼은 반성해야 한다며 울분을 토한 적 있다. 한때 대마초 연예인으로 낙인찍힌 사진작가 김중만은 약물검사에서 음성이 나왔는데도 바로 집으로 돌아갈 수 없었다. 대신 강제로 정신병원으로 보내졌고 마약중독이 아님을 스스로 증명하고 나서야 빠져나올 수 있었다. 우리 사회는 연예인의 마약 문제에 있어서는 집요할 정도로 가학적이다. 주기적으로 반복되는 연예인 대마초 사건을 우리는 여전히 1975년 대마초 파동의 정서로 바라보고 있지 않은지 물을 일이다. 한국인의 대마포비아는 연예인을 제물로 한 희생양 만들기를 통해 반복·강화되어왔다.

대마초는 죄가 없다

불과 47년 전인 1970년만 해도, 대마초가 이 땅에서 금지의 대상이 아니었다는 점을 우리는 잊곤 한다. 대마초는 농촌의 상비약으로 누구나 조금씩은 복용하는 약재였다. 재미로 즐긴 것도 아니고 단지 담뱃값이 아까워 대마 잎을 대체재로 삼아 피우는 수준이었다. 대마는 농촌의 소박하고 가난한 풍경 속에 놓여 삶과 공존하고 있었다.

신문지상에서 대마초가 사회적 문제가 되어 등장한 것은 1960년대 후반부터다. 한국 대마의 환각제 가능성을 알아차린 자들은 미군들이었다. 그들은 대마를 '해피스모크'라는 별칭으로 불렀다. 해피스모크는 주로 '파고다'나 '아리랑' 등의 담배에 대마 가루를 첨가해 만들어졌다. 약학박사 이창기는 한국 대마엔 환각 성분인 테트라히드로칸나비놀(THC)이 인도, 스페인, 남아프리카공화국, 브라질 등지의 대마보다 훨씬 높다고 분석했다. 한국 대마는 환각을 위한 흡연에서 상당한 효능을 보였기에 미군부대 주변을 중심으로 빠르게 번져나갔다. 당시 대마는 농가에서 삼베 재료로 재배되었으나 한국인들은 대마를 환각제로 사용할 줄 몰랐다. 그러던 차에 기지촌을 중심으로 대마초 흡연자들이 늘어나 점차 한국 젊은이들마저 사용하게 된 것이다. 1970년 법규에는 이에 대한 규제 사항이 없어 단속을 하지 못했다. 어차피 대마 열매가 성숙하기 10여 일 전에만 잠시 THC 성분이 생길 뿐이라고 판단한 관리들은 농촌에서 어망, 로프, 옷감 등을 만들기 위해 재배한 대마를 강하게 단속하긴

마약

어렵다고 보았다.

　반면 주한미군의 마약 관련 범죄는 늘었다. 대체로 대마초 자체의 환각 때문은 아니었고 대마초를 사기 위해 돈을 훔치거나 시비붙는 일 등에서 발생했다. 주한미군은 이러한 사태를 더 이상 방관할 수 없어 한국 정부에 적극적인 개입을 주문하게 된다. 미군 병사들을 대상으로 한 마약사범이 3년 동안 약 80배로 늘어나자 이를 방지하기 위해 마약류 단속법 제정이 시급하다고 판단하여 1970년 6월 17일 보건사회부에 공문을 보냈다. 내용은 병사들의 마약범죄 대부분이 한국에서 재배되고 있는 대마 때문에 벌어지고 있으니, 이를 단속할 수 있는 법률을 제정하여 미군 병사들의 탈선을 막을 수 있도록 해달라는 것이었다.[7]

　이후 습관성 의약품 관리법이 1970년 10월 16일 발효되었다. 화학적 구분으로 THC가 습관성 의약품으로 명시되었다. 1976년 3월에는 영리 목적으로 대마초를 소지했거나 상습적으로 대마초를 섭취한 사람에게 최고 사형까지 가능한 법안이 발의되었고, 같은 해 4월엔 대마를 습관성 의약품의 범주에서 분리해 통제할 수 있는 대마관리법이 제정되었다.

세계는 대마를 알아가는 중

　대마초에 대한 우리 사회의 통제는 의도적 과잉이었으며, 대체로 외부적 요인에서 기인했다. 조석연은 이를 "1970년대 마약 통제 정

2005년 3월 영화배우 김부선, 가수 전인권 씨(왼쪽부터) 등이 서울 중구 한국 프레스센터 기자회견장에서 '대마 비범죄화 요구' 기자회견을 하고 있다. 김 씨는 2004년 '마약류 관리에 관한 법률'의 대마초 관련 규정에 대해 헌법재판소에 위헌법률심판을 제청했으나 기각됐다.

책은 마약의 생산과 사용에 대한 국가의 역할이 강화되는 과정이면서, 한편으로는 '국민'이 마약의 자생적 이용에 대한 전통적 권리를 잃게 되는 과정이었다"고 해석한다.[8] 마약의 권리를 국가에 뺏긴 이후부터 우리는 대마초에 대해 제대로 아는 게 없다.

대마초의 중독성은 담배보다도 약하다. 또한 사용자는 대체로 대마초를 피운 후 공격성을 잃고 유순해진다. 대마초의 환각성이란 헛것이 보이는 게 아니라 기분을 나른하게 만드는 것에 가깝다. 대마초는 나른한 가운데 되레 또렷하게 주변 상황을 인지하고, 청각이나 시각이 예민해져 예술적 능력을 배가시킨다.

최근 미국 워싱턴주와 콜로라도주에서 주민 투표를 통해 오락용 마리화나를 합법화했다. 이미 27개 주에서도 일부 의료용 대마초 혹은 제한적인 오락용 대마초를 허용했다. 캐나다는 2018년 10월부터 오락용 대마초를 합법화했다. 전 세계 많은 나라에서 대마초에 대해 완화하는 정책을 취하는 것은 대마초의 위험성이 그동안 너무 오랫동안 부풀려졌음을 인정하고 대마초의 효능을 새롭게 확인하고 있기 때문이다. 대마초의 THC 성분에 알츠하이머 치매를 유발하는 독성 단백질을 막는 능력이 있다는 연구결과가 나오기도 했다. 중국은 자국의 마약 억제 정책에도 불구하고 대마를 꾸준히 연구해 관련 특허의 절반을 차지하고 있다. 마이크로소프트는 정보기술(IT)을 접목해 대마 재배를 신산업으로 키워내려 하고 있다. 세계는 지금 대마 혁명의 시대에 돌입했다. 의료적 차원이든, 오락적 차원이든, 산업적 차원이든 대마의 가능성이 무한히 열리고 있는 중이다.

의사 데이비드 커사렛(David Casarett)은 대마초의 위험에 대해 더 연구할 필요가 있다고 말한다. 하지만 사람들이 대마초를 찾는 이유가 단지 약효 때문만이 아니라 사용자끼리 상호작용하는 다정다감한 문화, 그로 인해 얻는 병에 대한 통제력에 있음을 깨달았다고 말한다. 우리 시대 대마초는 공동체를 구성하는 방법까지도 시사할 수 있다.

2004년 영화배우 김부선은 '대마초는 마약이 아니다'라는 주장과 함께 마약류 관리에 관한 법률의 대마초 관련 규정에 대해 위헌법률심판을 제청했다. 내용은 대마초 흡연 처벌 규정이 국민의 행복추구권·평등권·과잉금지원칙을 위배하고 있으며, 합법화는 아닐지라도 비범죄화를 꾀해야 한다는 것이었다. 비록 기각되었지만 대

마초에 대한 부정적 시선을 한번쯤 재고하게 만든 용기 있는 시도
라 할 수 있다. 갈 길이 요원하지만, 박정희 정권에서 시작한 이 금지
를 이제는 의심하고 넘어서도 될 시기라고 생각한다. 한국인이 만
든 유일한 대마초 노래의 한 구절을 적으며 마친다.

> 1930년대에는/죄악이라고 했지만/티모시 리어리 박사는/
> 죄악을 엎어/에이즈와 암 같은/병을 고친다고 말했어/난 굶
> 주렸어/말 한 마리도 먹을 수 있어/오 마리화나/네가 원하는
> 걸 해라/오 마리화나
>
> ― 한대수, 〈마리화나〉, 9집 앨범 《고독》, 2002

웃음이
세상을 구하는가,
비극적 희생이
세상을 구하는가

여러 해 전 겨울, 군부대 제설작업을 소재로 뮤지컬영화 〈레미제라블〉을 패러디한 "레 밀리터리블"이 유튜브 조회수 500만을 넘기면서 세간의 화제가 된 일이 있었다. 원작의 주연배우 러셀 크로우가 본인의 SNS에서 이를 언급하고, 프랑스의 어느 라디오 방송에서도 '금주의 화제'로 다루었다는 기사에 호기심이 일었던 필자는 그 영상을 뒤늦게 찾아보았다.

원작에서의 '죄수들의 합창'을 '눈 치우는 장병들의 합창'으로 바꾸고 절묘하게 개작한 노랫말에 키득키득 웃다가 문득 이런 생각을 하였다. 러셀 크로우가 이제껏 여러 작품에서 군인 배역을 맡아보았을지라도 예비군 훈련이나 '군대 가서 삽질하는' 등의 설정이 우리 사회에서 갖는 특유의 맥락이나 그것이 유발하는 웃음에 대해서는 알지 못할 것이라고 말이다. 그러니 "제설, 제설, 넌 2년 남았어.", "나는 병장 예비역, 나는 군번이 두 개, 나는 제설만 5년째"와 같은 대사들을 들으며 부지불식간에 웃음 터뜨릴 수 있는 이는, 적어도 그 영상을 관람하는 동안에는 할리우드 유명 배우보다 몇 배 더 즐거운 사람인 셈이다. 비록 서사의 기저에 흐르는 체제순응적 메시지는 불편했지만, 웃음의 코드를 공유하는 어떤 '우리' 안에 속해 있음을 체감한 경험이었다.

유머가 갖는 정치성의 핵심은 이렇듯 함께 웃는 사람들을 하나로 만드는 힘일 것이다. 웃음의 코드는 당대 문화와 정치에 대해 공동체가 공유하는 가정들을 드러내어 보인다.[1] 이때 웃음은 한편으로는 동음이의어나 특정한 발음, 은유적·중의적 표현 등 언어의 빈틈 자체에서 비롯되지만, 다른 한편으로는 권위 있는 대상을 하찮게 만들거나 신성한 가치를 모독하거나 혹은 점잖은 예절을 비웃음으로써 공동체의 금기를 공동체 구성원들이 함께 깨뜨리는 쾌감에서 기인한다.[2]

정신분석학자 프로이트는 저서 『농담과 무의식의 관계』에서 정치권력이나 도덕적 규율에서부터 혼인·제례의 관습이나 논리적 사유 방식에 이르기까지 사회 안에서 억압되어온 충동들이 농담을 통해 어떻게 분출되는지 보여준 바 있다. 그는 단순히 유머의 기술을 만끽하기 위한 농담과 이면의 의도를 숨긴 농담을 구분하면서 후자를 '저의 어린 농담(Tendenzwitze; tendentious joke)'이라 정의한 바 있다.[3] 프로이트에 따르면 이러한 종류의 농담들은 정치권력이나 도덕적 규율에서 혼인·제례와 같은 관습, 논리적 사유 방식에 이르기까지의 금욕과 억압을 수행하는 데 위협이 될 사람이나 사물을 대상으로 한다는 것이다. 농담을 함으로써 우리는 그러한 억압된 충동의 일부를 분출해내며, 함께 웃는 이들 또한 마찬가지다.[4] 농담은 그 코드를 알아듣고 함께 웃는 이들로 하여금 경계를 해제하여 일순간 한편이 되도록 만든다.

건전웃음 vs 저질웃음: 통제의 정치

그런 견지에서 권력이 대중의 웃음에 대해 민감하게 반응하고 이를 규제·관리하고자 하리라는 것은 예측 가능한 일이다. 특히 "명랑사회 구현"이라는 명제가 사회문화를 규율하던 발전주의 시기에, 대중적 전파력이 큰 라디오·텔레비전 코미디 프로그램에는 종종 '씩씩하고 활기 넘치는 건전문화를 발전시켜가는 데 있어 걸림돌이 되는 저질프로'라는 표지가 부착되곤 하였다. "조잡한 말들의 나열과 불순한 상상력의 동원", "저속하고 무가치한 언어", "쓴웃음을 자아내는 애드리브" 등이 이른바 저질 코미디의 세부 표지였다.

방송윤리위원회에서 1966년부터 1971년까지의 '연예오락방송저촉사항'을 형태별·내용별로 분석한 것을 보면 총 저촉 건수 319건 가운데 코미디가 125건으로 가장 많았고, 지적된 내용은 언어순화에 유해한 표현(59), 불쾌감을 주는 표현(44), 인간생명체를 모독하거

사회적 금기들을 깨뜨리는 웃음, 유머가 갖는 정치성의 핵심은 함께 웃는 사람들을 하나로 만드는 힘에 있다. 권력은 대중의 이 웃음에서 정치성을 파악했고, 그리하여 대중의 웃음조차 '건전사회'를 위해 통제하거나, '명랑사회'를 위해 동원·관리하는 대상으로 여겼다. 사진은 한 케이블채널에서 방영됐던 정치 풍자 코미디 프로그램 〈여의도 텔레토비〉.

나 인간을 비하한 표현(35), 성적 호기심을 유발하는 표현(34), 외설적인 소재 및 표현(33) 등이었다.[5] "저속의 낙인이 찍힌 코미디언을 퇴출시키고 코미디 프로를 일시적으로 정지"할 것을 요청하거나,[6] "퇴폐풍조를 배격하고 소비성향을 지양하며 불안요소를 제거"하기 위해 공서양속을 해치는 코미디 방영이 재고되어야 함을 주장하는[7] 등, 웃음의 '저급성'을 비판하는 기사들도 언론매체에서 주기적으로 확인된다.

1977년에는 3대 텔레비전 방송국에서 일체의 코미디 프로그램을 방영 않기로 결의한 일도 있었다.[8] 이에 코미디언 구봉서가 대통령을 마주한 자리에서 '택시가 사람 하나 치었다고 택시를 없애'냐며 재고를 간청하고, 얼마 후 코미디 프로그램들이 부활했다는 일화가 유명하다. 코미디 전체가 방송에서 강제 퇴출당하는 일은 결국 현실화되지 않았지만, "지금까지는 코미디프로가 전근대적 작태로 억지웃음을 자아냈지만 다른 (교양)프로들을 통해서도 건전한 웃음을 자아낼 수 있다"던 당시 문공부 관계자의 변은 새 시대의 '건전'웃음과 구시대적인 '저질'웃음의 이분법을 전제하고 있다. 이러한 이항대립적 사유는 코미디 프로그램 폐지안에 반발하던 사회 인사들의 목소리에서도 매한가지로 드러난다.

"사람이 사는 데 밝은 웃음이 절대 필요하기 때문에 건전한 코메디프로는 꼭 있어야 한다. 코메디가 저질이라 해서 질을 높이려는 노력 없이 프로를 없앤다는 것은 졸렬한 처사다. 우리는 언제쯤 외국의 〈봅 후프 쇼우〉와 같은 재미있고도 유익한 코메디프로를 볼 수 있을 것인가"

　"하루 아침에 갑자기 코메디프로를 없앤 것은 무리한 일이
다. 연기자 제작실무자 방송국이 합세해서 체질개선하는 방
향으로 노력을 기울일 수 있도록 해줬어야 할 것이다."

—한국방송작가협회장[10]

　이렇듯 대중의 웃음은 건전사회를 유지하기 위해 통제되어야 할
대상인 동시에, 명랑사회를 구현하기 위해 동원되고 관리되어야 할
대상으로 간주되었다. 여기서 저급함을 판단하는 잣대는 다분히 자
의적이어서, 권력자에 대한 풍자에 '불온함'이나 '괘씸함' 대신 '저
질'이라는 수사가 붙은 채 규제와 단속의 대상이 되기도 했다. 이후
전두환 정권 시절에 코미디언 이주일의 머리숱을 빗댄 코미다나 오
리궁둥이 춤이 표면적으로는 '대통령의 외모에 대한 모욕'만이 아니
라 "건전한 국민정서에 역행하며 어린이들에게도 위해하다"는 사유
로 방송 출연이 정지된 경우가 그러하다.[11]

'나를 두고 웃는 것을 허하노라' 관리의 정치

　체제가 대중의 건전한 웃음을 적극적으로 관리하려 한 사례 가
운데 하나가 1차 세계대전 무렵 독일군에 유포된 이른바 '독일식 유
머'다. 사회문제에 관하여 농담을 던질 때, 제대로 된 독일인이라면

프랑스적인 혹은 유대인적인 유머처럼 상대방에게 상처 입히는 어법이 아니라 화합과 진실성을 지향하는 독일식 어법을 사용해야 한다는 것이다. 독일 역사학자 케젤은 '한스 병사와 프란츠 병사의 참호 만담 시리즈'를 예로 하여, 당시 군사당국이 어떻게 병사공동체의 웃음을 관리하고자 하였는지 보여준 바 있다.[12] 만담 2인조 격인 한스 병사와 프란츠 병사가 질 낮은 배급식량에 불평하며 "(음식 맛이 형편없는) 영국이 전쟁에 이기기라도 하면 정말 큰일이겠어"라고 하는 에피소드나 딱딱하게 굳어버린 빵을 자르며 "부수기 어렵기가 꼭 독일 전선 같군"이라 중얼거리는 에피소드에서 나타나듯,[13] 전시(戰時)유머는 전시동원과 전투 의무 자체를 웃음거리로 삼지 않는다는 전제하에서 적극적으로 유포되었다는 것이다.[14]

대중적 웃음에 대한 관리는 권력이 스스로 희화화의 대상이 됨을 암묵적으로 용인하거나, 더 나아가 이를 적극적으로 홍보하는 방식으로 이루어지기도 한다. 노태우 전 대통령이 이른바 보통 사람의 시대를 맞아 자신을 풍자의 대상으로 삼아도 좋다고 공식적으로 '윤허'한 일화나, 김영삼 전 대통령이 본인을 소재로 한 YS시리즈를 듣고 파안대소한 일화 또한 미담의 형태로 널리 유포된 바 있다.[15] 이른바 민주화 시기에는 정치 풍자 꽁트집이 베스트셀러에 오르기도 하였는데, 노태우 집권 초기에 출간된 『대통령 아저씨 그게 아니에요』,『영부인 마님 정말 너무해요』,『각하 아저씨 정신 차리세요』나 김영삼 집권 초기의 『YS는 못말려』,『YS는 끝내줘』,『YS는 대단해』 등이 그것이다.[16]

물론 이러한 기획이 대중의 웃음을 실질적으로 지배·관리할 수

1970~1980년대의 권력은 웃음도 '건전 웃음'과 '저질 웃음'으로 나눠 통제·관리했다. 또한 자의적 기준으로 '퇴폐'라는 낙인을 찍어 한국 사회에 갖가지 금기를 만들기도 했다. 1989년 '퇴폐행위 추방', '명랑사회 이룩하자' 등의 팻말을 들고 운동을 벌이는 새마을운동 중앙본부 회원들의 모습.

있었는가는 별개의 문제이다. 앞서 언급했던 '참호 만담 시리즈'의 경우, 전세가 기울면서 재빠르게 '독일 유머란 바로 독일인에게는 유머가 없다'는 자조적 냉소에 입각한 패러디물로 변형되었다고 한다. 노태우·김영삼 정권 초기에 베스트셀러로 등극했던 다수의 정치 풍자 꽁트물 또한 얼마 후 "정상궤도를 이탈한 개인을 피상적으로 부각시켜 웃음을 자아냄으로써 정작 문제의 본질을 호도하고 희석시킨다"는 비판의 과녁이 되었다.[17] '건전한' 유머문화를 외부에서 인위적으로 심어 넣으려 할수록 도리어 역방향으로 패러디화될 여지가 높아지는 것이다.

권력에 대한 비판적 거리나 현실적인 긴장감이 부재한 미담 형태의 개그 또한 웃음공동체 내에서 대통령이 킥복싱 시범을 보이는 화보 기사에 "지랄 옆차기 하네"라는 베플이 달리는 식으로 전유될 수 있다. 공동체의 웃음은 이렇듯 규제의 그물망에도 조종의 기획에도 온전하게 포획되지 않으며, 지배 체제의 허울을 조각내어 보여주는 동시에 그 공동체가 찢겨지지 않도록 이어붙이는 역할을 수행한다.[18]

'웃는 우리'와 '웃지 못하는 너희'를 가르는 경계선

한편 웃음의 이러한 집단적 속성은, '(누군가와) 같이 웃는(laugh with)' 포섭의 측면을 갖는 동시에 '(누군가를) 두고 웃는(laugh at)' 배제와 폄하의 기제가 되기도 한다. 농담은, 보다 직접적인 괴롭힘이나 차별이 법에 의해 제약받는 상황에서 특정한 개인 혹은 집단에 대한 적대감을 우회적으로 표명하는 한 방편이 되기 때문이다. 그런 의미에서 유머는 공동체성을 상기시키고 소속감을 구축하는 동시에 우리의 안과 바깥의 경계선을 긋는다고 할 수 있다. 한바탕 웃음으로 하나 되기도 하지만, '웃는 우리'와 '웃지 못하는 너희' 사이에 경계선이 그어지기도 하는 것이다.

특히 일베로 통칭되는 악의적인 유머공동체의 혐오 표현과 극우의 역사 부정에 대한 사법적인 규제 논의로 인해, '표현의 자유'가 강자의 권위에 대한 저항을 표상하는 반면 '표현의 자유에 대한 규제'는 그러한 저항을 탄압하는 검열 권력을 표상하였던 기존의 논의 구도는 급격한 역전 현상을 보이고 있다. 집단적 웃음의 대상이 강자가 아닌 약자인 상황에서 인권법적인 관심이 '웃을 자유'로부터 '웃지 말아달라고 할 권리'로 옮아가는 이러한 양상 또한 주목하여 지켜볼 필요가 있다.

여러 가지 얼굴을
가진 미국,
한 가지 시각만을
강요한 권력들

지난 2016년 가을, 촛불항쟁이 타올라 박근혜 정권이 위기에 빠지자 일부 보수층과 개신교도가 중심이 되어 소위 '태극기 집회'를 시작했다. 그들의 행위는 기본적으로 시민적 상식의 바깥에 있는 걸로 간주됐지만, 그중에서도 보통의 한국인들을 가장 의아하게 한 것은 집회에 성조기를 들고 나와 휘두른 일이었다. 박근혜의 잇단 실정과 최순실 국정농단 사태 때문에 벌어진 사단과 미국은 도대체 무슨 관계가 있는가?

'태극성조기' 부대

2017년 3월 박근혜 탄핵 직전 헌법재판소 앞에서 시위 중인 초로의 여자에게 왜 성조기를 들고 나왔는지 질문한 적이 있었다. 여자는 정색하고 답했다. "미국이 우리가 가장 어려울 때 도와줬었고, 지금도 그런 시기"라고.

대한민국 일부 국민들에게 미국은 위기(?)에 빠진 국가의 구원자로 여겨진 것이다. 즉 '미국=보수+기독교+반공+우익'의 보루이자 표상일 뿐 아니라, 대한민국이라는 나라의 어떤 깊은 실제적 존재 근거다. 그러니까 태극기 시위대 중에서도 가장 위기감이 높고 또 대한민국 역사에 대해 깊이 (그러나 잘못) 고착된 부류가 성조기를 들고 나왔을 것이다. 즉 그들은 분단국가의 대한민국의 탄생 과정뿐 아니라 생존 전략에 대해서도 가장 잘(?) 이해하고 있다. 한미동맹은 진리요, 생명이다.

——————— 2017년 2월 26일 서울 덕수궁 대한문 앞에서 '박근혜 대통령 탄핵 기각을 위한 국민총궐기운동본부' 주최 태극기 집회 참가자들이 대형 성조기를 펼치며 시위하고 있다.

　　실제로 미국이 아니었다면 대한민국이라는 나라는 태어나지도 유지되지도 못했을지 모른다. 제헌헌법을 기초한 초대 법제처장 유진오는 한국전쟁이 발발하자, "솔직히 말해 미국의 절대한 원조 없이는 대한민국이 성립될 수 없"으며 "우익 지도자들의 봉건적 존대, 이론적 빈곤, 무기력 무능한 것과는 대척적으로 좌익 운동자들은 전투적이며, 저돌적이"어서 "미국의 지원이 없었더라면 이 나라의 민주세력은 미처 집결될 틈도 없이 패산(敗散)하고 말았을" 것이라 말했던 적이 있다.[1)]

　　얼마 전에 번역된 『브루스 커밍스의 한국전쟁(The Korean War: A History)』에서 저자는 1945~1953년 사이의 시기에 미국이 어떻게 대한민국을 생각하고 전쟁을 치렀는지를 다시 설명해주고 있다. 태평양전쟁에서 일본을 패망시킨 미국은 육군부 정책과장이었던 딘 러스크 대령이 지도 위에 거의 자의적으로 그은 북위 38도선을 분계선으로 한반도 남부를 점령했다. 그리고 1950년 소련과 북한이 전쟁을 일으키자 만주 국경선 바로 아래까지 반격 "침공"[2]하며 중국과 대결을 벌였다. 이 국제적인 전쟁에서 엄청난 물자를 동원하며 북한 전 지역을 초토화시키다시피 한 미국 장병 약 3만 9600여 명이 죽거나 실종됐다.[3]

　종전 후에도 미국은 정부 차원의 군사 및 경제 원조는 물론, 민간기구를 통해서도 엄청난 돈을 쏟아 퍼주었다. 이는 천사가 준 '은혜'인가? 대가 없는 증여가 있을까? 과연 우리는 미국에 무엇을 지불했을까?

　'미국이 아니었다면 태어나지도 유지되지도 못했다'며 고맙게 생각하는 평가는, 분단과 한국전쟁 그리고 그 과정의 거대한 상처와 참혹한 희생을 무시한다. 그 대신 고려시대 이래 외국 군대가 최장 기간 동안 한반도에서 세계 최대 규모의 기지를 운영하며 주둔하는 현실을 긍정해야 한다. 결국 역사에 대한 그 같은 평가는 '한민족'의 통일·자주 국가의 건설 같은 가치에 대한 부정도 전제해야 한다.

분단~1970년대까지의 반미

　1945~1953년 사이 형제 살해의 경험을 통해 한반도 반쪽의 사람들에게 미국은 '원쑤', 다른 반쪽 사람들에게는 '혈맹'이 되었다. 대한민국에서 미국 비판이나 반미 행동은 성역을 건드리는 금기가 되었다. 이승만 이래 대한민국의 국가권력과 우파는 '반미'는 물론

'탈미', '비미' 및 중립화 논의도 모두 친공·용공으로 몰아 잔인하게 탄압했다.

그런데 한미 사이의 관계는 한결같은 표면적인 조화에도 불구하고 실제로는 균열이 잦았다. 미국은 대통령 재임 중인 이승만을 제거할 계획을 여러 번 세우기도 했고, 1970년대 중반 독재와 독단적인 행동을 일삼는 박정희의 남한이 싫어서 미군을 철수하려는 계획을 짜기도 했다.[4] 그 우익 독재자들은 미국의 후원에 의해 집권했음에도, 거시적인 미국의 가치와 국익 또는 당시 미 행정부의 동아시아 전략에 맞지 않는 행동을 하기도 했던 것이다.

한편 '제국주의로서의 미국'에 대한 민족·민중 세력의 인식은 1945년에서 1948년 사이에 확연해졌다가 전쟁 때문에 잠복할 수밖에 없었다. 1960년 4·19혁명 직후 다시 '탈미 자주 통일'에 대한 생각이 나타나기도 했지만 민주화 이전까지는 거의 언제나 극단적인 탄압을 받았다. 1960년대 중반 박정희가 미국의 종용으로 부실한 한일 국교 정상화를 강행하고 베트남전쟁에 수십만 명의 젊은이들을 파병하였지만, 남한의 진보·민주 세력은 감히 '반미'를 입 밖에 내지 못했다. 1960년대 중반 이후 안보 위기가 격화되면서 동백림·통혁당·인혁당 등 많은 '간첩' 사건으로 시민과 지식인들이 죽거나 상하고 남북의 국지적 군사 대결도 치열했던 탓이다.

특히 1968년에는 북한은 박정희를 살해하려 김신조 부대를 침투시키고 울진·삼척 지역에서 게릴라전을 벌이기도 했다. 또 북한 영해를 침범한 미 해군 정보함 푸에블로호가 82명의 선원과 함께 북한에 피랍되는 사건도 잇달아 일어났다.[5]

강대국들 사이의 데탕트가 선언된 1970년대에 들어서도 사정은 크게 다르지 않았다. 지식인 사회에서 비동맹·3세계적 상상력이 조금 더 구체화하고 베트남 전쟁에 대한 인식도 뒤늦게 확산되어 리영희의『전환시대의 논리-아시아·중국·한국』(1974)이나『8억 인과의 대화』(1977)가 대학생과 지식층에 충격을 주기도 했다. 하지만 서슬 퍼런 유신 상황에서 저자가 옥고를 치렀고, '남조선 민족해방전선'을 결성(1978)한 사람들도 목숨을 잃거나 망명했다. 오히려 1970년대의 재야와 종교계는 미국의 조야를 '반유신 민주화'를 위한 거멀못으로 삼으려 했다. 실제로 미국 정부는 김대중 납치사건에 개입했고 의회 또한 한국의 인권 상황에 주목했다.

1980~1990년대 불붙은 반미

1980년대가 되자 상황이 확 달라졌다. 반제 민족주의·탈식민주의의 문제의식이 직접적 반미 행동으로까지 발화하기 시작했던 것이다. 1980년 12월 9일 광주에서 가톨릭농민회 회원 등이 주도한 광주 미문화원 방화사건이 있었고, 1982년에는 한국 '반미사'에서 결정적인 계기가 된 부산 미문화원 방화사건이 일어났다. 이 사건을 주도한 청년들은 미국을 "민주화·사회개혁·통일을 실질적으로 거부하는 파쇼 군부정권을 지원하여 민족분단을 고정화"[6] 시킨 제국주의로 규정했다. 이후 광주 학살에서의 미국의 책임 문제를 매개로 미국과 제국주의에 대한 인식은 대학생과 노동자들에게 빠르게 번졌다.

1985년 5월에는 마치 이란에서의 반미 이슬람혁명(1979)을 연상시킬 만한 충격적인 사건이 서울 한복판에서 일어났다. 서울 미문화원을 점거한 대학생들이 "광주 학살 책임지고 미국은 공개 사과하라"는 등의 요구를 걸고 농성했던 것이다. 올림픽을 유치한 서울에 전 세계의 이목이 쏠렸다. 이제 대한민국은 더 이상 '반미 무풍지대'가 아니었다.

1986년 이후 대학가에서는 주체사상파가 득세하며 반미 자주·통일 투쟁은 학생운동의 제일의 과제가 되었다. 그해 봄의 전방 입소 반대투쟁과 10월 28일부터 건국대학교에서 29개 대학 2만여 명의 대학생들이 모여 농성한 '건대 사태'에서도 매우 직접적이고 급진적인 '반미·자주·통일' 구호가 나왔다. '양키의 용병교육 전방 입소 결사반대'라든가 '주한미군 철수' 같은 이들의 언어가 금기의 선을 돌파해버렸고, 또 북한의 그것과 표면적으로 유사하다는 점이 새삼 기성세대와 우파들을 충격했다.

1988년 9월 개막된 서울올림픽을 전후한 시기에는 정서적인 수준에서나마 '대중적 반미'도 가능한 것임도 증명되었다. 칼 루이스나 수영 대표 같은 미국 선수들이 오만 방자한 태도를 보였고, 미국의 올림픽 독점 중계 방송사 NBC가 한국을 비하하는 등의 일이 쌓여 대중적인 반미 감정이 폭발했다. 화가 난 한국 관중들이 소련 같은 '적성국'뿐 아니라 모든 경기장에서 미국의 상대방 국가를 일방적으로 응원하는 사태가 빚어지고, 복싱 경기장에서는 여고생들이 '우리는 미국을 싫어한다'는 플래카드를 들고 나타나기도 했다.

1982년 3월 18일 소방관들이 부산 미문화원에서 발생한 화재를 진압하고 있다. 이날 화재는 부산의 고신대 학생들의 방화로 일어났다. 문부식과 김은숙 등은 미국이 전두환의 5·18 광주 학살을 용인했다는 내용의 유인물을 살포했다.

그해 연말 『한겨레』 신문은 1988년이 '반미의 해'라 했다. 포항·이태원 등지에서 미군 병사들이 집단 난동을 벌이고 미국 민간인들이 임신부와 택시 운전사를 폭행하는 일도 있었고, 이에 "맞서기라도 하듯" 대학생·청년들이 서울·광주·대구 등에서 미문화원·미대사관을 화염병 등으로 공격하는 일이 있었다.[7]

노태우 대통령과 지배 권력은 반미 감정을 기반으로 한 "반미책동"을 "체제 부정과 법질서 파괴 행위"[8]로 규정하며 진압에 나섰다. 이 '반미'가 그동안 쌓인 불평등 관계에 대한 불만의 표현이라는 점이 분명해지자, 미국은 우려를 표명하며 한미행정협정(SOFA) 개정을 검토하는 제스처를 취하기도 했다.[9]

1990년대에도 자주파는 학생운동권의 다수를 차지하고 통일·반미 운동의 기조를 이어나갔다. 물론 대한민국의 경제적·문화적 개방 정도가 이전과 비교할 수 없이 커지고 미국과의 정치적·경제적 '혈맹' 관계도 전혀 변함없었다. 오히려 사회주의권과 북한의 힘이 결정적으로 약화되어 냉전이 해체되고 있었음에도 대학가에서 다분히 민족주의적인 자주파가 융성할 수 있었던 것은 90년대적 '비동시성'의 사례일 것이다.

그런데 1990년대에 '반미 자주'의 주장은 곧 '주사파'요 '종북'이라는 인식의 틀이 굳어지기도 했다. "주체사상을 따랐다기보다는 민족 문제가 중요하다고 생각해 NL(민족해방노선)을 지향했던 수많은 '보통 사람'"이 있는데, 1994년 박홍 서강대 총장의 '주사파의 대학 침투' 발언 이후부터 주사파가 NL의 전부인 양 여겨지게 되었다는 것이다.[10] 이는 반 정도만 맞는 듯하다. 북한의 존재를 생각해보자. 북한 역시 한국전쟁을 거쳐 미국에 의해 반대 방향에서 '네이션'으로 정립된 역사를 갖고 있고 그 국시(國是) 주체사상 자체도 이를 반영하고 있다. 남한의 '반미 자주 통일'의 운동이 주체사상과 접속하는 일도 꽤 자연스러운 일이었다는 것인데, 이는 이미 1986년 자주파의 탄생 이후 분명해졌다.

2000년대 이후의 반미

2002년 6월 경기도 양주에서 여중생 신효순·심미선이 미군 장갑차에 의해 살해당하는 사건이 일어나자, 새삼 불평등한 한미행정협정과 미군 범죄에 대한 광범위한 문제 제기가 일어났다. 좀체 문제가 해결되지 않자 분노가 대중적으로 확산되었다.

11월이 되자 인터넷에서 백악관 서버를 다운시키자는 네티즌 운동이 일고 한미행정협정 개정을 촉구하는 리본달기 운동도 펼쳐졌다. 급기야 한 네티즌에 의해 제안된 촛불시위가 전국으로 번져갔다. 12월 촛불집회에 모인 수십만의 군중은 성조기 찢기 퍼포먼스를 연출했다. 맥도날드 영업장에 계란 세례를 하고 미국 제품 불매 운동을 벌이는 사람들도 있었다. 특히 월드컵이 열려 '대~한민국~!'이 새로운 국가 코드가 되고, 미국을 한 번도 방문해 본 적이 없다

2002년 7월 25일 서울 탑골공원에서 열린 '효순·미선 양 추모제'에서 아이를 업은 한 시민이 헌화하고 있다. 2002년 6월 당시 중학교 2학년이던 신효순 양과 심미선 양은 의정부의 친구 집에 가다 미군 궤도차에 깔려 사망했다.

(고 당당히 말하)던 노무현이 대통령으로 당선된 2002년은 새로운 버전의 민족주의가 탄생한 해였다고 할 수 있다. 이는 한편 인터넷에 기반하고, 다른 한편 새로운 버전의 민족주의에 근거한 것이었다.

따라서 2002년 겨울, 이 같은 사상 최초의 대중적 대규모 '반미' 거리 시위가 일어나자 보수 세력은 크게 당황하여 '미군에 항의하는 시위였지만 반미 시위는 아니'라는 식으로 의미를 축소하거나, 촛불시위대 중에 '친북 용공 세력'이 있다는 익숙한 비명을 질러댔다. 사실 2002년 촛불시위의 공식적 요구는 '불평등한 소파(SOFA) 개정'과 '부시 대통령 직접 사과'였다. 일부에 의해 '주한미군 철수'가 구호로 외쳐지기도 했으나, '반미' 자체가 전면적 구호가 되거나 한국 사회 개조를 위한 핵심적 과제로까지 제기되진 않았다.

그래서 2002년 '미선이 효순이 촛불 집회'는 복합적인 의미를 갖는다. 보통의 대한민국 사람들은 이 나라를 '식민지'라고까지 생각하지 않지만, '국격에 맞는 대미 관계'를 원했기에 미선이 효순이 사건과 한미행정협정에 응축된 굴욕에 분개했던 것이다. 다른 한편 반미보다는 북한을 경계해야 하는 상황이 시민 대중의 잠재의식 속에서 여전히 크게 받아들여졌기 때문이기도 할 것이다. 운동권도 이전처럼 분단이나 한국전쟁의 원초적 장면을 상기시키며 '반미 자주화'를 외치지는 못했다.

자발적 복종을 이끌어낸 문화의 예속, 대학의 예속

그런데 이 나라의 일방적이고 비대칭적인 아메리카니즘 즉 친미·숭미주의는 정치·군사적인 면에만 있지 않다. 미국은 지구의 어느 나라도 넘보지 못할 거대한 소프트파워도 가진 '천조국'으로서, 그 물질문명과 자본주의 그리고 학문과 문화의 힘으로 대한민국 같은 '소국'에게서 자발적(?) 복종을 이끌어냈다.

1950년대 이래 늘 대한민국은 세계에서 가장 많은 유학생을 미국에 보내는 나라 가운데 하나다. 지금은 한국의 지배블록 소속원들이 1년에 1억(최상위권 학부 기준+α)이 넘는 학비를 자기 돈으로 감당하며 자녀를 미국에 유학시키지만, 1950~1970년대 미국은 의식적으로 다양한 민관의 프로그램으로 한국의 '미국 유학생'을 길렀다.[11] 예컨대 미 국무부가 지원하는 스미스-문트(Smith-Mundt) 프로그램과 풀브라이트(Fulbright) 장학 프로그램 등은 신흥 독립국들에 미국식 행정시스템과 교육제도를 이식하게 하거나, 미국 학계에서 주류를 형성하고 있는 이론이나 방법론을 도입하게 하는 등 미국식 지식 생산 양식을 전파시키는 역할을 수행했다. 이러한 프로그램들은 한국 같은 약소국·후진국 행정관료와 지식 엘리트들을 '친미파'로 만드는 것은 물론, 나아가 시민사회를 친미적으로 만드는 데 일조했다.[12]

이런 일은 모양을 조금 바꾸어 지금도 계속되고 있다. 특히 미국식 사회과학과 경제·경영학을 배운 많은 '유학파'들은 미국의 시각으로 세계와 한국을 생각하고 미국의 제도와 미국과의 협력이 '월드 베스트'라 여긴다. 2006년 한미 FTA(자유무역협정)의 체결 과정에서 우리는 그 생생한 실례를 보았고, 한때 '반미면 어떠냐' 하던 노무현 대통령이 정반대 방향으로 돌아서서 체결을 강행하던 광경도 보았다.

따라서 미국에 대한 의존심이나 미국 제일주의는 단지 극우 기독교도들의 것이거나, 미군의 힘으로 기득권을 지키고 그들과의 무기 거래로 한몫 챙기려는 일부 장성이나 군수업자만의 것은 아니다. 한국의 많은 '합리적' 지식인과 학자·전문가도 힘에 대한 경배나 현실주의 때문에 '아름다운 나라(美國)'을 사랑한다. 문화적·경제적·종교적 차원의 한미동맹은 어쩌면 한미상호방위조약보다 더 튼튼하다. 문제는 그 같은 식민주의적 의식이다. 식민주의는 미국 말고도 큰 세계가 있다는 사실을 쉬 망각하거나, 한미 사이의 비대칭적 관계를 전혀 의심하거나 성찰하지 않는다.

다른 한미동맹은 가능한가?

대한민국은 미국의 힘과 냉전 때문에 태어난 부자연스러운 분단국이자 반(半) 주권국이지만, 70년여의 세월 동안 '자율성'은 현저히 증가했다. 그 결정적인 매개는 민주화와 경제성장이었다. 국가를 국가답게 운영할 수 있는 스스로의 힘이 커져 미국의 영향력을 상대화하고 스스로 주권의 정통성을 축적한 것이다. 그럼에도 "지정학적 지옥"[13]인 대한민국은 여전히 강대국의 틈바구니에서 존재한다.

스스로 민족 내부의 대립과 전쟁의 위험을 제거하는 것도 여전히 불가능하다. 대한민국의 '현실적인' 생존 전략으로써의 한미동맹은 동아시아 지정학의 상수며 미국의 핵심 이익의 수호자다. 그러나 동맹이 민족 전체의 생존을 담보하지 못하거나 지역 내 강대국 사이의 갈등을 조장하는 요인이라면, 언제나 한계를 드러낸다.

오늘날 맹목적 종미·숭미나 이념적 '반미 자주'가 다 정답이 아니라 할 때, 어떤 새로운 방략이 가능한가? 문재인 정부는 출범하면서 발표한 '국정운영 100대 과제'에서 "굳건한 한미동맹 기반 위에서 전시작전통제권의 조기 전환"을 안보의 기조로 천명했다. 이는 노무현 정부 때보다도 오히려 약간 후퇴한 것으로 평가된다지만, 이런 과제가 함께 천명된 "남북기본협정 체결 등을 통해 남북관계를 새롭게 정립"한다는 다른 원칙의 실행에 의해서만 현실화될 수 있다는 점에 주목하고 싶다.

100년 동안의
금지된 책읽기,
지금도 현재진행형

아직 그 계보학이나 문화정치사가 총체적으로 정리되지는 못했지만, 금서와 출판 검열에 관한 적지 않은 사회적 논의와 학술적 검토가 있었다. 금서와 검열의 문제는 기본적으로 헌법에 규정된 "자유민주적 기본질서"에 관한 것이자 민주사회에서 언제나 뜨거운 논쟁거리인 표현의 자유에 관한 것이다.

한국 근·현대사에서는 두 가지 부류의 '빨간책'이 금서와 금지의 독서 문화를 대유한다. 알다시피 그중 하나는 포르노물이며 다른 하나는 이른바 불온서적이다. 왜 서로 무관한 듯한 외설과 불온이 '빨간색'(핑크와 레드)으로 겹쳐져 검열의 양대 축이 됐을까? 각각은 한반도 인간의 욕망과 사상을 짓눌러온 지배질서의 두 중축(中軸), 유교적 가부장제와 반공 냉전질서와 연관돼 있다. 때로 두 빨간색은 직접 겹치기도 했다.

외설과 불온, 두 개의 빨간책

지배계층과 권력의 부패와 특권을 비판할 때 종종 '외설'이 동원된다. 제1공화국 특권층을 비판한 소설 『자유부인』이나 유신 시대 육영수 사망 이후 박정희의 안가 파티로 상징되는 음란, 소위 7공자 등 재벌·특권층 자녀의 도덕적 타락 그리고 최근 박근혜 전 대통령의 세월호 사건 당일의 7시간에 관한 상상력은 이에 관한 주요한 사례다.

특히 한국의 검열 체제 중에서도 책과 출판에 대한 금지·검열

1987년 4월 검찰 관계자들이 이른바 불온서적을 압수해 정리하고 있다. 1980년대 대학가에서 많이 읽혔던 노동운동 관련 책들이 보인다.

은 대단히 '미개'하며 반지성적인 것으로 간주돼왔다. 이는 일단 자유민주주의 국가의 체모에 맞지 않는 일이거니와 앎과 독서에 대한 통제가 이승만·박정희·전두환으로 이어진 독재를 정당화하고 천민자본주의를 정당화하는 데에도 악용·남용돼왔기 때문이다.

이젠 책과 출판에 대한 금지·검열은 유신 시대나 1980년대에나 있을 법한 과거의 일로 여겨진다. 그러나 숙명적인 지정학과 지배 헤게모니의 취약성 때문일까? 신문지법·출판법(1907~1908)이 제정된 이래, 한반도의 검열기구와 그 관료들은 언제나 쉬지 않고 '열일'을 해왔다. 이명박·박근혜 정권에서도 '출판 검열'은 활발했다. 무려 100년의 역사다.

검열법과 검열 권력의 행사

대한민국에서 '출판의 자유'에 대한 규제는 '출판사 및 인쇄소의 등록에 관한 법률' 같은 국내 간행물 출판 일반에 관한 법, '외국 간행물 수입 배포에 관한 법률' 등에 의해 중층으로 결정되어왔다. 정기간행물 검열의 경우 그 법적 기초가 된 것은 1946년 5월 29일 미군정청이 발포한 군정 법령 제88호 '신문 급 기타 정기간행물 허가에 관한 건'이었다. 이 법은 식민지 시대 신문지법·출판법 등의 법령을 이어받은 것이다. 이 법들은 복잡한 개정의 과정을 거쳐 지금은 사실상 거의 폐지된 수준으로 개정됐다.

검열의 법적 시행에는 세 가지 차원이 있다. 그 첫째는 간행물·공연 등을 규제하는 공식 법률이며, 둘째는 그 시행령과 규칙의 적용이며, 셋째는 일선의 하급 관료기구에서 시행된 행정처분이다.

1946년 5월 29일 미군정청이 발포한 군정 법령 제88호는 분단이 고착되고 난 뒤에 계속 효력을 발휘했다. 예컨대 1958년 12월 이승만 정권은 '옐로페이퍼'의 일종인 『야담과 실화』를 미군정령 제88호 위반으로 폐간 조치했다. 문제가 된 『야담과 실화』 1959년 1월호 기사는 「서울처녀 60%는 이미 상실?」과 「경이 — 한국판 킨세이 여성보고서」였다 한다. 뿐만 아니라 정권의 부정선거를 비판한 『경향신문』 「여적」란이 마음에 들지 않았던 권력은 『경향신문』의 한창우 사장과 필자 주요한을 내란 선동 혐의로 기소하고(1959. 2. 27), 역시 군정 법령 제88호 위반으로 『경향신문』을 폐간시키기까지 했다.

이 같은 상황은 4·19혁명 이후 일시적으로 달라졌다. 제2공화국 헌법은 종래 언론·출판의 자유 관련 항에 덧붙여져 있던 '법률에 의하지 아니하고는'이란 유보 규정을 없애버리고 그냥 "모든 국민은 언론출판의 자유를 제한받지 아니한다"(제13조)고만 했다. 그래서 이때 한국 언론은 제한할 수 없는 자유를 헌법적으로 처음 얻었다. 출판 '허가제'가 '등록제'로 바뀐 것은 이 짧은 자유 시대의 실질적인 변화였다. 집권한 민주당은 그러나 미군정청의 '88호'와 비슷한 내용으로 '외국 간행물 배포 법률안'을 제정하려 했다. 각계의 반발을 사 법안을 만들지는 못했다.

그러다 5·16쿠데타가 왔다. 미디어의 중요성을 잘 이해하고 있던 쿠데타 세력은 라디오 방송국에서 쿠데타를 하고 삐라를 수십만 장 찍었는데, 대신 신문에는 적대적이었다. 4·19혁명 이후에 창간된 모든 정기간행물의 발행을 일단 취소하여 무려 834개의 언론사가 없어졌다. 그해 12월 21일에는 『민족일보』 발행인 조용수를 재일본조선인총연합회(조총련) 자금을 받고 '북한을 이롭게 하는' 평화통일론을 주장했다는 이유로 죽였다. 그리고 문제의 88호를 폐지하고, 두 갈래의 법으로 교체했다. 즉 '국내 정기간행물에 관한 법'과 '외국 (정기)간행물 수입 배포에 관한 법률'(1961)을 따로 제정·시행했다.

애초에 '외국 정기 간행물 수입 배포에 관한 법률'이었던 이 법은 유신 시절에 '외국간행물 수입 배포에 관한 법률'(1973)로 바뀌었다. 정기간행물과 일반도서 및 부정기간행물에 대한 통제를 함께 더 강화할 필요가 있었기 때문이었다.

1975년 6월 박정희 정권은 "저질적이고 퇴폐적인 출판물을 강력하게 규제하여 건전한 사회기풍을 조성"한다는 명목으로 출판사 및 인쇄소의 등록에 관한 법률 개정안을 만들었다. 개정안은 "①국헌을 문란하게 하거나 국가의 권위를 손상하는 내용 ②국가의 안전보장을 위태롭게 하는 내용 ③허위의 사실을 왜곡과장한 내용 ④건전한 국민감정을 해하는 내용 ⑤공서양속을 해하거나 사회질서를 문란하게 하는 내용 ⑥퇴폐적이고 저속한 내용 등의 간행물에 대하여 문공부장관은 그 내용의 삭제를 명하거나 인쇄 판매 또는 반포의 중지를 명하거나 관계공무원으로 하여금 당해 간행물을 일시 유치하게 할 수 있으며 납본을 않거나 변경사항을 등록하지 아니한 경우 등에는 출판사 또는 인쇄소의 등록을 취소할 수 있도록 규정"하고 있다.

또한 "출판의 공공성과 질서 품위 등을 자율적으로 유지할 수 있도록 하기 위해 간행물윤리위원회를 설치토록 하는 한편 이 위원회로 하여금 헌법의 기본질서 등에 저촉된 간행물을 출판한 출판사에 대해서는 당해간행물의 배포중지 등을 요구할 수 있"[1]도록 했다. 검열관과 기구의 범위를 최대한 넓혀놓은 역사상 최악의 출판검열 악법이 제정된 것이다.

모든 검열법은 구체적인 적용을 위한 복잡한 '검열 기준'과 시행규칙 따위를 갖고 있는데, 위 개정안의 경우는 "관계공무원의 검사행위를 거부 기피 또는 방해한 자는 50만 원 이하의 벌금에 처할 수 있도록" 한다는 따위의 벌칙 규정을 대폭 강화했다. 외국 책과 잡지의 수입도 엄격한 이중 삼중의 검열을 거쳐야 했다. '외국 (정기) 간행물 수입 배포에 관한 법률'의 목적은 "출판문화의 건전한 발전을 도모하고 공공의 안녕질서와 민족고유의 미풍량속을 보호하기

위하여 외국에서 발행되는 정기간행물의 수입배포에 관한 사항을
규정하려는 것"이었다. 법조문의 목적에서 '출판문화의 건전한 발
전', '공공의 안녕질서', '민족고유의 미풍량속 보호'라는 세 항은 한
번도 변한 적이 없다.

그러니까 이 법은 기본적으로 다음의 골조를 가진 것이다. (1)외
국 간행물 수입을 문화(공보)부 장관에게 '허가' 받고 (2)수입 시마
다 배포하기 48시간 전에 간행물 2부를 장관에게 '납본'하며 (3)장
관은 수입업자에 대하여 업무 상황을 보고하게 하거나 그 영업소의
업무 상황을 검열할 수 있고 (4)수입한 간행물이 "국헌을 문란하게
하거나 공안 또는 풍속을 해할 우려가 있다고 인정될 때"에는 그 간

1985년 5월 관계당국이 압수해 공개한 불온서적들. 계급 갈등이나 노동자의
권리 등을 다룬 책들까지도 모두 불온서적으로 취급했다.

행물의 배포 중지 또는 내용의 삭제를 명할 수 있도록 하고 (5)이를 어길 시 수입업자에 대한 허가 취소와 처벌을 할 수 있게끔 하는 것. 즉, 이는 '허가—납본—검열—(위반 시)처벌'의 구조로 된 검열법체제였다. 그리고 이는 출판물 일반에 대한 법적 규범이 됐던 '출판사 및 인쇄소의 등록에 관한 법률'과 그 적용에 따른 '위로부터의' 한국 출판문화의 근본 구조와 동일한 것이었다.

외국 간행물에 특히 문제가 되는 위 (4)의 항목은 매우 포괄적이고(즉 자의적이고) 엄격한데, 1976년에야 비로소 '시행규칙'을 통해 구체화됐다는 점이 중요하다. 그 내용은 다음과 같다.

제2조 (정의) ①법 제7조 및 제8조 제1항 제1호에서 "국헌을 문란하게 하거나, 공안 또는 풍습을 해할 우려가 있다고 인정되는 외국간행물"이라 함은 다음 각 호의 1에 해당되는 내용을 게재한 외국간행물을 말한다.

1. 대한민국의 국헌 또는 국가원수를 모독하는 것.
2. 자유민주주의를 부정하거나 공산주의를 찬양·선전하는 것.
3. 반국가단체나 그 구성원 또는 국외공산계열 단체나 그 구성원의 활동을 찬양·고무·동조하거나 선전·선동하는 것.
4. 대한민국의 실정을 왜곡하여 선전·소개함으로서 대한민국 국민의 판단을 흐리게 할 현저한 우려가 있는 것.
5. 기타 공공의 안녕 질서 또는 미풍양속을 해하는 것.

1의 '국헌' 및 국가원수 관련 조항은 기본적으로 일제 시대의 '국헌', '황가' 모독 운운 조항과 비슷하다.[2] 2~3은 국보법 체제와 관련된 것으로 매우 '당연'(?)한 조항이라 생각된다. 4는 1975~1979년 박정희 정권이 베트남 통일 직후 안보 위기를 조장하며 전체주의적 통치로 치닫던 상황을 반영한 듯하다. 이 시기 박정희는 『동아일보』 탄압 등으로 언론·지식인과 극한 갈등을 일으켜 탄압하고, 자살 통계라든가 기타 부정적인 국내 사정 전체를 비밀화했다. 그래서 '국가원수'를 모독하거나 '막걸리 보안법'을 저촉한 피해자들이 속출했다.

한편 박정희·전두환 군사정권은 외국 신문·잡지 수입에 관해서도 블랙코미디 같은 상황을 연출했다. 법령에 의한 통제와 일상적인 검열 외에도 때때로 권력은 경찰 행정력을 동원하여 '불법 외국 간행물 일제 단속'을 벌이곤 했다. 예를 들면, 1966년 11월 12일부터 서울시경은 불법 외국 간행물 일제 단속에 나서 "중구 명동 충무로 등지의 외국 서적상들을 비롯, 시내 전역에서 29종 1백 4권의 외국 간행물들을 압수하고 외국 서적상" 11명을 입건했다. 이때 적용된 법은 "관세법·반공법·외국간행물 수입 배포에 관한 법률" 등이었다. 신문에 의하면 경찰은 "불온문서로 일본 잡지 『文藝春秋(문예춘추)』 등 5권, 불법 간행물로는 일본 잡지 『小說現代(소설현대)』 등 99권을 압수했다" 한다.[3]

그중에는 『映畵之友(영화지우)』, 『スクリン(스크린)』, 『婦人俱樂部(부인구락부)』, 『婦人生活(부인생활)』 등도 끼어 있었다. 이들 잡지는 대체로 인기 있는 품목들이라 불법적 수입의 대상이 되기도 했다. 또한 1973년 5월 17일에도 내무부·문공부의 합동 단속에 65개 반 130

명의 하위직 공무원이 청계천·광화문 서점가에 투입되었다.[4] 이런 식의 검열 권력의 행사는 일상의 시민과 일선의 업자들에게 영향을 미치는 일들이다. 추상(抽象) 수준이 높은 상위법은 권력의 하부기관의 법 집행을 통해 구체화한다. 그런 과정이 없으면 민주화 이후의 국가보안법의 어떤 규정들처럼 사문화할 수도 있다. 따라서 과연 누가 언제 어떻게 검열법 적용과 집행의 구체성을 구현하는가가 문제이다.

블랙리스트와 앎에 대한 검열의 역사적 맥락

저 같은 출판 검열법은 민주화 이후 거의 폐지되다시피 했다. 그런데도 최근 '이적 표현물' 소지·반포·판매 등에 관련해서 악명 높은 국가보안법 제7조 제5항 등을 위반했다는 혐의로 노동자가 구속되는 뜬금없는 사건이 일어났다. 인터넷 사이트(www.laborsbook.org)에서 주로 PDF 파일로 된 1970~1990년대 인문·사회과학 서적 정보와 자료를 제공해온 '노동자의 책' 이진영 대표가 2017년 1월 5일 국보법 위반 혐의로 구속되었다. 이 대표는 1심 재판에서 무죄를 선고받았으나, 검찰 내부의 공안 세력은 포기하지 않았다.

이 사건의 '맥락'은 크게 세 가지일 것이다. 첫째, 2018년 이른바 촛불혁명이라는 문재인 정부의 출범 후에도 존속하고 있는 국가보안법 체제다. 알다시피 국가보안법은 일제의 치안유지법에서 배우고, 대한민국이 내전과 학살을 통해 성립되면서 제정된 악법이다.

문제는 이 무소불위의 악법이 '민주화 이후'에도 결정적으로 개정되거나 폐지되지 못한 채, 저항운동과 통일운동을 탄압하고 사상·학문·출판의 자유를 제약하는 법적 근거가 되고 있다는 사실이다.

오창익 인권연대 사무국장에 따르면 애초에 '노동자의 책 사건'을 만든 기관은 서울경찰청 보안수사4대라 한다. 신촌 보안분실로 불리는 이는 바로 1987년 1월 박종철을 고문하여 죽인 남영동 대공분실과 같은 기능을 하는 곳이다. 아직 "홍제동, 장안동, 옥인동, 신정동, 대신동 등 서울에만 다섯 곳의 보안분실이 있"다. 이런 기구는 다양하고 또 중복된다. 검찰 공안 관련 부서 외에도 국정원(옛 안기부)·보안사·경찰 등은 서로 협력하거나 때로 경쟁하며 국가보안법 사건을 일으켜왔다. 그들은 부여된 권력을 고문·불법 구금 같은 방식으로 휘두르고 또 시민사회에나 의회 권력에게나 존재를 증명하기 위해 이런저런 많은 간첩 사건 및 '이적', '반국가단체' 사건을 기획·조작하고 피해자를 양산해왔다. 김기춘이라는 상징적인 인물이 보여주듯 그 폐단은 이루 말할 수 없다. 이번 사건도 그런 측면이 있다. "이진영씨에 대한 구속은 그들의 체제가 여전히 건재하다는 것을 보여주기 위한 책동"[5]이다. 검열은 이런 일을 위한 필수적인 수단이자 그 과정의 하나이다.

둘째, 블랙리스트로 상징되는 이명박·박근혜 정권의 공안통치와 민주화에 대한 '역(逆)청산' 작업이다. 이명박·박근혜 정권은 각각 시민과 문화예술인들을 종북·좌익으로 몰아 광범위한 사찰을 자행하고, 특히 연극·문학·영화·미술 등 모든 분야 예술계 블랙리스트를 만들어 국가의 지원으로부터 배제하는 짓도 자행했다. 블랙리스트 사태의 그 실행 과정에는 청와대 등에서 설정한 공안통치의 방향에 광범위한 공무원 조직이 '생각 없이' 동조·부역함으로써 가능했다. 이명박·박근혜·김기춘·우병우·조윤선 등과 그 하수인 몇몇은 감옥에 갔지만 지금도 하부의 '공안 세력'은 건재하다고 보아야 할 것이다.

셋째 노동자의 책 사건은 개화기 이래 금서 지정과 공안기관에 의한 인문·사회과학 독서에 대한 검열과 탄압 역사의 오랜 전통 속에 있다. 대한제국기에는 고종의 봉건 권력과 일본 통감부에 대한 비판을 막기 위해, 일제강점기 때는 이른바 '국체'라 일컬어지는 천황제 체제와 조선총독부에 대한 비판을 막고 민족주의·사회주의 운동을 탄압하기 위해 광범위한 금서를 지정하고 책 신문·잡지에 대한 삭제·압수·판금 처리를 일상적으로 행했다.

그리고 검열과 그에 대한 집단적 저항의 가장 드라마틱한 사건들이 1980년대에 펼쳐졌다. 이를 조금 더 자세히 알아보자.

막스와 맑스, 1980년대 검열과 저항

검열을 빼고는 한국 지성사도 문예사도 온전히 이해하기 어려울 만큼, 검열은 출판인이나 문필가들이 늘 의식해야 할 '어두움'이자 공포였다. 즉 한국 지식인·문필가·기자의 글쓰기와 상상력의 임계점을 정한 것은 외국의 대문호나 노벨상·퓰리처상 같은 것이 아니라 국가정보원(중앙정보부·안기부)와 검찰·경찰의 밥줄과 '공안 정세'였던 것이다.

읽는 이들에게도 그랬다. 흔한 얘기지만 1970~1990년대에 청년 기를 보낸 이들 중에는 금서를 둘러싼 '웃픈' 기억을 가진 이가 적지 않다. 당시 젊은이들은 집회 현장 근처나 대학 교문을 통과할 때 무시로 가방 뒤짐을 당하고 재수 없으면 경찰서에 끌려갔다. '막스 (베버)'와 '(칼) 맑스'가 구분되지 않았고, 대학가 서점은 이중 책꽂이를 설치하여 압수수색에 대비했다. 누군가 거리에서 돌멩이를 던지다 잡혀가거나 '조직' 사건에 연루됐을 때, 친구들은 그의 책꽂이부터 '정리'해주었다. 독자들은 두근거리는 가슴으로, 뭔가 모험의 길로 들어서는 마음으로 어떤 책들을 읽고 몰래 감춰두었다. 또 그런 책들을 자식의 책꽂이에서 본 부모들은 경기와 함께 가정불화를 일으키기도 했다.

노동자의 책 사건이 흥미로운 것은, 이진영 대표가 운영하던 디지털 아카이브와 그에 대한 검찰의 단죄가 가진 역사적 상징성이다. 노동자의 책에서 제공한 대부분의 PDF 파일들은, 그리고 검찰이 구속 당시 문제 삼은 130종 서적들은 대부분 절판된 것들이다. 더 이상 상업성이 없거나 독자가 없어 읽히지 않는 책이라는 뜻이다. 왜 안 읽을까? 왜 안 팔릴까? 여기에 1980년대부터 2010년대 사이의 '시간'의 의미와 검찰·경찰이 한 일의 의미가 함께 들어 있다. 또한 바로 그것이 디지털 아카이빙 사이트로서의 노동자의 책의 '역설적' 존재 이유다.

결론부터 말하면 이 사건을 만든 공안-주체들은 일종의 레트로 마니아며 '장기 80년대'의 신봉자다. 노동자의 책 사건과 책들은

1980년대와 1990년대 초반의 문화운동과 그 산물의 '귀환'이다. 검찰이 '이적'이라 규정한 130종은 대략 다음과 같이 분류될 수 있다.

1. 『페다고지』, 『역사란 무엇인가』 같은 유명 외국 저자의 인문·사회과학 서적
2. 『자본론』, 『독일 이데올로기』, 『철학의 빈곤』 등 철학·경제학 및 마르크스주의 원전
3. 『국가와 혁명』, 『무엇을 할 것인가』 등 마르크스·레닌주의 혁명 이론이나 그 해설서
4. 중국·소련 등 구사회주의 국가에서 나온 문학작품이나 인문·사회과학 서적
5. 『민중의 바다』(원제 『피바다』), 『꽃 파는 처녀』, 『세기와 더불어』, 『한 자위단원의 운명』 등 주체사상 관련 서적 및 북한 소설 등
6. 『노동해방문학』, 『대중운동 세미나』, 『강철서신』 국내 저자들의 변혁운동 관련 저작물과 정간물

이 책들은 대부분 1980년 중반 이후부터 1990년대 초반까지의 한국 사회운동과 지성사의 흐름을 반영한 것이다. 이를테면 1970년대 중반부터 1980년대 초 사이에 금서로 지정되거나 삭제·압수됐던 책들은 달랐다. 그중에는 리영희·김지하·백기완이라든지 계간 『창작과 비평』이 포함돼 있었다. 2000년대에도 다르다. 국방부는 2008년 한총련(한국대학총학생회연합)이 펼친 '현역 장병 도서 보내기 운동'에 대응한다는 명목으로 23종의 책을 금서로 지정했다. 그 이

유도 '북한 찬양', '반정부·반미' 등이었으나 책 대부분은 장하준의 『나쁜 사마리아인들』, 김진숙의 『소금꽃 나무』, 한홍구의 『대한민국사』 등 2000년대에 출간된 신간이었다.

이에 비해 노동자의 책 사건의 책들은 1980년대에서 왔다. 1985년 5월 초 대학가 서점에서 팔리던 책을 경찰이 '일제 단속'하면서 313종의 금서 목록이 새삼 밝혀진 적이 있다. 그 속에는 『김대중 옥중서신』, 『비록 박정희 시대』, 김지하 시집 등이 포함돼 있었다.[6] 1987년 8월에 한국출판운동협의회는 무려 738종의 책으로 '판금 도서 전시회'를 개최하기도 했다.

출판사별로 제출된 이 책들은 재판 회부(국보법, 경범법), 압수 대상, 시판 중지 종용, 납본 거부, 납본 필증 미교부, 재판 제작 금지 등으로 분류되어 1980년대 중반까지의 거대하고도 복잡다단한 검열 제도를 보여준다.[7] '민주화' 조치 이후에도 한동안 금서·검열 사건은 그치지 않았다. 일련의 자유화 조치가 취해지자 묶여 있던 '이념 서적'들이 대규모로 출간되고, '북한 바로 알기 운동'(1988)이 벌어지고, 임수경의 방북(1989) 등 통일운동의 물이 올라 북한 서적도 간행됐기 때문이다. 1989년의 이른바 '공안정국'하에서 치안본부와 대검찰청이 4월과 11월에 국보법 사건을 벌여 또 각각 나름의 금서 목록을 내놓았다.[8] 2017년 노동자의 책 사건의 책은 이 1989년 목록과 가장 비슷하다. 그즈음 출간된 책들이 많기 때문이다.

주적과 이적

　여론의 질타와 변호인단의 비판을 의식해서인지 검찰은 공소 내용을 변경했다. 구속 때의 '이적 표현물'을 반 이상 줄이고 주로 북한 서적(이들도 김정은 체제에서 나온 것이 아니라, 주체사상 관련 서적과 항일 무장투쟁을 다룬 문학작품을 그대로 복각한 상당히 오래된 남한의 책이다)을 문제 삼은 것이다. 공소장에서도 북한이 얼마나 무서운 '적'인지 핵개발 등 '도발'의 내용을 길게 기술했다. 이는 시대를 거슬러도 북한이라는 존재가 여전히 우리 체제의 최종적 판단 기준, 또는 '자유'에 반하는 '공포의 심연'이라는 점을 이용하려 한 것이다.

　2017년 촛불 이후의 대선 과정에서도 이른바 '주적' 논란이 일었다. '적'은 모호하다. 군사적 대치에도 불구하고 그들이 대화·협상의 상대인 것도 움직일 수 없는 사실이라는 점이 근래의 정세가 다시 보여준다. 적이 모호하니 이적성은 더 모호하다. 그래서 이적 규정이 남용돼온 걸 스스로 아는 대법원은 2004년에 이미 "표현물의 전체적인 내용뿐만 아니라 그 작성의 동기는 물론 표현행위 자체의 태양 및 외부와의 관련사항, 표현행위 당시의 정황 등 모든 사정을 종합하여 결정하여야 한다"(2004도3212 판결)고 명시한 바 있다.

　노동자의 책 사건은 이런 판례도 무시한 검경에 의해 벌어졌지만, 근본적으로 맥락을 무시하고 '적의 주장'과 문구가 비슷하면 '적'이라는 사고, 또는 '적'의 글을 읽으면 '적'의 주장에 동조하고 '적'을 돕게 된다는 너무나 단순한 발상에 근거한 것이다. 이 1차 방정식이 바로 국가보안법의 법철학(?)인 바, 이는 생각하고 판단하며 양심의 자유를 가진 '책 읽는 인간'의 복잡한 지성·감성에 매우 무지한 소치인 것이다. 그 같은 '법 규정'이 여전히 지금의 세상과 인간을 구속하는 근거가 될 수 있는지, 노동자의 책 사건의 결과가 보여줄 것이기에 주목하지 않을 수 없다. 그리고 노동자의 책 이진영 대표는 2018년 4월 11일 무죄를 선고받았다.

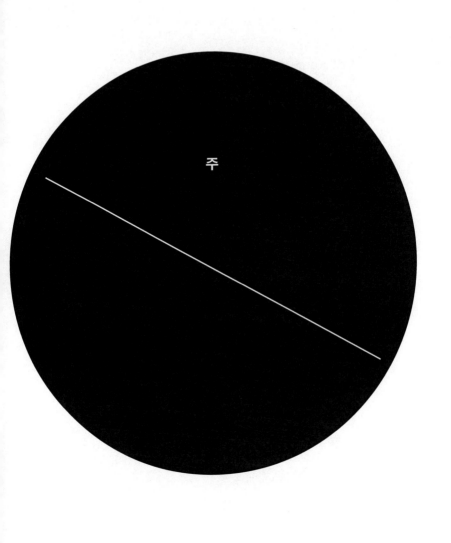

_____ 01. 갑질

1   『경향신문』(1988.2.27), 1면.
2   『경향신문』(1988.2.27), 9면.
3   『경향신문』(1988.5.9), 1면.
4   정치학대사전편찬위원회(2002), 『21세기 정치학대사전』, 아카데미아리서치.
5   『머니투데이』(2017.9.28), 2면.

_____ 02. 북한

1   이에 관해서는 남성욱·임을출(2016), 「제4차 핵실험 이후 남북관계 전망과 대응」, GS&J 인스티튜트, 『시선집중 GSnJ』, 제214호 등을 참조.
2   「美공화 중진 그레이엄 "의회에서 대북 선제공격 논의 필요"」, 『연합뉴스』(2017.12.4); 「스텔스기 등에 첫 전시수준 타격 임무… 사실상 '군사옵션' 실행」, 『한국경제』(2017.12.5), A6면 1단.

_____ 03. 정신병

1   『경향신문』(2018.7.29).
2   수전 손택, 이재원 옮김(2002), 『은유로서의 질병』, 이후.
3   앨런 프랜시스, 김명남 옮김(2014), 『정신병을 만드는 사람들』, 사이언스북스.
4   나카이 히사오, 한승동 옮김(2015), 『분열병과 인류』, 마음산책.
5   손원평(2017), 『아몬드』, 창비, 224쪽.
6   『경향신문』(1975.3.12).
7   『경향신문』(1975.7.2).
8   『경향신문』(1976.1.28).

_____ 04. 부랑인

1   "88올림픽 등에 대비, 우리나라를 찾는 관광객들에게 깨끗한 인상을 주고 국민들

의 불쾌감을 없애기 위해…(중략)…재활 사업을 강력히 추진할 방침이다." 「보사부, 도시의 부랑인이 없어진다」, 『매일경제』(1981.11.21).

2   생활올림픽추진단은 식품위생반, 환경위생반 등 5개 반으로 구성되는 생활올림픽 지원사업본부를 두고, 부랑인보호 등을 점검함으로써 "양 대회를 명랑한 분위기 속에서 치를 수 있도록" 한다. 이에 대해 자세히는 「생활올림픽추진단 구성」, 『매일 경제』(1986.2.17) 및 「88생활올림픽 추진」, 『경향신문』(1986.4.24) 참조.

3   이중 시립시설이 5개, 종교단체시설이 10개(천주교 8, 기독교 1, 불교 1)이며, 나머 지 21개소는 사회복지법인(기독교계 2, 원불교계 1 포함)이다. 「부랑인시설 현황」, 『경향신문』(1987.2.17).

4   이에 대해서는 내무부훈령 제410호 제4장 제7절 제2항 위탁경영에 관한 규정 참조.

5   「인권말살의 현장, 부랑인수용소」, 『월간 말』 제10호, 1987년 3월, 23쪽.

6   「국민훈장 받은 평통위원 형제복지원장 박OO은 누구인가」, 『동아일보』(1987.2.4).

7   "MBC TV가 의욕적으로 기획한 수요드라마 〈탄생〉"은 부산시 북구 주례동에 있 는 형제복지원부설 부랑아임시보호소를 무대로 "탈출을 끊임없이 시도하며 인간 애를 거부하는 비뚤어진 밑바닥 인생의 실상을" "현장취재를 통해 실감있게 구성 한" 작품으로, 연출자와 배우가 "리얼리티를 살리기 위해 그곳 원생들과 이틀밤을 함께 생활하기도 했다."고 보도되었다. 「수요드라마 새로방영 M-TV서 3일부터」, 『경향신문』(1982.10.30).

8   「장애인의 날 포상자 명단」, 『경향신문』(1981.4.20); 「3명에 훈장수여」, 『경향신문』 (1984.5.11); 「새마을지도자에 훈장」, 『매일경제』(1984.5.11).

9   관련된 최초 언론보도는 「복지원 수용자 180명에 강제노동」, 『중앙일보』(1987.1.17) 이다.

10   형제복지원사건 조사단에서는 "사체 중 상당수는 1구당 3백만~5백만 원씩 의과 대학 실험용으로 팔려갔다는 정보도 있어 이에 대한 진상을 추가조사 중"이라 밝 혔다. 「12년 동안 513명 숨졌다」, 『동아일보』(1987.2.2).

11   경찰의 경우 단속 기간 혹은 특별단속 기간에 근무 평점을 올리기 위해(구류자 2~3점, 부랑인시설 입소자 5점) 강제 수용절차를 임의로 자행하였을 것이 의심되 고, 특히 형제복지원 측에서는 사람 수에 따라 국가 보조금을 받기에 경찰에게 사 례비를 지급하는 식의 공모가 이루어졌을 것이라는 게 형제복지원 사건 조사단의 예상이다. 국가기록원 자료실의 「부산 형제복지원사건 신민당 진상조사 보고서」, 제1차 보고서, 1987년, 16쪽.

12   N. Rogers(1991), "Policing the Poor in Eighteenth-Century London: The Vagrancy Laws and Their Administration", *Histoire Sociale-Social History* Vol.24

No.47, p.128.

13 M. K. Rosenheim(1966), "Vagrancy Concepts in Welfare Law", *California Law Review* Vol.54 No.2, p.512.

14 「무직업자구류-직업없는 자를 잡아 가두어」, 『매일신보』(1912.9.10).

15 유선영(2011), 「식민지의 스티그마 정치-식민지 초기 부랑자표상의 현실효과」, 『사회와 역사』 제89집, 59~60쪽.

16 「부랑자제의 취체」, 『매일신보』(1911.7.20); 「부랑자의 말로」, 『매일신보』(1913.3.21); 「부랑자를 여하이할까(2)한심한 상류자제」, 『매일신보』(1918.5.30); 「부랑자제군에게」, 『매일신보』(1918.9.14); 「불량소년취체」, 『동아일보』(1923.5.18).

17 예지숙(2015), 「일제시기 조선에서 부랑자의 출현과 행정당국의 대책」, 『사회와 역사』 제107호, 77~78쪽.

18 배창생(1918), 「부랑자교구책을 강구함」, 『반도시론』 제2-8호, 8쪽[조경희(2011), 「'온정'과 '교화'의 식민주의-1910년대 조선총독부의 사회구제사업과 그 임계」, 『역사문제연구』 제25호, 264쪽에서 재인용].

19 김경일(1986), 「일제하 도시 빈민층의 형성: 경성부의 이른바 토막민을 중심으로」, 『사회와 역사』 제13호, 209쪽.

20 「무의표박하는 걸개군의 집단안주지 건설」, 『동아일보』(1939.4.8); 「무안압해면귀도에 걸인재상원 착공」, 『동아일보』(1939.6.2).

21 광주 걸인구제공제조합, 전주 걸인수용소, 경기도립 걸인구제시설 등은 설치 계획 단계에 그친 반면 인천조선인자선회(1933), 청주걸인수용소(1937), 광주·목포 걸인보호원(1939)은 실제 건립되었다. 이에 대해 자세히는 예지숙, 앞의 글, 88~89쪽 참조.

22 1947년 11월에 발표한 최정희의 단편 「청량리역 근처」는 역전의 넝마주이 소녀에 대한 단상을 "전재 동포ㄴ지 월경 동포ㄴ지 아무튼 거지나 똑같은 동포들이 거적 대기 우에서, 세멘티 맨봉당에서 그냥 그대로 누운 아이, 어룬이 누워 자고 있고, 그 이불, 그 그릇, 바가지 어쩌면 그렇게 더러울 수가 있을까"라 적고 있으며, 임옥인의 단편 「서울역」(1949)도 노상앵벌이들에 대한 심경을 "울며 아우성치는 혼잡한 소리 속에 나는 오늘날 이 나라의 모습과 이야기를 여실히 보고 느끼는 것 같았다… (중략) …나가려보면 〈담배 사세요, 담배〉 하는 소녀들의 음성이 들려온다. 열두어 살쯤 되었을까? 나는 이런 소녀들의 모양에 왜 좀 더 마비가 되지 못하는지 모르겠다."라 묘사하고 있다.

23 「거리에 소년에 안식소소년심판소에 수용」, 『경향신문』(1946.11.27).

24 「거리의 어린이를 어떻게 구호할 것인가?」, 『경향신문』(1953.5.6); 「도끼로 부하타

상」, 『경향신문』(1957.7.6).

25 「추위에 떠는 열차여객」, 『경향신문』(1958.11.21).

26 「말뿐인 부랑아단속」, 『경향신문』(1954.3.30).

27 「어린이보호이상있다-부랑아증가일로」, 『경향신문』(1954.5.5).

28 「부랑아들의 선도책에 대해서」, 『경향신문』(1953.8.20).

29 김아람(2011), 「5·16군정기 사회정책-아동복지와 '부랑아'대책의 성격」, 『역사와 현실』 제82호, 336쪽.

30 혼혈아의 경우 고아원에서 양육되지 않고 어머니의 손에 키워지는 경우라 하더라도 어머니의 호적에 입적되지 않으면 고아로 규정되었다. 이에 대해서는 김청강(2014), 「보이지 않는 혼혈인: 〈내가 낳은 검둥이〉로 본 대한민국 '검은 피부'의 정치학」, 박선주·오경환·홍양희 편, 『고아, 족보 없는 자』, 책과함께, 184쪽 참조.

31 「명랑한 거리로 시내부랑아를 수용」, 『동아일보』(1954.3.18).

32 「사직공원에 부랑아수용소」, 『경향신문』(1947.10.19); 「거리의 부랑아일소 시에서 186명을 수용」, 『동아일보』(1949.6.29); 「시내부랑아수용」, 『동아일보』(1952.1.31); 「전국에 팔개수용소 설치」, 『동아일보』(1952.8.12); 「전국부랑아 이천명수용」, 『동아일보』(1952.10.10); 「거지들이 없어진다! 삼일간에 180명을 수용」, 『경향신문』(1953.10.21); 「부랑아수용소 보광동에 건축」, 『경향신문』(1955.2.17); 「부랑아를 보도 팔일간 백육십명」, 『경향신문』(1955.10.17); 「창녀와 부랑아 수용 미생동지회에서」, 『경향신문』(1956.11.1); 「이백여명을 적발, 부랑아거지단속」, 『경향신문』(1956.11.5); 「불량아등 822명 한달 동안에 적발」, 『동아일보』(1957.8.3); 「역구내열차 잡상인단속」, 『경향신문』(1959.4.29).

33 보건사회부(1960), 「부랑아단속보호실태표」, 『보건사회통계연보』, 413~414, 449~450쪽.

34 박홍근(2013), 「사회적 배제자의 역사적 형성 연구: 넝마주이 국가동원의 계보학」, 고려대학교 석사학위 논문, 26쪽.

35 「희망의 마을 말썽」, 『경향신문』(1957.2.12); 「안모이는 기금 부랑아구호책 막연」, 『경향신문』(1959.4.26).

36 박홍근, 앞의 논문, 29~30쪽.

37 전재호(2010), 「5.16 군사정부의 사회개혁정책: 농어촌고리채정리사업과 재건국민운동을 중심으로」, 『사회과학연구』 제34집 제2호, 50쪽.

38 「국토건설군을 창설」, 『동아일보』(1961.8.12).

39 「명년부터 근로보도법을 실시」, 『동아일보』(1961.10.21).

40 보건사회부(1961), 「서울시내 걸인 이주 정착실시와 그 소요경비 보조의 건」, 『각

의록』 제15회.

41 「소년개척단 황무지와 맞씨름」, 『조선일보』(1961.11.19).

42 「대덕난민정착 사업장 준공」, 『경향신문』(1962.11.27).

43 「가두 앵벌이 대책 세우라」, 『동아일보』(1976.4.8).

44 신권철(2014), 「시설수용과 감금의 모호한 경계─형제복지원 판결과 그 이후」, 『사회보장법연구』 제3권 제1호, 7쪽.

45 「등록취업토록 넝마주이 기피말라' 당국발표」, 『동아일보』(1961.6.17).

46 「명동을 정화 시범지로」, 『동아일보』(1976.12.7).

47 「생활올림픽추진단 구성」, 『매일경제』(1986.2.17); 「'올림픽 환경' 밝고 깨끗하게」, 『동아일보』(1998.9.13).

48 『경향신문』(1987.11.14).

49 『동아일보』(1988.1.15).

50 『한겨레』(1988.7.28).

_____ **05. 타투**

1 「문신예술가 김건원씨 항소 기각 "엉터리 시술자 난립 우려"」, 『오마이뉴스』(2004.1.8).

2 조현설(2003), 『문신의 역사』, 살림.

3 남궁호석(2015), 『한국의 문신: 타투이스트가 전하는 타투 이야기』, 청어.

4 『경향신문』(1990.2.20).

5 임준태(2007), 「한국 경찰관 신규 채용 시 문신규제에 관한 비교 연구 : 독일, 영국 및 캐나다경찰 사례를 중심으로」, 『경찰학연구』 7권 2호.

6 천운영(2001), 『바늘』, 창비, 27쪽.

7 『경향신문』(1975.8.22).

8 남궁호석, 앞의 책.

9 「의형제 김삼수목사」, 조갑제닷컴.

10 「청년층 문신(文身)·반지 유행 남녀 사랑·조직원 결속 등 명목」, 『동아일보』(1994.3.20).

11 「예술 문신 합법화 길 열리나」, 『한겨레』(2015.4.30).

1   윤흥식(2004), 「가족의 변화와 건강가정기본법의 대응」, 『한국가족복지학』 제14
    호, 265쪽.

2   권명아(2009), 『식민지 이후를 사유하다: 탈식민화와 재식민화의 경계』, 책세상,
    362쪽.

3   특히 가정학계에서는 2000년에 이미 대한가정학회 가정복지특별위원회의 지원으
    로 송혜림, 「가정복지기본법(안)에 관한 연구」가 수행되었고, 이듬해에 송혜림·최
    연실·김난도(2001), 「(가칭)가정복지기본법 시안작성에 필요성과 구성체계」도 구
    상된 바 있었다.

4   조은(2008), 「신자유주의 세계화와 가족정치의 지형」, 『한국여성학』 제24권 2호,
    24쪽.

5   S. Boyd(1990), "Family, Law and Sexuality: Feminist Engagement", *Social and
    Legal Studies* Vol.8 No.3, 453쪽.

6   아래에서 소개하는 『대한매일신보』 기사와 사설들은 이하의 2차 문헌들의 도움
    을 받아 발견했음을 밝혀둔다. 전미경(2002), 「개화기 계몽담론에 나타난 "가족"에
    대한 단상」, 『한국가정관리학회지』 제20권; 이진경(2007), 「근대 개화기 "대한매
    일신보"에서 근대적 역사개념의 탄생」, 『사회와 역사』 제72권; 정선태(2006), 「근대
    계몽기의 국민국가담론: 근대 계몽기 민족, 국민서사의 정치적 시학 –"대한매일신
    보" 논설을 중심으로」, 『인문연구』 제50권.

7   전미경(2005), 『근대계몽기 가족론과 국민 생산 프로젝트』, 소명출판, 19쪽.

8   정선태, 앞의 글, 156쪽.

9   이진경, 앞의 글, 129쪽.

10 전미경, 앞의 책, 43쪽.

11 이정옥(1997), 「가족의 사회적 의미와 가족주의」, 『형성과 창조 2~3: 가정의 정신
    문화적 의미와 가족주의 문제』, 한국정신문화연구원, 1997.

12 전미경, 앞의 책, 46쪽.

13 D. Chakrabarty(1994), "Postcoloniality and the Artifice of History: Who Speaks
    for 'Indian' Past?", H. Vasser ed, *The New Historicism Reader*, Routledge, 352쪽
    아래.

14 유안진(1990), 『한국 전통사회와 유아교육』, 서울대학교 출판부, 222~223쪽.

15 이에 대해서는 홍양희(2004), 『조선총독부의 가족정책 연구』, 한양대학교 박사학
    위 논문, 133쪽 아래 참조.

16 소현숙(2006), 「'근대'에의 열망과 일상생활의 식민화: 일제시기 생활개선운동과 젠더정치를 중심으로」, 이상록·이유재 편, 『일상사로 보는 한국근현대사』, 책과함께, 150쪽.

17 홍양희(2001), 「일제시기 조선의 여성교육-현모양처교육을 중심으로」, 『한국학논집』 제35권, 228~230쪽.

18 메이지(明治) 정부의 가족법은 봉건적 무사계급의 가(家) 제도를 모델로 한 것으로, 근대화의 제도적 기반인 가족국가 체계를 뒷받침하는 정치적 효율성과 자본의 결합단위로서 효과적으로 작동하는 가족의 필요성을 강조한다.

19 "가(家)가 존재하기 위해서는 법률상 반드시 호주권이 존재하는 것을 요건으로 한다. 호주권이 존재하지 않으면 '가'는 상상할 수 없다. 따라서 법률상 말하면 '가'는 하나의 호주권이 행해지는 범위를 말한다고 해석하지 않으면 안 된다." 「조선호적법규양해(朝鮮戶籍法規諒解)」(1924), 31쪽[이승일(2006), 「식민지 호적제도의 성립과 법률상의 '가(家)'」, 한국사회사 학회 여름 '한국 가족의 사회사적 연구' 워크숍 자료집, 62쪽에서 재인용].

20 김혜경·정진성(2001), 「"핵가족"논의와 "식민지적 근대성"」, 『한국사회학』 제35집 4호, 213쪽.

21 홍양희·양현아(2008), 「식민지 사법관료의 가족'관습'인식과 젠더 질서」, 『사회와 역사』 제79집, 161쪽.

22 「특별기획 시리즈 51 "한국 1970년대, 무엇을 계승하고 무엇을 버릴 것인가: 핵가족화"」, 『조선일보』(1981.10.7)[김혜경(2009), 「박정희 체제하 "핵가족" 담론의 변화과정과 이원구조 연구」, 『사회와 역사』 제82집, 180쪽에서 재인용].

23 이에 대해서는 김혜경, 앞의 글 및 다니자키 아쯔코(2001), 『현대 한국 중산층 주부역할 형성과정에 관한 분석: 6,70년대 여성잡지를 중심으로』, 서강대학교 석사학위 논문 참조.

24 이는 1930년대 말 일제가 전시동원 체제에 돌입하는 과정에서 신여성이 '현모양처'의 이상과 반대짝을 이루며 비난의 표지가 되었던 것이나, 1990년대 '미시족'이 비난의 대상으로 대두되었던 현상과도 궤를 같이한다.

25 『조선일보』(1975.5.8).

26 『조선일보』(1973.10.23).

27 일례로 "…휴일이면 한 가족이 함께 픽쿠닉에 총출동해서 자미롭게 놀고…"『동아일보』(1928.10.17)는 오늘날 건강가정상에서 반복재생산 되고 때로는 패러디 되는 '가족소풍' 상을 보여준다.

28 "아이 젓 먹는 것부터 하루에 몇 번씩이든지 시간을 정하여 그 정한 시간이 아

니면 먹이지 않고 그 아이의 대소변 누는 것을 보아서 어느 시간에 누든지 그 시
간이 되면 아이를 들고 앉아서 기여히 그 시간에 대소변을 누게 하며…" 리종
일(1906), 「가뎡지남」, 『가뎡잡지』 제1권 7호, 3쪽; "…반다시 시간의 규율 아래
서 먹여야 합니다. 문명한 나라의 어머니는 대개 다 그렇게 합니다." 『동아일보』
(1927.5.15)

29 이만규(1991), 『조선교육사 II』, 거름출판사, 57쪽.

30 김혜경(2006), 『식민지하 근대가족의 형성과 젠더』, 창비, 240~243쪽.

31 김혜경, 앞의 책, 307쪽.

32 홍양희, 앞의 글, 231쪽.

33 김혜경, 앞의 책, 282~283쪽.

34 홍양희, 앞의 글, 250쪽.

35 예컨대 당시 육아담·육아기 등에서 우량아대회의 수상자 사진에는 아이와 함께
반드시 어머니의 모습이 등장했는데, 이는 그 어머니의 새로운 육아법이 건강아동
을 만들었다는 전제가 깔린 것이라 할 수 있다. 이에 대해 자세히는 김혜경(1997),
「일제하 자녀양육과 어린이기의 형성」, 김진균·정근식 편, 『근대주체와 식민지 규
율권력』, 문화과학사, 263~264쪽 참조.

36 박태호(2003), 「'가족계획사업'과 가족주의 담론」, 조희연 편, 『한국의 정치사회적
지배담론과 민주주의 동학』, 함께읽는책, 434쪽.

37 1961년부터 알맞은 자녀 운동기, 1965년부터 세 자녀 운동기, 1971년부터 1977년
까지 두 자녀 운동기, 그리고 1980년대 이후의 한 자녀 운동기에 이르기까지, 이는
재생산 문제에 대한 매우 구체적이고 적극적 개입을 전제한 정책이었다.

38 박태호, 앞의 글, 432쪽.

39 이러한 논지에서 1960~1980년대 가족계획을 분석한 연구로는 조은주(2012), 『인
구와 통치: 한국의 가족계획 사업』, 연세대학교 박사학위 논문; 조은주(2014), 「인
구통계와 국가형성: 1960년, 1966년 한국의 인구센서스를 중심으로」, 『한국사회
학』 제48권 제5호; 조은주(2014), 「인구의 자연성과 통치 테크놀로지: '가족계획어
머니회'를 둘러싼 통치-과학의 관계를 중심으로」, 『현상과 인식』 제38권 제4호 등
참조.

40 조은주(2012), 앞의 글, 123쪽.

41 박태호, 앞의 글, 431쪽.

42 이는 특히 여성잡지라는 매체를 통해 넓게 확산되었다. 당시 창간했던 여성잡지로
는 대한가족계획협회가 발행한 월간지인 『가정의 벗』을 비롯해서 『마드모와젤』,
『월간 여권』, 『주부생활』, 『여성동아』, 『현대여성』, 『가정교육』, 『가정』 등이 있었다.

이에 대해서는 조윤아(2008), 「가족계획담론의 잡지 "가정의 벗" 연구」, 『한국문학이론과 비평』 제12권, 447쪽 참조.

43 조은주(2012), 앞의 글, 131~135쪽.

44 조은주(2012), 앞의 글, 127쪽 아래.

_____ 07. 동성애

1 「성교육으로 본 동성애의 폐해」, 『중외일보』(1929.11.3).

2 현루영(1924),「여학생과 동성연애 문제」,『신여성』 2권, 12월호, 22쪽[연구공간 수유+너머 근대매체연구팀(2005), 『신여성: 매체로 본 근대 여성 풍속사』, 한겨레신문사, 196쪽에서 재인용].

3 현루영, 앞의 글, 22쪽[연구공간 수유+너머 근대매체연구팀, 앞의 책, 195쪽 재인용].

4 『동아일보』(1928.3.15).

5 『경향신문』(1965.5.15).

6 「예술을 다시 재단하는 필요악 영화검열」, 『동아일보』(1971.3.6).

7 이미정·정수연·권인숙(2016), 「군대내 성폭력 피해자 보호의 문제와 개선 방안 연구」, 『한국여성정책연구원 연구보고서』, 한국여성정책연구원, 20쪽.

_____ 08. 가정의례준칙

1 국립영화제작소, 「영화제작지시서」(1969.1.25).

2 가정의례준칙위원회, 「혼례초안」(1968.12.15).

3 「가정의례준칙의 공포」, 『동아일보』(1969.3.6).

4 가정의례심의위원회(1969), 『가정의례해설』, 보건사회부.

5 『관보』(1969.5.3).

6 「보사부 실천위 구성 국무위원들이 솔선키로」, 『경향신문』(1969.3.5).

7 「기념식—실천운동에 공이 많았던 유공자 포창」, 『동아일보』(1970.3.5); 「가정의례준칙 유공자 35명 표창」, 『매일경제』(1971.3.5).

8 『경향신문』(1972.3.6).

9 보건복지부(1480-3071), 「가정의례 준칙선포 제3주년 기념표창자 통보」

(1972.3.9).

10 『경향신문』(1969.3.13).

11 『경향신문』(1969.12.23).

12 『매일경제』(1969.4.26).

13 『경향신문』(1970.3.28).

14 『경향신문』(1972.4.18).

15 『경향신문』(1973.4.13).

16 '동원예식장 광고', 『경향신문』(1969.11.1).

17 『경향신문』(1970.3.6); 『동아일보』(1970.3.6); 『경향신문』(1971.3.8); 『동아일보』(1971.3.9).

18 『경향신문』(1972.6.22).

19 『경향신문』(1973.1.24).

20 『관보』(1973.3.13).

21 『동아일보』(1973.5.28).

22 '가정의례준칙에 대한 질의사항 보고', 보건복지부(1480-1078), 1973.7.3; '가정의례준칙에 의한 검소한 연말연시 지내기', 농업수산부(1480-2138), 1974.12.17.

23 가정의례준칙에 대한 질의사항 보고', 보건복지부(1480-1078), 1973.7.3.

24 가정의례준칙에 대한 질의사항', 강원도청 부녀아동과(1485-2361), 1973.7.23.

25 『경향신문』(1979.1.26).

26 『경향신문』(1978.2.4).

27 이에 대해서는 특히 박태호(2003), 「'가족계획사업'과 가족주의 담론-'가족계획' 담론의 생체정치학」, 조희연 편, 『한국의 정치사회적 지배담론과 민주주의 동학』, 함께읽는책; 조은주(2012), 『인구와 통치: 한국의 가족계획 사업』, 연세대학교 박사학위 논문 참조.

28 이소영(2012), 「건강가정 보호의 법적 계보: 건강가정기본법의 '건강가정' 개념에 대한 담론분석」, 『가족법연구』 제26권 제3호, 245쪽.

29 J. Butler(1999), *Gender Trouble: Feminism and the Subversion of Identity*, Routledge, 97쪽.

30 『경향신문』(1970.3.21); 『경향신문』(1971.3.17).

31 『동아일보』(1970.3.31).

32 가령 1970년에는 추석을 앞둔 한 주를 '가정의례준칙 계몽주간'으로 정하여, 매스컴 홍보를 진행하고 각종 기획강연을 추진하였다. 이에 관해서는 『동아일보』(1970.9.10); 『매일경제』(1970.9.10); 『매일경제』(1970.9.11) 등 참조.

33 「주부의 지혜 시리즈(1) 상차리기」, 『매일경제』(1974.9.19); 「주부의 지혜 시리즈(2) 차례지내기」, 『매일경제』(1979.9.20).

34 「여성 70년대 가사·가계부」, 『매일경제』(1979.12.14).

35 황병주(2013), 「유신체제기 평등-불평등의 문제설정과 자유주의」, 『역사문제연구』 제29호, 16쪽.

36 이상록(2013), 「1970년대 소비억제정책과 소비문화의 일상정치학」, 『역사문제연구』 제29호, 153쪽.

37 「욕망의 소비구조」, 『동아일보』(1970.3.18)[이상록, 앞의 글, 147쪽에서 재인용].

38 「결혼식 아직도 허례·낭비 심하다」, 『경향신문』(1980.9.19).

39 표준혼수에 전기다리미가 필수품목으로 들어있자 보사부 관리들이 다리미업자와 짠 게 아니냐는 시비가 일기도 하였다. 이에 관해서는 「부유층선 '웃기는 소리' 서민들엔 '부담'」, 『동아일보』(1979.6.2) 참조.

40 조성용(2003), 「형사입법의 상징적 기능에 대한 비판적 고찰」, 『형사정책연구』, 제14권 제1호, 193면.

41 「정부, 가정의례위반 모두 형사입건」, 『경향신문』(1976.12.20).

42 「의례준칙위반 경우 이름을 박아 보도토록」, 『동아일보』(1977.2.8).

43 「가정의례 위반단속 강화」, 『경향신문』(1980.10.13).

44 "사회지도급 인사를 입법부의 1급 이상 공직자, 통일주체국민회의대의원, 판검사 및 경찰서장, 중앙행정기관의 1급 이상 공무원과 3급 갑류 이상의 지방기관장, 군장성, 국영기업체 각종법인의 임원, 공사립대학학장급 이상 교직자, 연간종합소득세과세표준이 1200만원이 넘는 고소득자 또는 소유부동산 과세표준이 2억원 이상인 사람 및 각종 경제단체의 임원, 기타직업의 중견급 이상 직책을 가진 사람, 사회적 지위에 따라 남의 이목을 받을 수 있는 등으로 정하고, 이들이 가정의례준칙 어길 경우 인적사항은 물론 사진까지 중앙일간지에 공개하도록 한다." 「보사부 가정의례위반자 사진공개」, 『경향신문』(1978.3.15).

45 「검찰 두 달간 256건 적발 가정의례사범 근절될 때까지 단속」, 『매일경제』(1980.12.9).

_____ 09. 패션

1 1970년대 초 단속의 기준으로 내세운 '음란 퇴폐'의 기준은 자의적이었다. 알몸을 드러내는 전위예술이 '미풍양속'을 해한다고는 했지만, 단속의 초점은 전위성 그

자체에 맞춰졌다. 이와 더불어 장발족도 한데 엮였는데, 여기에는 남자 미장원까지
도 포함되었다. 『경향신문』(1970.8.29).

2 박정희 대통령은 1971년 문공부 초도순시에서 '장발족 등 히피족을 방송에서 엄
금하라'라고 콕 찍어 말하기도 했다. 『동아일보』(1971.1.22).

3 『동아일보』(1971.7.14).

4 『동아일보』(1969.10.04); 『매일경제』(1969.05.15).

5 로마 법원은 미니스커트를 입은 여성에게 윤락방지법을 적용하여 구류 5일을 선
고했다[『동아일보』(1971.2.24)]. 한국은 1969년 처음으로 미니스커트에 경범죄처
벌법을 적용, 즉심에서 구류 25일 처분을 내렸다[『경향신문』(1969.8.26)]. 이때만
해도 경범죄처벌법에 미니스커트가 포함되지 않았는데, 1973년 개정을 거쳐 명백
한 처벌 대상이 되었다. 이때 신설된 11개 경범 대상에는 "지나친 노출, 속이 비치
는 옷", "장발 및 저속한 의상" 등 패션에 관한 처벌 규정이 포함되었다. 그 범위는
"속살이 비치는 옷이나 코르셋, 팬티, 유방 등이 드러나는 옷", "남자의 옆머리
카락이 귀를 덮을 정도의 장발, 저속한 장식물을 달거나 너덜거리는 옷차림"으로
규정했다. 처벌은 29일 이내의 구류, 200원에서 3000원 사이의 과료, 2000원에서
5000원 사이의 벌금 중 하나를 받게 된다. 개정 이후 첫 번째 구류는 1973년 4월
28일에 내려졌는데, 두 명의 여성에게 각각 2일, 3일의 구류 처분을 내렸다. 이 사
실을 고려하면 1969년도의 처분은 지나친 편이었는데, 당시 미니스커트에 대한 강
한 거부감이 반영된 결과로 짐작된다.

6 『동아일보』(1968.7.16).

7 『중앙일보』(2015.10.30).

8 조희진(2010), 「식민지시기 색복화 정책의 전개 양상과 추이」, 『국학연구』 제16집.

9 서유상(2009), 「북의 패션 변천사: 인민복과 몸뻬바지에서 화려한 저고리와 투피
스로의 진화」, 『민족21』 9월.

10 수원 유신고의 교복이 이런 상황을 잘 대변한다고 생각한다. 재건복을 연상케 하
는 유신고 교복은 대한민국의 평균적인 교복과 비교하면 이단이자 엽기적이지만, 교
복의 규율을 생각하면 오히려 교복의 본질을 가장 잘 표상한 작품이라고 해도 무
방할 것이다. 한편 2018년 9월 27일에 조희연 서울시교육감은 기자간담회를 열어
'중·고교생 두발 자유화 선언'을 발표했다. 『경향신문』(2018.9.27).

11 「'용모 단정한 여성분 구함'은 위법입니다」, 『시사저널』(2016.8.27)(http://www.
sisapress.com/journal/article/157138). 이와 유사한 사례로 탈모 때문에 호텔 업
무에서 배제된 사례를 생각할 수 있다. 탈모에 관한 시빗거리는 잠시 접어두자. 이
사건은 한 사람의 육체가 서비스산업에서 취사선택할 수 있는 기능으로만 고려된

다는 점을 드러냈다. 외모가 자연의 일부인 인간의 본질이라면, 이 육체에 의미를
부여한 것은 생산성이라는 맥락이다. 이 맥락 속에서 우리의 육체는 자신의 잘못
없이 언제든 무가치한 것이 될 수 있다.

12 김홍기(2016), 『옷장 속의 인문학』, 중앙북스.
13 기안84, 「패딩 신드롬」, 『기안84 단편선』.
14 이외수(2005), 『장외인간』 1, 해냄, 64쪽.

_____ **10. 청소년**

1   『매일경제』(1999.11.3).
2   천정환(2004), 「식민지 시기의 청년과 문학·대중문화」, 『오늘의 문예비평』, 38쪽.
3   교육인적자원부·한국교육개발원(1963~1979), 『교육통계연보』, 각 연도 참조. 여
    기서는 이혜정(2012), 「1970년대 고등교육을 받은 여성의 삶과 교육: '공부' 경험과
    자기 성취발전을 중심으로」, 서울대학교 교육학과 박사학위 논문, 29쪽 지표를 참
    조하여, 필자가 해당 연도의 취학률을 종합하여 계산해 넣은 것이다.
4   1971~1990년 학력별 임금 수준(고졸 임금 수준=100)[이혜정(2012), 위의 논문,
    53쪽에서 재인용].

연도	중졸 이상	고졸	전문대졸	대졸 이상
1971	60.9	100		175.2
1975	57.2	100	136.2	214.4
1980	68.8	100	146.3	228.5
1985	74.7	100	129.8	226.5
1990	83.8	100	117.4	185.5

5   申瑩澈(1931), 「'등화가친(燈火可親)'의 신해석(新解釋)으로 남녀학생(男女學生)
    과 학부형(學父兄)에게 여(與)함, 과연 얌전이 안저서 글만 읽을 수 잇는 철인가」,
    『별건곤』 제44호 10월; 申瑩澈(1931), 「사회사정(社會事情)과 학생사상(學生思想)
    을 드러서 중등학교선생(中等學校先生)님께 소(訴)함, 감히 이 몃가지를 여러분께
    뭇습니다」, 『별건곤』 제46호.
6   여기서는 당진청년동맹의 강령 및 규약을 인용하지만, 다른 곳의 청소년 결사체의
    내용도 크게 다르지 않았다. 특히 (위에서 말한 대로) 6·10만세운동 직후 시기부
    터 이런 결사체가 많았는데, 진주, 의주, 전주 등지에서 청소년 결사체가 출몰했고,

관련 기록을 찾는 것도 어렵지 않다. 하지만 광주학생운동(1928)을 기점으로 일제의 탄압과 포섭으로 과거와 같은 청소년 결사체가 급속히 줄어들거나 지하화하기 시작한다. 「당진청년동맹(唐津靑年同盟) 거이십팔일(去二十八日)에창립(創立)」, 『동아일보』(1928.2.2).

7   「소위 사상선도의 문제」, 『동아일보』(1929.6.25).

8   『동아일보』(1933.3.31).

9   『경향신문』(1972.1.28).

10   박정희 정권의 비정규 교육제도에 대한 상세한 논의는 송행희(2009), 「박정희 정권의 비정규교육 정책 연구: ‘재건학교, 새마을청소년학교, 산업체부설학교’를 중심으로」, 『교육연구』 제32집, 전남대학교 교육문제연구소, 20쪽 참조.

11   「청소년 세계까지 파고든 ‘돈’ 열풍」, 『한겨레』(1998.11.13).

12   「청소년 폭력…동성애…원조교제… 일본만화 해악 이미 퍼져」, 『한겨레』(1998.10.22).

_____ **11. 순수성**

1   빌헬름 라이히, 황선길 옮김(2006), 『파시즘의 대중심리』, 그린비. 민족적 순수성과 파시즘과의 관계는 이 책의 3장 인종이론을 참조.

2   전설의 시대로부터 현세에 이르기까지 일본 왕실의 혈통이 하나로 이어졌으며, 그것이 일본 민족의 순수성의 핵심이라는 사고. 이런 믿음은 당연히 메이지 유신 이후 근대화, 혹은 식민지 침략의 근거로서 발명된 것이다. 그 정치적 가치는 제국 일본의 헌법 1조 1항에 포함되었다는 사실로 충분히 증명된다.

3   1960~1970년대 전위예술의 사정에 관해서는 김성환 외(2015), 「전위와 1970년대 그리고 유신의 예술」, 『1970, 박정희 모더니즘』, 천년의상상 참조.

4   피아니스트 정명훈은 1974년 모스크바에서 열린 차이콥스키 콩쿠르에서 2위를 수상했다. 1등과는 겨우 2점차밖에 나지 않을 만큼 그의 실력은 뛰어났는데, 이는 소련의 평론가들로부터도 인정받았다고 한다. 『동아일보』(1974.7.5). 7월 12일 귀국한 정명훈은 대대적인 환영을 받으며 공항에서 서울시청까지 카퍼레이드를 벌였다.

5   『경향신문』(1984.1.31).

6   『동아일보』(1984.6.22).

7   『경향신문』(1986.10.10).

8   『조선일보』(1986.10.11); 『중앙일보』(1986.10.16).

9   김홍희(1992), 『백남준과 그의 예술』, 디자인하우스.

10   「백남준이 남긴 말·말·말 "예술은 고등 사기다"」, 『경향신문』(2006.1.30).

11   신일철(1964), 「문화적 식민지화의 방비」, 『사상계』 4월호.

12   윤상인 외(2008), 『일본문학 번역 60년 현황과 분석: 1945-2005』, 소명출판.

13   유종호(2006), 「문학의 전략-무라카미 현상을 놓고」, 『현대문학』 2006년 6월호.

14   마광수(2013), 『육체의 민주화 선언』, 책읽는귀족.

15   마광수(2008), 『모든 사랑에 불륜은 없다』, 에이원북스.

16   『동아일보』(1949.10.9).

17   「'우동' 안돼! '가락국수'로?」, 『스포츠경향』(2010.12.20).

18   박성봉(2002), 『마침표가 아닌 느낌표의 예술』, 일빛.

___ 12. 도박

1   「도박 성행과 사회적 제재」, 『동아일보』(1925.1.26).

2   「모범농촌 영일동계동」, 『동아일보』(1933.9.1).

3   이서구(1932), 「카페·마작·연극·밤에 피는 꽃」, 『별건곤』 제47호, 35쪽.

4   「마작군을 박멸하자」, 『동아일보』(1932.2.3).

5   이성환(1932), 「여론의 위력으로 마작을 철저히 박멸하자」, 『삼천리』 제4권 제2호,
     69~70쪽.

6   「도박의 성행」, 『동아일보』(1971.10.30).

7   「복권을 판다」, 『경향신문』(1969.3.12).

8   「복권발행계획 수정」, 『경향신문』(1969.3.14).

9   「셋방살이 총각에 안겨진 행운」, 『경향신문』(1969.10.10).

10   「카지노 일제 단속령」, 『매일경제』(1970.6.12).

11   「워커힐 등서 억대 도박」, 『동아일보』(1972.1.25).

12   이준복·윤상연·허태균(2014), 「누가 왜, 불법 도박을 할까? 불법 도박 경험 수
     준에 따른 심리적 특성」, 『한국심리학회지: 문화 및 사회 문제』 20, 한국심리학회,
     169~170쪽.

13   마크 발뢰르·크리스티앙 뷔쉐르, 최의선 옮김, 김성이 감수(2010), 『도박 중독』, 도
     서출판 NUN, 17쪽. 여기서는 도박자의 일반 유형을 다음과 같이 분류하기도 한
     다. 1) 사회적 도박자: 이따금이든 주기적이든 도박을 하지만, 이들의 일상생활에

서 도박은 한정적 활동, 즉 여가활동의 영역 안에서만 도박을 하는 유형들 2) 프로
도박자: 도박 산업으로 생계를 유지하는 유형들, 도박으로부터 상당한 수입을 올
리는 사람들 3) 도박중독자: 도박에 대한 의존증의 심화, 통제 불능의 상태, 이들
에겐 도박이 대인관계나 사회활동 대신 삶의 중심이 된다.(75~76쪽) 하지만 반복
컨대 이들 유형의 구분을 다만 정신적인 차원에서만 살피면 안 된다. 오히려 그들
의 삶을 이루고 있는 경제적 토대와 계급적 위치를 종합적으로 분석하여, 유형별
구분의 사회적인 원인을 살펴야 할 것이다.

_____ **13. 낙태**

1   「공청회 후퇴한 모자보건법」, 『경향신문』(1970.12.5).

2   전효숙·서홍관(2003), 「해방 이후 우리나라 낙태의 실태와 과제」, 『의사학』 제12
    권 제2호(통권 제23호).

3   「낙태아 콩팥 등 장기까지도 수출」, 『경향신문』(1970.11.27).

4   김동식·김영택·이수연(2014), 「피임과 낙태 정책에 대한 쟁점과 과제: 여성의 재생
    산권과 건강권을 중심으로」, 『한국여성정책연구원연구보고서』 21.

5   「누구를 위한 낙태 처벌 강화인가」, 『주간동아』(2017.2.28).

_____ **14. 노조**

1   전국언론노동조합, '성명 : 노조위원장 죽음으로 내몬 코엑스의 노조탄압 엄벌하
    라!', 2017년 3월 22일, 전국언론노동조합 페이스북(https://www.facebook.com/
    permalink.php?id=177530462644808&story_fbid=341140336283819); 「죽음 부
    른 코엑스의 부당노동행위」, 『경향신문』(2017.3.28) 등 참조.

2   박 비서관은 갑을오토텍 대리인으로 쟁의행위 중이던 금속노동조합 지회 간부들
    을 수차례에 걸쳐 형사고소했다고 한다. 이 같은 청와대 인사 문제가 불거지자 이
    재헌 지부장은 청와대가 노조파괴 동조자이자 공범자들의 임명을 철회하고 갑을
    오토텍 문제 해결책을 함께 고민해야 한다고 주장했다. 제정남, 「갑을오토텍 노사
    갈등 불똥 청와대로 튀나 – 회사 자문 변호사들 요직 발탁에 반발」, 『매일노동뉴
    스』(2017.7.7).

3   천정환(2013), 「열사의 정치학과 그 전환: 2000년대 노동자의 죽음을 중심으로」,

『문화과학』 74호, 2013년 여름.

4 임송자(2016), 『한국의 노동조합과 노동운동의 역사』, 선인.

5 최장집(1988), 『한국의 노동 운동과 국가』, 열음사, 410쪽.

6 이동희(2018), 「상처와 필요의 역사, 민주노총의 사회적 대화 : [커버스토리] 안녕? 스물두 살 민주노총 ①」, 『참여와 혁신』 164호, 2018년 2월 12일(http://www.laborplus.co.kr/news/articleView.html?idxno=12118).

7 1996~1997년 민주노총 총파업 당시 만들어졌던 '통신 지원단' 홈페이지(http://strike.nodong.net/strike9697/index.html#relates) 참조.

8 차병직·윤재왕·윤지영(2016), 『지금 다시, 헌법』, 로고폴리스, 212쪽.

9 「노대통령, "노동담화 어정쩡" 관계장관 질타」, 『한겨레』(2003.11.5).

10 조돈문(2006), 「자유시장경제모델로의 이행과 노무현정권의 노동정책 : 사회통합적 노사관계'와 예정된 실패」, 『민주사회와 정책연구』 2006년 하반기(통권 10호), 196~197쪽.

11 천정환(2013), 앞의 글.

12 권두섭, 「불법파업이 없는 나라를 상상한다」, 『매일노동뉴스』(2017.4.20).

13 조계완(2012), 『우리 시대 노동의 생애』, 앨피 참조.

14 유형근(2015), 「노동조합 임금정책의 표류와 노동조합운동의 위기」, 한국노동사회연구소, 『한국 노동운동 위기진단과 대안 모색』.

15 「촛불이 되살린 '노조 할 권리'」, 『한겨레 21』 제1190호(2017.12.6).

15. 방송과 권력

1 「허씨 "반발 커 통폐합 그 정도로 그쳤다"」, 『동아일보』(1988.10.24).

2 「방송의 공공성, 방송모법의 제정을 촉구」, 『경향신문』(1961.4.24).

3 「방송극과 윤리 문제」, 『동아일보』(1961.9.7).

4 방송윤리위원회 설립 이후, 언론과 문화예술을 감시하는 민간기구가 연속적으로 창설된다. 한국잡지윤리위원회(1965년 7월 10일), 한국예술문화윤리위원회(1966년 1월 27일), 한국주간신문윤리위원회(1966년 5월), 한국도서출판윤리위원회(1969년 3월) 등이 있다. 이로써 박정희 정권 아래에서 한국의 방송, 언론(신문·잡지) 문화예술, 학술, 출판 등의 영역에 대한 이원적 통제가 정착되어 갔다. 이에 관한 상세한 논의는 다음의 논문을 참고할 것. 이봉범(2011), 「1960년대 검열체제와 민간검열기구」, 『대동문화연구』 75권, 성균관대학교 대동문화연구원.

5   「결의문」, 『경향신문』(1964.8.10).

6   「방송윤리위 창립 10돌」, 『동아일보』(1972.6.14).

7   『동아일보』(1988.10.24).

8   「80년대를 되돌아 본다, 말말말」, 『한겨레』(1989.12.17).

9   「두 방송사 노동쟁의의 성과」, 『한겨레』(1988.9.7).

10 1987년 7~9월 노동자대투쟁은 주체적인 측면 이외에도, 내용과 형식·방법적인 측면에서 특징적인 부분이 적지 않았다. 우선 당시의 투쟁에서는 기본적으로 임금인상 및 노동조건에 대한 개선 요구가 많았으면서도, 민주노조 인정과 어용노조 민주화-노사협의회 반대 요구가 중요한 쟁점이 됐었다. 투쟁의 방법으로는 주로 불법 파업인 작업거부, 농성, 시위가 주를 이루었다. 이에 대해선 다음을 참고할 것. 김원·유경순·이남희 외(2017), 『민주노조, 노학연대 그리고 변혁』, 한국학중앙연구원, 3~4부.

11 홍석경(1989), 「전환기 한국 방송의 이데올로기-민주화·시청률·중산층」, 『문학과 사회』 여름호 제2권 제2호, 문학과지성사, 680~681쪽.

12 제도 개선에 비해 실제 그 성과가 프로그램의 질적 변화로 이어지지 않았다는 진단은 구체적으로는 다음과 같은 두 가지의 문제를 야기한다고 논해지기도 했다. 첫째, 프로그램을 통한 대국민 연대의 끈을 잃어버림으로써 조합주의에 빠질 우려가 있다는 것. 둘째, 프로그램을 통한 방송민주화운동이 대중적으로 확산되지 못할 경우 소수 선진 그룹이 조합원 대중들로부터 고립될 위험이 있다는 것이 그것이다. 그리하여 '방송 제도의 민주화'를 '방송을 통한 민주화'로 이끌기 위한 대안으로 주기적인 세미나나 평가회 개최 및 소규모 학습 모임의 조직 등이 제기되기도 했다. 이에 관해서는 다음의 글을 참조할 것. 이채훈(1989), 「방송 민주화 운동이란 무엇인가」, 『문학과 사회』 여름호 제2권 제2호, 문학과지성사, 708~710쪽.

13 방송사 파업투쟁에 대한 가장 강력한 국가적인 제재는 (이미 알려진 사내 경찰 투입이나 노조원 강제 연행 이외에도) 법률상 업무방해죄를 성립시키는 것이었다. 한국의 법원은 시간외 근로를 거부하거나 정시에 출퇴근하는 등 법 규정을 준수하는 이른바 '준법투쟁'조차도 위력에 의한 업무방해죄로 처벌해온 것으로 유명하다. MB정부가 들어선 2008년 이후 파업이 갖었던 공영방송사의 투쟁 대부분도 (특히 본문에서 예로 든 파업투쟁 모두) 업무방해죄 판결을 받았다. 이에 대한 법률적인 모순에 관한 논의는 다음의 논문을 참고할 것. 이승선(2018), 「'공정방송' 파업의 정당성 여부와 위력에 의한 업무방해의 범위」, 『언론과 법』 제17권 제1호, 한국언론법학회.

14 「KBS적폐청산기구 '진실미래위'공식 출범」, 『미디어스』(2018.6.6).

15 광고를 미끼로 한 대기업의 횡포에도 불구하고 SBS와 JTBC는 지난해 동안 흑자 경영을 하여 주목받고 있다. 이는 대기업의 광고 축소라는 경제상 손실에도 불구하고, 시청자들에게 공정한 방송으로서 신뢰를 얻었기에 가능한 성과일 것이다. 방송의 공정성 확보는 곧 시청률이라는 지표의 상승을 의미할 것이며, 이는 대외적인 힘을 기르게 하는 동시에, 이를 바탕으로 특정 기업에 휘둘리지 않는 경제적인 차원에서의 자생성을 확보케 하는 데도 유효하다는 것이 증명되었다고 할 수 있다. 그리하여 MBC와 KBS도 정치권력과 자본권력에 쉽게 포섭되지 않는 비판적 시선으로서 이들을 감시하겠다고 천명하고 있다. 기대를 갖고 지켜볼 일이다. 「'삼성 광고 없어도'…자생력 키우는 방송사들」, 『PD저널』(2018.5.4).

_____ **16. 마약**

1 이영미는 『동백꽃 아가씨는 어디로 갔을까』(인물과사상, 2017)에서 신중현에게 덧씌운 저항의 상징에 의문을 제기한다. 사후적 평가와 기대와 달리 당시 신중현은 대중음악가로서의 면모에 충실했기에, 유신권력에 적극적으로 저항한 투사의 이미지는 과잉해석의 결과라 평가한다.

2 「서유석, '포크계의 거인'으로 돌아오다」, 『오마이뉴스』(2004.2.17).

3 서유석의 노래 〈담배〉(1972)는 대마초의 의미를 좀 더 강하게 띠고 있다. 그런 점을 고려하면 이 노래의 담배도 평범해 보이지는 않는다.

4 한대수는 한국에서의 첫 공연 때 무대 한쪽에 향을 피웠다. 이는 1960년대 뉴욕에서 보고 들은 히피문화에 대한 오마주였는데, 히피문화 중에서도 마리화나를 연상시키기 위한 의도가 있었다.

5 『경향신문』(1970.8.22).

6 음경(音景; soundscape)에 관한 논의는 임태훈(2014), 「박정희체제의 사운드스케이프와 문학의 대응」, 성균관대학교 박사학위 논문; 임태훈(2008), 「'소리'의 모더니티와 '흡景'의 발견」, 『민족문학사연구』 제38권을 참조.

7 1975년 대마초 파동 이후 대중음악에서 정통 록 음악이 설 자리를 잃자 몇몇 록밴드들은 록과 트로트를 섞어버리는 실험을 단행한다. 트로트 멜로디에 록 연주기법을 혼합한 이른바 '트로트 록'이 이때 탄생한다. 조용필, 최헌, 함중아, 윤수일 등 미8군 무대에서 록 음악으로 잔뼈가 굵은 이들이 대표적인 사례이다.

8 1971년 문공부 초도순시에서 '건전한 사회기풍 진작'을 위해 히피들의 TV 방송 출연을 금지하라고 말한 바 있다. 장발 단속, 미니스커트 단속 등의 풍기 단속이

대통령의 이 말씀을 기화로 실행되었다. 건전한 사회기풍이 대통령의 심기에 기원하는 것은 오랫동안 지속되었는데, 안 건전한 히피, 사이키 음악의 퇴출도 이의 연장선상에 있다.

9 왜상(anamorphosis)이란 정상적인 시각에서는 의미가 없지만 '삐딱하게' 볼 경우, 친숙한 형태의 영상이 나타나는 '얼룩'을 말한다. 슬라보예 지젝, 김소연·유재희 옮김(1995), 『삐딱하게 보기』, 시각과 언어. 지젝은 왜상 개념을 통해 우연히 발견되는 욕망의 정체를 발견하려 했는데, 특히 대중문화에서 독특한 왜상적 지점들을 발견하고 그 속에 숨겨진 욕망의 정체를 설명한다.

10 티머시 리어리, 김아롱 옮김(2012), 『플래시백』, 이매진.

11 권보드래·김성환 외(2015), 『1970, 박정희 모더니즘』, 천년의상상.

12 2012년 당시에는 생소했던 우유주사에 과한 보도에서도 두드러진 것은 우유주사=성행위라는 등식이었다. "우유주사 언제 맞을까요?", "오늘요 ㅋㅋ"라는 문자메시지를 두고 대다수의 언론사가 불륜관계를 떠올린 것이다. 한 인터넷 언론사는 '우유가 정액'을, '주사가 남성의 성기'를 뜻한다고 상상력을 용감하게 펼쳤다. 이른바 정론지들도 명시적으로 드러내지만 않았을 뿐 이에 동조했고, 그 때문에 댓글에서는 질타가 이어졌다. 프로포폴이 정말 우유와 유사하게 백탁액이라는 사실이 알려진 후 이런 해석은 자취를 감추었다.

＿＿ 17. 대마초

1 「고교생 은어의 세계 8」, 『경향신문』(1978.8.30).

2 「일순 연기처럼 사라진 통기타·록 울림」, 『한겨레』(2005.11.30).

3 이영미(2016), 「대마초 사건, 그 화려한 '스리쿠션'」, 『인물과사상』 제219호 2016년 7월호.

4 「조용한 새 출발, 대마초 연예인들」, 『동아일보』(1978.4.1).

5 「연예인 새마음봉사대 장병 위문공연, "사회에 보탬이 되는 연예인이 되자"」, 『매일경제』(1979.8.6).

6 권보드래·김성환 외(2015), 『1970, 박정희 모더니즘』, 천년의상상, 293쪽.

7 「대마류 단속 입법을 미군 측서 요청」, 『매일경제』(1970.6.19).

8 조석연(2013), 「마약법 제정 이후 한국의 마약문제와 국가통제(1957~1976)」, 『한국근현대사연구』 제65집 2013년 여름호.

_____ 18. 유머의 정치

1 Giselinde Kuipers(2009), "Humor Styles and Symbolic Boundaries", *JLT* Vol.3 No.2, p.219.

2 Martina Kessel · Patrick Merziger eds.(2012), *The Politics of Humour: Laughter, Inclusion&Exclusion in the Twentieth Century*, Toronto University Press, p.11.

3 Sigmund Freud, trans. James Strachey(1963), *Jokes and Their Relation to the Unconscious*, Norton, p.102.

4 앞의 책, Sigmund Freud(1963), p.105.

5 『동아일보』(1971.9.7).

6 『서울신문』(1966.9.15).

7 『동아일보』(1971.12.13).

8 『동아일보』(1977.10.1).

9 『동아일보』(1977.10.27).

10 『동아일보』(1977.10.27).

11 김영주(2018), 『웃음의 현대사』, 웨일북, 161~170쪽.

12 이에 대해 자세히는 Martina Kessel, "Taking War, Debating Unity: Order, Conflict, and Exclusion in 'German Humour' in the First World War", 앞의 책, Martina Kessel · Patrick Merziger eds.(2012) 참조.

13 "Schipper Hans und Schipper Franz", *Urberliner Humor im Feld und daheim*, erlauscht von Georg Mühlen-Schulte(1916), Vol.8 pp.21-22.

14 앞의 책, Martina Kessel · Patrick Merziger eds.(2012), p.88.

15 『경향신문』(1993.4.13); 『매일경제』(1993.4.14); 『한겨레』(1993.4.23).

16 『경향신문』(1993.6.1).

17 김영하, 「정치유머집 비판, 풍자냐 개그냐」, 『월간 말』 제86권 1993년, 218~223쪽.

18 Soyoung Lee(2017), "Taking Laughter Seriously: The Politics of Memory in Regulating Jokes on Korea's Colonial/Dictatorial Past", *Asia Europe Journal* Vol.15 No.3, pp.315-316.

_____ 19. 반미

1 유진오(1950), 「서울탈출기」, 『고난의 90일』, 수도문화사, 29쪽.

2 　브루스 커밍스, 조행복 옮김(2017), 『브루스 커밍스의 한국전쟁』, 현실문화, 71쪽.

3 　브루스 커밍스, 위의 책, 50쪽.

4 　역사비평 편집위원회(2010), 『갈등하는 동맹-한미관계 60년』, 역사비평사.

5 　당시의 국제정세와 남북관계에 대해서는 홍석률(2012), 『분단의 히스테리 : 공개 문서로 보는 미중관계와 한반도』, 창비 참조.

6 　부산 미문화원은 현재 '부산근대역사관'으로 바뀌어 있다. 이 역사관에 전시된 당시 점거자들의 성명서 속 구절이다.

7 　「88초점 2 - 반미감정의 확산」, 『한겨레』(1988.12.16), 10면.

8 　「반미(反美) 감정은 쌓인 불만 터진것 행협 개정등 대등관계 이뤄야」, 『동아일보』(1988.10.7), 9면.

9 　앞의 『한겨레』 기사.

10 　박찬수(2017), 『NL현대사』, 인물과사상사.

11 　지식 권력과 친미 문제에 대한 역사적 양상은 학술단체협의회 엮음(2003), 『우리 학문 속의 미국』, 한울아카데미를 참고.

12 　차승기(2017), 「지식의 식민주의로부터 어떻게 벗어날까」, 『황해문화』 제94호.

13 　박훈, 「지정학적 지옥 한국, 지질학적 지옥 일본」, 『경향신문』(2017.6.28).

20. 금서

1 　「국헌문란·저속 간행물 등 삭제·판금령 가능」, 『동아일보』(1975.6.25), 1면.

2 　1937년 검열 시행 세칙의 경우이다. 한편 '국가원수'와 관련하여 박정희 체제에서의 '박정희 우상화'의 성격에 대한 비교정치학·역사학적 토론이 요청된다.

3 　「불법외국간행물(不法外國刊行物) 문예춘추(文藝春秋) 등 압수(押收)」, 『동아일보』(1966.11.15), 8면.

4 　「불법출판물(不法出版物) 일제단속」, 『동아일보』(1973.5.17), 7면.

5 　「오창익의 인권수첩- 단지 책 때문에 사람을 가두는 나라」, 『경향신문』(2017.1.13).

6 　「검찰·경찰 이념서적78종'해금(解禁)'」, 『동아일보』(1985.6.8), 7면.

7 　「각계각층에'연계 투쟁'의 고리」, 『경향신문』(1987.9.24), 3면.

8 　「이름만 바꾼채 부활되는 판금도서제도 5공회귀 공안기관의 출판탄압」, 『한겨레』(1990.12.1), 9면.

금지의 작은 역사

세상이 나에게 주입한 20가지 불온한 것들의 목록

지은이   김성환, 오영진, 이소영, 천정환, 허민

초판 1쇄 발행 2018년 11월 30일

책임편집   이다정
기획·편집   선완규·안혜련·홍보람

펴낸이   선완규
펴낸곳   천년의상상
등록   2012년 2월 14일 제2012-000291호
주소   (03983) 서울시 마포구 동교로 45길 26 101호
전화   02-739-9377
팩스   02-739-9379
E-mai   imagine1000@naver.com
블로그   blog.naver.com/imagine1000

ⓒ 김성환, 오영진, 이소영, 천정환, 허민 2018

ISBN 979-11-85811-75-8 03900

이 도서는 한국출판문화산업진흥원 2018년 우수출판콘텐츠
제작 지원 사업 선정작입니다.